Begegnungen mit dem Nagual

Gespräche mit Carlos Castaneda

Armando Torres

Begegnungen mit dem Nagual

Gespräche mit Carlos Castaneda

HANS-NIETSCH-VERLAG

Titel der Originalausgabe:
Encounters with the Nagual.
Conversations with Carlos Castaneda,
erschienen bei *First Light Press*, USA

Translation Right arranged with *First Light Press*, USA

© Hans-Nietsch-Verlag 2012

Alle Rechte vorbehalten.
Nachdruck, auch auszugsweise, nur mit ausdrücklicher
Genehmigung des Verlages gestattet.

Übersetzung: Susanne Schumeckers, Bernd Upnmoor
Lektorat: Norbert Classen, Gina Janosch
Korrektorat: Hans Jürgen Kugler
Innenlayout und Satz: Hans-Jürgen Maurer
Covergestaltung: Rosi Weiss
Druck: FINIDR, s.r.o., Český Těšín/Tschechische Republik

Hans-Nietsch-Verlag
Am Himmelreich 7
79312 Emmendingen

info@nietsch.de
www.nietsch.de

ISBN 978-3-86264-201-4

INHALT

Einleitung 7

Teil 1
Eine Romanze mit dem Wissen

1 Die Revolution der Zauberer 13
2 Die eigene Wichtigkeit 21
3 Der Weg des Kriegers 36
4 Das Wissen um den Tod 45
5 Energieverlust 52
6 Rekapitulation 72
7 Die Schwelle der Stille 81

Teil 2
Kriegergespräche

1.1 Übersättigung mit Konzepten 95
1.2 Ein Inventar von Glaubenssätzen 98
1.3 Glauben, ohne zu glauben 100
1.4 Die Praxis innerer Stille 104
2.1 Eine minimale Chance 107
2.2 Man braucht keine Lehrer 108
2.3 Sich selbst kennen 110
3.1 Kraftpflanzen 112
3.2 Die Falle der Fixierung 115
3.3 Träumen und Erwachen 116
3.4 Die Pforte der Wahrnehmung 121
3.5 Der Doppelgänger 125
4.1 Die Kunst des Pirschens 130
4.2 Das Markenzeichen des Nagual 133
4.3 Kleine Tyrannen anpirschen 136
5.1 Die Gleichschaltung der Wahrnehmung 141
5.2 Räuber der Bewusstheit 145
5.3 Den Verstand verlieren 151
5.4 Die Bewegung des Montagepunkts 155
6.1 Das Überleben des Montagepunkts 159
6.2 Zyklische Wesen 163

6.3 Die Alternative der Zauberer 165
6.4 Die endgültige Entscheidung 168
7.1 Die Seher des alten Mexiko 170
7.2 Eine Reise zu den Wurzeln 173
7.3 Antennen der zweiten Aufmerksamkeit 178
8.1 Die Verifizierung des Nagual 182
8.2 Die Rückkehr zum Wesentlichen 186
8.3 Ich glaube, weil ich glauben will 192
9.1 Die Verbreitung des Wissens 196
9.2 Ein Rendezvous mit dem Träumen 199
9.3 Die Lehren unter die Massen bringen 203
9.4 Die magischen Bewegungen 206
10.1 Das Ende einer Linie 208
10.2 Die Evolution des Weges 209
10.3 Die Seher der neuen Zeit 213
10.4. Intellektuelle Vorbereitung 216
11.1 Die Aufgabe des Nagual 219
11.2 Die Begegnung in der Krypta 223

Teil 3
Die Regel des dreizackigen Nagual

1 Einführung 227
2 Das Omen 231
3 Was ist die Regel? 233
4 Der Ursprung der Regel 235
5 Ein unpersönlicher Organismus 237
6 Die Bildung eines Kriegertrupps 240
7 Die Ordnung des Kriegertrupps 242
8 Der Zweck der Regel 245
9 Die dreizackigen Naguals 248
10 Die Regel des dreizackigen Nagual 250
11 Die Aufgabe der jetzigen Seher 253

Teil 4
Die heutige Welt der alten Seher

Die endgültige Reise 257

Einleitung

Mein Name ist Armando Torres. Ich habe dieses Buch geschrieben, um eine Aufgabe zu erfüllen, die mir vor Jahren übertragen wurde. Im Oktober 1984 begegnete ich Carlos Castaneda, einem umstrittenen Ethnologen und Autor, der über den Nagualismus und die Zauberei schrieb. Damals war ich noch sehr jung. Auf meiner Suche nach Antworten hatte ich mich mit den verschiedensten spirituellen Traditionen beschäftigt und suchte nach einem Lehrer. Doch von Anfang an war Carlos sehr klar und deutlich, was diese Sache anging:

»Ich verspreche nichts«, sagte er. »Ich bin kein Guru. Freiheit ist eine persönliche Entscheidung. Jeder von uns muss die Verantwortung für den Kampf für die Freiheit selbst übernehmen.«

In einem der ersten Vorträge, bei denen ich anwesend war, kritisierte er die Tatsache, dass Menschen andere Menschen verehrten, ihnen nachliefen und fertige Antworten von ihnen erwarteten. Er meinte, dies sei ein Überbleibsel unseres archaischen Herdentriebs.

»Wer auch immer ernsthaft in die Lehren der Zauberer eindringen möchte, braucht keine Führer. Aufrichtiges Interesse reicht aus – und Eier aus Stahl. Er wird durch unbeugsame Absicht selbst alles finden, was er braucht.«

Unter diesen Voraussetzungen entwickelte sich unsere Beziehung. Deswegen möchte ich noch einmal ganz klar sagen, dass ich in keiner Weise Carlos Castanedas Lehrling war. Von Zeit zu Zeit unterhielten wir uns – das war alles. Und doch war es genug, um mich davon zu überzeugen, dass der wahre Weg in der Entschlossenheit liegt, makellos zu sein.

Der Grund dafür, dass ich einige meiner Erfahrungen mit ihm veröffentliche, ist Dankbarkeit. Carlos war sehr großzügig jedem gegenüber, der das Glück hatte, ihn zu kennen. Es liegt in der Natur eines Nagual, Geschenke der Kraft zu verteilen. In seiner Nähe zu sein bedeutete, eine Fülle von Inspiration und einen Reichtum an Geschichten, Ratschlägen und Lehren aller Art zu erhalten. Wenn man solche Geschenke erhält, wäre es recht selbstsüchtig, diese für sich zu behalten, während Carlos als wahrer Krieger absolut alles mit jenen teilte, die um ihn herum waren.

Einmal erzählte er mir, dass er jede Nacht Fragmente dessen niedergeschrieben habe, was er vom Nagual Don Juan Matus und von seinem Wohltäter Don Genaro Flores gelernt hatte. Don Juan war ein alter Zauberer vom Stamm der Yaqui im Norden Mexikos und Don Genaro war ein mächtiger mazatekischer Schamane und Mitglied der Gruppe von »Wissenden«, die von Don Juan angeführt wurden. Carlos fügte hinzu, dass Schreiben ein wichtiger Aspekt seiner eigenen Rekapitulation sei und dass ich auf dieselbe Weise mit allem verfahren solle, was ich während seiner Vorträge hören würde.

»Und wenn ich etwas vergesse?«, fragte ich ihn.

»Dann war dieses Wissen nicht für dich bestimmt. Konzentriere dich auf das, was du erinnerst.«

Er erklärte, dass der Sinn seiner Anweisung nicht nur darin bestehe, Informationen zu bewahren, die für meine Zukunft wertvoll sein könnten. Ebenso wichtig sei es, dass ich hierdurch einen gewissen Grad der Disziplin erreiche als Voraussetzung für die konkrete Ausübung der Zauberei, die später auf mich zukommen würde.

Er beschrieb das Ziel der Zauberer als ein ganz außerordentliches Unterfangen: »Die Befreiung eines menschlichen Wesens aus den Begrenzungen seiner Wahrnehmungsmöglichkeiten, die Wiedererlangung der Kontrolle über seine Sinne und die Befähigung, den Weg des Sparens von persönlicher Energie einzuschlagen.«

Carlos beharrte darauf, dass alles, was ein Krieger tue, zwingend praxisbezogen sein müsse, mit anderen Worten, er solle eine unbeugsame Absicht bezüglich des eigentlichen Ziels menschlicher Wesen haben: Freiheit.

»Ein Krieger hat keine Zeit zu verlieren, denn die Herausforderung der Bewusstheit ist eine absolute und sie verlangt jeden Tag 24 Stunden Wachsamkeit.«

In meinem Umgang mit ihm und anderen Wissenden wurde ich

Zeuge von Ereignissen, die, von einem rationalen Gesichtspunkt aus betrachtet, außergewöhnlich waren. Bei der Erledigung ihrer Aufgaben sind Dinge wie das Vorherwissen von Ereignissen oder Reisen in parallele Welten ganz normale Erfahrungen für Zauberer. Solange wir dergleichen nicht für uns selbst verifizieren, werden wir solche Erzählungen zwangsweise für Fantasien oder Metaphern halten.

Das ist das Wesen des Wissens der Zauberer – mach damit, was du willst. Es kann nicht rational erfasst werden, es ist nicht möglich, es intellektuell zu verifizieren. Alles, was wir tun können, ist, es praktisch auszuprobieren und die außergewöhnlichen Möglichkeiten zu erkunden, die uns innewohnen.

Armando Torres

Teil 1

Eine Romanze mit dem Wissen

1

Die Revolution der Zauberer

Wir hatten uns im zweiten Stock eines stilvollen Hauses versammelt, um den Vortrag eines berühmten Schriftstellers zu hören. Wir waren zwölf Leute. Außer dem Freund, der mich eingeladen hatte, kannte ich niemanden. Wir warteten und unterhielten uns währenddessen.

Nach zwei Stunden war unser Gast immer noch nicht erschienen und die Anwesenden begannen, des Wartens müde zu werden. Einige bezweifelten, dass er noch kommen würde und gingen. Irgendwann folgte ich einem Impuls und lehnte mich aus dem Fenster. Ich sah ihn ankommen und unsere Blicke trafen sich.

Ein plötzlicher Windstoß fegte durch das Zimmer und Papiere flogen herum. Als Carlos den Raum betrat, versuchten einige Leute immer noch, die Fenster zu schließen. Er sah anders aus, als ich erwartet hatte. Er war klein, kompakt gebaut und hatte graues Haar. Seine dunkle Haut zeigte bereits Falten. Er war leger gekleidet, was ihn zehn Jahre jünger aussehen ließ. Sein Gesicht hatte eine lebendige und sympathische Ausstrahlung. Es schien, als sei er glücklich, bei uns zu sein, und es war ein echtes Vergnügen, in seiner Nähe zu sein.

Er schüttelte jedem von uns die Hand und meinte, wir müssten die Zeit nutzen, da man ihn später noch anderswo erwarte. Dann machte er es sich in einem Sessel bequem und fragte: »Worüber wollt ihr reden?«

Bevor wir jedoch antworten konnten, begann er Geschichten zu erzählen. Sein Redestil war direkt und fesselnd, gespickt mit Scherzen, die von ausdrucksstarken Gesten begleitet waren.

Er beschrieb den Nagualismus als ein Gebilde von Praktiken und Ideen und umriss dessen geschichtliche Entwicklung. Er behauptete, dass dem modernen Menschen durch die Enthüllungen der Zauberer eine unglaubliche Möglichkeit geboten werde. Später sprach er über ein kompliziertes Bewusstseinsmanöver, dem sich die Seher widmen: die Verschiebung des Montagepunkts. Dieses Thema war neu für mich; deswegen beschränkte ich mich darauf, zuzuhören und mitzuschreiben. Glücklicherweise hatte Carlos die Angewohnheit, die grundlegenden Ideen zu wiederholen. Das machte es leichter, ihm zu folgen.

Zum Schluss konnte man ihm Fragen stellen. Einer der Anwesenden wollte wissen, was Zauberer über den Krieg dachten. Carlos blickte unmutig drein.

»Was für eine Antwort erwartest du?«, fragte er. »Dass sie Pazifisten sind? Sie sind es nicht! Das Schicksal normaler Menschen kümmert sie nicht! Das solltet ihr ein für alle Mal verstehen! Ein Krieger ist für den Kampf geboren. Wenn er sich im Krieg befindet, geht es ihm gut.«

Seine Reaktion zeigte, dass diese Frage einen empfindlichen Punkt getroffen hatte. Er ließ sich Zeit, diesen Sachverhalt zu erklären und sagte, dass Menschen ständig in belanglose Kriege verwickelt seien, die aus sozialen, religiösen oder wirtschaftlichen Gründen geführt würden. Der Krieg eines Zauberers richte sich jedoch nicht gegen andere Menschen, sondern gegen seine eigenen Schwächen. Ebenso habe sein Frieden nichts mit dem devoten Zustand zu tun, auf den der moderne Mensch reduziert sei. Der Friede eines Zauberers sei ein gleichmütiger Zustand innerer Stille und Disziplin.

»Passivität«, sagte er, »ist unvereinbar mit unserer Natur. Vom Kern her sind wir alle geborene Kämpfer. Jedes menschliche Wesen ist durch Geburtsrecht ein Krieger, der seinen Platz in dieser Welt durch einen Kampf auf Leben und Tod erworben hat. Seht es mal so: Als Spermium musste jeder von euch gegen Millionen von Konkurrenten um sein Leben kämpfen – und ihr habt gewonnen! Jetzt geht der Kampf weiter, denn wir werden von den Kräften dieser Welt gefangen gehalten. Ein Teil von uns kämpft darum, sich aufzulösen und zu sterben, während ein anderer Teil das Leben und das Bewusstsein um jeden Preis aufrechterhalten will. Es gibt keinen Frieden! Ein Krieger weiß dies und nutzt es zu seinem Vorteil. Sein Ziel ist eine Fortsetzung des Vorgangs, durch den der Funke des Lebens ihn erschaffen hat: Zugang zu einer neuen Ebene der Bewusstheit erlangen.«

Er erklärte, dass Menschen im Laufe der Sozialisation gezähmt würden, genauso wie Tiere domestiziert würden – durch die Macht von Anreiz und Bestrafung: »Wir wurden dahin gehend trainiert, klein zu leben und klein zu sterben, einem unnatürlichen Verhaltenskodex folgend, der uns schwächt und uns unsere Antriebskraft nimmt, bis unser Geist kaum noch erkennbar ist. Wir wurden als Resultat eines Kampfes geboren. Die Gesellschaft leugnet diese grundlegende Veranlagung in uns und verneint dadurch unser kriegerisches Erbe, das uns zu magischen Wesen macht.«

Er fügte hinzu, dass wir nur die Möglichkeit hätten, uns so zu akzeptieren, wie wir sind, und von dieser Grundlage aus zu arbeiten.

»Ein Krieger weiß, dass er in einem räuberischen Universum lebt. Er ist immer auf der Hut. Überall sieht er einen unaufhörlichen Kampf, der seinen Respekt verdient, weil es ein Kampf auf Leben und Tod ist. Don Juan war immer in Bewegung, er kam und ging, unterstützte dies und wies jenes zurück, erzeugte Spannung oder entließ sie in einem Ausbruch von Energie. Er schrie seine Absicht heraus oder verharrte schweigend. Er war lebendig und sein Leben spiegelte die Ebbe und Flut des Universums.

Beginnend mit dem Energieausbruch, der unseren Ursprung markiert, bis zum Moment unseres Todes leben wir in einem Fluss. Diese beiden Ereignisse sind einzigartig. Sie bereiten uns auf das vor, was vor uns liegt. Aber was schließt uns an diesen Fluss an? Es ist ein unablässiger Kampf, den nur ein Krieger auf sich nehmen wird. Und deswegen lebt er in einer grundlegenden Harmonie mit allem.

Für einen Krieger bedeutet Harmonie, dass er im Fluss ist, dass er nicht in der Mitte des Stromes innehält und versucht, einen Ort künstlichen Friedens zu erschaffen, was ohnehin unmöglich ist. Er weiß, dass er sein Bestes nur unter Bedingungen maximaler Anspannung geben kann. Deshalb sucht er seinen Gegner mit der Haltung eines Kampfhahnes aus – begierig, freudig und in dem Wissen, dass jeder Schritt sein letzter sein kann. Seine Gegner sind nicht seine Mitmenschen, sondern seine eigenen Anhaftungen und Schwächen. Seine große Herausforderung besteht darin, die Schichten seiner Energie zu komprimieren, sodass sich seine Energie im Augenblick des Todes nicht ausdehnt und seine Bewusstheit erhalten bleibt und nicht stirbt.

Stelle dir selbst folgende Fragen: Was mache ich mit meinem Leben? Dient es einem Zweck? Ist mein Leben straff genug? Ein Krieger akzeptiert sein Schicksal, was immer es bringen mag. Dennoch kämpft er darum, die Dinge zu ändern. Dadurch macht er aus seinem Aufenthalt auf Erden etwas Besonderes. Er schärft seinen Willen auf eine Weise, dass nichts ihn von seinem Ziel abzubringen vermag.«

Einer der Anwesenden fragte, wie ein Zauberer die Prinzipien des Weges des Kriegers mit den Pflichten innerhalb der Gesellschaft vereinbare.

Er antwortete: »Zauberer sind frei, sie akzeptieren keine sozialen Verpflichtungen. Sie sind nur sich selbst verantwortlich und niemandem sonst. Weißt du, warum du die Fähigkeit zur Wahrnehmung hast? Hast du herausgefunden, welchen Zielen dein Leben dient? Wirst du dein Schicksal, welches das eines Tieres ist, ändern? Das sind die Fragen, die Zauberer sich stellen. Dies sind die einzigen Fragen, die ernsthaft die Dinge verändern können. Wenn du anderen Menschen helfen willst, dann beantworte erst einmal diese Fragen!

Ein Krieger weiß, dass der einzige Sinn seines Lebens darin liegt, die Herausforderung des Todes anzunehmen – und der Tod ist eine sehr persönliche Angelegenheit. Von diesem Standpunkt aus gesehen sind die Sorgen der normalen Menschen nichts als ein Ausdruck ihrer krankhaften Selbstgefälligkeit.«

Carlos beharrte darauf, dass wir nie vergessen dürften, dass Krieger ausschließlich dem »reinen Verstehen«, wie er es nannte, verpflichtet seien. Dies ist ein Zustand, der aus der inneren Stille erwächst und der nichts mit den vergänglichen Anhaftungen an die Gepflogenheiten der Zeit, in der sich das normale Leben abspielt, zu tun hat. Er beteuerte, dass unsere sozialen Interessen lediglich Beschreibungen seien, die man uns implantiert habe und die nichts mit der natürlichen Entwicklung unserer Bewusstheit zu tun hätten. Sie seien vielmehr ein Ergebnis des kollektiven Verstandes, der emotionalen Verwirrung, der Gefühle von Angst und Schuld sowie des Verlangens, andere anzuführen oder selbst geführt zu werden.

»Der moderne Mensch schlägt nicht seine eigenen Schlachten. Er kämpft in Schlachten, die nichts mit dem Geist zu tun haben. Natürlich kümmert dies einen Zauberer wenig! Mein Lehrer pflegte zu sagen, dass er Vereinbarungen, an deren Zustandekommen er nicht beteiligt gewesen sei, nicht akzeptiere: ›Ich war nicht dabei, als sie beschlossen, dass ich mich wie ein Schwachkopf verhalten soll!‹ Don Juan war in eine besonders schwere Zeit hineingeboren worden, aber er hatte den Mut, etwas anderes zu werden als nur ein Opfer der Umstände. Er versicherte mir, dass die allgemeine Lage der Menschheit entsetzlich sei. Mitleid mit einer bestimmten Gruppe von Menschen zu haben, sei nichts anderes als eine verdeckte Form von Rassismus.

Er betonte immer wieder, dass es in dieser Welt nur zwei Arten von Menschen gebe: solche, die Energie haben, und solche, die keine haben. Er führte einen ständigen Kampf gegen die Blindheit seiner Mitmenschen und blieb dabei selbst makellos: Er mischte sich nie in irgendetwas ein. Ich versuchte, ihm mein Interesse an anderen Menschen zu erklären. Er wies auf mein Doppelkinn hin und sagte: ›Mach dir nichts vor, Carlitos! Wenn du ernsthaft am Befinden anderer Menschen interessiert wärst, dann würdest du dich selbst nicht wie ein Schwein behandeln.‹

Er lehrte mich, dass Mitleid mit anderen keine angemessene Haltung für einen Krieger ist, weil Mitleid immer aus Sorge um das eigene Selbst entsteht. Er zeigte auf Leute, die wir unterwegs trafen, und fragte mich: ›Vielleicht glaubst du, du bist besser als sie?‹ Er half mir, zu verstehen, dass die Solidarität der Zauberer mit den Menschen in ihrer Umgebung aufgrund eines höheren Befehls zustande kommt und nicht aus einem menschlichen Gefühl entspringt.

Unbarmherzig pirschte er meine emotionalen Reaktionen an und führte mich so zur Quelle meiner Voreingenommenheit, und ich erkannte, dass meine Sorge um andere Leute Selbstbetrug war. Ich versuchte, mir selbst zu entkommen, indem ich meine Probleme auf andere projizierte. Don Juan zeigte mir, dass Mitleid, so wie wir das Wort verwenden, eine geistige Krankheit ist – eine Psychose, die uns nur noch stärker an unser Ego fesselt.«

Offensichtlich war Carlos durch die Erinnerung an Don Juan tief bewegt. Ich sah, wie eine Welle von Zuneigung über ihn hinweglief. Einer der Anwesenden bemerkte, dass im Gegensatz zu Carlos' Aussagen die grundlegende Idee aller Religionen die Nächstenliebe sei.

Er machte eine Bewegung, als würde er eine Fliege vertreiben.

»Vergiss es! Vorstellungen, die auf Mitleid beruhen, sind eine Täuschung! Dadurch, dass wir uns dieselben Ideen wieder und wieder erzählen, ersetzen wir das aufrichtige Interesse am menschlichen Geist durch billige Sentimentalität. Wir sind Fachleute für Mitleid. Na und? Hat es irgendetwas verändert?

Wenn du den Druck des kollektiven Bewusstseins spürst, dann richte deine Aufmerksamkeit auf die äußere Erscheinung der Welt und wiederhole die folgende vernichtende Wahrheit immer wieder: ›Ich werde sterben, ich bin nicht wichtig; niemand ist wichtig!‹ Sei dir bewusst, dass dies das Einzige ist, was zählt.«

Als Beispiel für vergebliche Anstrengungen beschrieb er die Situation eines Esels im Morast. Je mehr dieser sich bewege, desto schwieriger werde seine Lage. Der einzige Ausweg für den Esel bestehe darin, kaltblütig zu sein, zu versuchen, sich von der Traglast auf seinem Rücken zu befreien und sich auf das unmittelbar vor ihm liegende Problem zu konzentrieren.

»Wir sind in derselben Situation. Wir sind Wesen, die sterben werden. Wir wurden programmiert, wie Tiere zu leben. Beladen mit Unmengen an Gewohnheiten, Bräuchen und den Glaubenssätzen anderer Menschen, bis an unser bitteres Ende. Aber wir können dies ändern! Die Freiheit, die der Weg des Kriegers uns anbietet, liegt in greifbarer Nähe. Ergreift diese Chance!«

Er erzählte uns, dass er während seiner Lehrzeit ein Problem hatte: Er war vom Rauchen abhängig. Er hatte damals bereits mehrfach erfolglos versucht, mit dem Rauchen aufzuhören.

»Eines Tages sagte Don Juan, dass wir zum Pflanzensammeln in die Wüste gingen und dass dieser Ausflug einige Tage dauern werde. Er sagte mir: ›Du nimmst am besten eine ganze Stange Zigaretten mit! Verpack sie gut, denn in der Wüste sind viele Tiere, die sie dir möglicherweise stehlen könnten.‹ Ich dankte ihm für den Tipp und folgte seinem Vorschlag.

Am folgenden Tag, als ich mitten im Chaparral aufwachte, entdeckte ich, dass mein Paket verschwunden war. Ich war verzweifelt. Ohne Zigaretten würde ich mich schon bald ausgesprochen miserabel fühlen. Don Juan meinte, ein Kojote hätte die Zigaretten gestohlen und half mir bei der Suche. Nach einigen angstvollen Stunden fand er die Fährte des Tieres.

Dieser Fährte folgten wir den Rest des Tages und gerieten dabei immer tiefer in die Berge hinein. Als es Nacht wurde, gestand er mir, dass er die Spur verloren hätte. Ich fühlte mich elend ohne Zigaretten und ohne zu wissen, wo ich war. Er tröstete mich und meinte, dass wir uns ganz in der Nähe einer Stadt befänden. Wenn wir noch etwas weiter gingen, würden wir dort ankommen und sicher sein.

Wir verbrachten den ganzen nächsten Tag damit, eine Straße zu suchen und den nächsten Tag und auch den darauffolgenden Tag. Am Ende waren es fast zwei Wochen. Irgendwann war ich völlig erschöpft. Ich ließ mich in den Sand fallen und bereitete mich auf den Tod vor.

Als er mich so sah, versuchte er mich aufzumuntern, indem er fragte: ›Bist du eigentlich noch am Rauchen interessiert?‹ Ich sah ihn wütend an und beschimpfte ihn wegen seiner unglaublichen Verantwortungslosigkeit. Ich stellte mich taub und sagte, alles was ich wolle, wäre zu sterben. ›Sehr gut!‹, antwortete er ungerührt, ›dann können wir ja zurückgehen.‹ Wir waren die ganze Zeit nur wenige Meter vom Highway entfernt gewesen!«

Der ganze Raum explodierte vor Lachen. Als wir uns wieder beruhigt hatten, bemerkte Carlos: »Die Tragödie des modernen Menschen liegt nicht in seinen sozialen Umständen, sondern in seinem mangelnden Willen, sich selbst zu ändern. Es ist sehr leicht, kollektive Revolutionen anzuzetteln. Aber eine echte Veränderung – das Selbstmitleid aufgeben, das Ego auslöschen, unsere Gewohnheiten und Maroten ablegen – das ist etwas ganz anderes! Zauberer sagen, dass die wahre Rebellion – und unser einziger Ausweg als Spezies eine Revolution gegen die eigene Dummheit sei. Ihr versteht, dass man diese Arbeit nur allein tun kann.

Diese Art von Revolution ist das Ziel der Zauberer. Die unbeschränkte Entfaltung unserer Möglichkeiten als wahrnehmende Wesen. Ich habe niemals einen größeren Revolutionär als meinen Lehrer gesehen. Er schlug nicht vor, Tortillas durch Brot zu ersetzen. Er ging geradewegs auf den Kern der Sache zu. Er schlug einen Salto des Denkens ins Unvorstellbare vor, um sich von allen Fesseln zu befreien. Und er zeigte, dass dies möglich ist! Er schlug mir vor, mein Leben mit Entscheidungen der Kraft zu füllen, mit Strategien, die mich zur Bewusstheit führen würden. Er lehrte mich, dass die Ordnung der Welt ganz anders sein kann, als wir es gelernt haben, und dass ich sie jederzeit beiseiteschieben kann. Ich bin nicht verpflichtet, anderen ein bestimmtes Bild von mir vorzugaukeln oder mit einem Inventar zu leben, das nicht zu mir passt. Mein Schlachtfeld ist der Weg des Kriegers.«

Als das Treffen vorüber war, versammelten sich seine Zuhörer um Carlos, um noch einige Worte mit ihm zu wechseln und sich zu verabschieden. Als ich an der Reihe war, sah er mich von oben bis unten an. Dann fragte er nach meinem Namen und wollte wissen, warum ich da war. Ich stellte mich vor und erklärte ihm, dass ein Freund, der wusste, dass ich mich für diese Themen interessierte, mir von der Veranstaltung erzählt hatte. Sein einziger Kommentar war: »Ich möchte gern unter vier Augen mit dir sprechen.«

Seine Worte verwirrten mich etwas, aber ich wartete die Verabschiedungsrunde ab und folgte ihm in eine Ecke des Zimmers. Dort lud er mich ein, am folgenden Morgen mit ihm im Hotel zu frühstücken. Ich versicherte ihm, dass ich mit Vergnügen kommen würde. Er gab mir die Adresse und sagte: »Wir treffen uns dann morgen um 9 Uhr.« Er fügte hinzu, dass ich niemand von diesem Treffen erzählen und dass ich pünktlich erscheinen solle.

2

Die eigene Wichtigkeit

Ich traf zur vereinbarten Zeit in der Lobby des Hotels ein und kurz darauf kam Carlos die Treppe hinunter. Wir begrüßten uns, gingen ins Restaurant und nahmen ein leckeres Frühstück ein. Ich wollte ihn etwas fragen, aber er brachte mich mit einer Geste zum Schweigen. Wir aßen, ohne ein Wort zu sprechen.

Als wir fertig waren, gingen wir die Donceles-Straße entlang in Richtung Zocalo. Wir sahen uns in verschiedenen Secondhand-Buchläden um. Er erzählte mir, dass er grundsätzlich keine persönlichen Gespräche mit irgendwelchen Leuten führe. In meinem Fall läge der Sachverhalt anders, weil er ein Zeichen erhalten habe. Ich wusste nicht, wovon er sprach und hielt den Mund, denn jeder Kommentar hätte lediglich meine Unwissenheit offenbart. Er fügte hinzu, dass ich die Beachtung, die er mir schenke, nicht mit einem persönlichen Interesse an mir verwechseln dürfe. »Ich habe oft gesagt, dass mein energetischer Zustand nicht zulässt, dass ich Schüler habe. Die Leute sind deswegen enttäuscht, aber es ist nun einmal so!«

Wir unterhielten uns über alles Mögliche. Er stellte mir viele Fragen über mein Leben und wollte meine Telefonnummer wissen. Er lud mich zu einem Vortrag ein, den er am nächsten Abend im Haus eines Freundes halten würde, meinte aber, dass unsere Verbindung geheim bleiben solle. Ich antwortete, dass ich sehr gern kommen werde.

In einem der Buchläden fanden wir ein Exemplar seines Buches »Eine andere Wirklichkeit«. Das Buch stand im Regal für Romane, was ihn ärgerte. Er sagte, dass die Menschen so in ihr alltägliches Leben verwickelt seien, dass sie sich das Mysterium, das sie umgebe, nicht einmal vorstellen könnten. »Sobald uns etwas Unbekanntes begegnet, klassifizieren wir es sofort in bekannte und bequeme Kategorien und dann vergessen wir es.«

Ich bemerkte, dass er die Bücher mit großem Interesse durchblätterte und manchmal liebe- und respektvoll mit der Hand darüberstrich. Er sagte, dass diese Bücher weitaus mehr wären als nur Bücher. Sie seien Behältnisse für Wissen. Weiter sagte er, dass man sich dem Wissen hingeben solle, egal, in welcher Form es daherkomme. Er fügte hinzu, dass sich die Informationen, die wir benötigten, um unser Bewusstsein zu steigern, sich an Orten verbergen, an denen wir sie nicht erwarteten. Wenn wir nicht so beschränkt wären, dann würde uns unsere gesamte Umgebung unbeschreibliche Geheimnisse offenbaren.

»Wir müssen uns lediglich dem Wissen öffnen, dann stürmt es auf uns ein wie eine Lawine.«

Wir schauten uns auf einem Büchertisch um. Die Bücher waren extrem preisgünstig, ja fast umsonst. Er war überrascht, wie billig gebrauchte Bücher im Vergleich zu neuen waren. Seiner Meinung nach zeigte dies, dass die Leute nicht wirklich auf Informationen aus seien. Was sie wirklich anstrebten, sei der Status eines Käufers.

Ich fragte ihn, was er am liebsten lese und er antwortete, dass er gern alles wissen würde. Heute jedoch suche er nach einem ganz bestimmten Gedichtband, einer speziellen alten Ausgabe, die niemals nachgedruckt worden sei. Er bat mich, ihm bei der Suche zu helfen. Eine lange Zeit blätterten wir durch Berge von Büchern. Schließlich verließ er den Ort mit einer Sammlung von Büchern, aber das gesuchte Werk war nicht dabei. Mit einem schuldbewussten Lächeln gab er zu: »Das passiert mir immer wieder!«

Gegen Mittag ruhten wir uns auf einer Bank aus, die auf einem Platz stand, auf dem verschiedene Drucker ihre Dienste anboten. Ich packte die Gelegenheit beim Schopf und gestand ihm, dass mich seine Aussage vom vorhergehenden Abend verwirrt hätte und ich bat ihn, mir detaillierter zu erklären, um was es bei dem »Krieg der Zauberer« gehe.

Er erklärte mir freundlich, dass es nur natürlich sei, dass dieses Thema mich berühren würde. Alle menschlichen Wesen hätten seit ihrer Geburt gelernt, die Welt auf die gleiche Art und Weise wahrzunehmen, ähnlich wie eine Herde Schafe sie gleich wahrnehme. Er erzählte mir Geschichten von seinen Gefährten, wie sie nach vielen Jahren des zähen Kampfes gegen ihre Schwächen diese endlich besiegt und jenen kollektiven Zwang überwunden hätten. Er empfahl mir, geduldig zu sein. Zu gegebener Zeit würden mir diese Dinge klarer werden.

Nachdem wir uns noch eine Weile entspannt unterhalten hatten, schüttelte er mir zum Abschied die Hand. Ich konnte meine Neugier nicht zurückhalten und fragte ihn, was er meine, wenn er sage, er habe »ein Zeichen« mit mir gehabt.

Anstatt mir zu antworten, schaute er aufmerksam auf einen Punkt oberhalb meiner linken Schulter. Sofort wurde mein Ohr heiß und begann zu summen. Nach einer Weile sagte er, dass er die Antwort auf meine Frage nicht wisse, weil er nicht in der Lage sei, das Wesen des Zeichens zu verstehen. Aber es wäre so eindeutig gewesen, dass er ihm Aufmerksamkeit zollen müsse. Er fügte hinzu: »Ich kann dich nicht anleiten, aber ich kann dich vor einen Abgrund stellen, der alle deine Fähigkeiten auf die Probe stellen wird. Es hängt von dir ab, ob du dich auf eine Flugbahn schleudern lässt oder ob du wegläufst, um dich hinter deinen Routinen zu verstecken.«

Seine Worte machten mich neugierig. Ich fragte ihn, welchen Abgrund er meinte. Er antwortete, dass es mein eigener Traum sei. Die Antwort versetzte mir einen Schock. Irgendwie hatte Carlos mein inneres Dilemma bemerkt.

※

Um ‚Viertel vor sieben kam ich an einem mondänen Haus in der Nähe von Coyoacan an. Eine freundliche junge Dame, die die Eigentümerin des Anwesens zu sein schien, empfing mich. Ich erklärte ihr, dass ich zu dem Vortrag von Carlos eingeladen war und sie bat mich hinein. Wir stellten uns vor, ihr Name war Martha.

Es waren acht Leute im Raum und es kamen noch zwei weitere hinzu. Dann erschien Carlos. Wie üblich begrüßte er uns überschwänglich. Dieses Mal war er sehr formal gekleidet. Er trug eine Krawatte, eine Weste und eine Aktentasche und wirkte wie ein Intellektueller. Er sprach über viele Themen und fast unbemerkt führte er das eigentliche Thema seines Vortrags ein: Wie man das Gefühl, wichtig zu sein, überwindet.

Einführend stellte er fest, dass wir uns gewöhnlich eine wichtige Rolle zuschrieben, in allem, was wir täten, sagten und dächten. Dadurch erzeugten wir eine Art »kognitiver Dissonanz«, die unsere Sinne umnebele und uns daran hindere, die Dinge klar und objektiv zu sehen.

»Wir sind wie verkümmerte Vögel. Von Geburt an sind wir mit allem ausgestattet, was wir zum Fliegen brauchen. Aber wir werden ständig gezwungen, in engen Kreisen um unser Selbst zu fliegen. Die Kette, die uns festhält, ist die eigene Wichtigkeit. Der Weg, der einen normalen Menschen in einen Krieger verwandelt, ist sehr beschwerlich. Unsere Empfindung, im Zentrum von allem zu stehen, und das Bedürfnis, stets das letzte Wort zu haben, stehen uns ständig im Weg. Wir fühlen uns wichtig. Und wenn jemand wichtig ist, dann ist jede Absicht, sich selbst zu ändern, ein langwieriger, komplizierter und schmerzhafter Prozess. Dieses Gefühl isoliert uns. Wenn dieses Gefühl nicht wäre, dann würden wir alle im Meer der Bewusstheit schwimmen und wir würden wissen, dass das Selbst nicht zu seinem eigenen Nutzen existiert, sondern dass es seine Bestimmung ist, Futter für den Adler zu sein.

Das Gefühl der eigenen Wichtigkeit wächst in einem Kind heran, während es seine soziale Kompetenz erwirbt. Wir wurden darauf gedrillt, eine Welt von Übereinkünften zu konstruieren, auf die wir uns beziehen können, wenn wir miteinander kommunizieren. Doch dieses Geschenk beinhaltet eine ärgerliche Zugabe: unsere Idee des ›Ich‹. Das Selbst ist ein mentales Konstrukt, es kommt von außen und es wird höchste Zeit, uns davon zu befreien.«

Carlos sagte, dass alle Fehler und Irrtümer, die im Zuge alltäglicher Kommunikation auftauchten, ein lebendiger Beweis dafür seien, dass die Übereinkünfte, die uns gegeben wurden, durch und durch künstlich seien.

»Die Zauberer des alten Mexiko experimentierten Jahrtausende mit Situationen, die die Art und Weise, in der wir die Welt wahrnehmen, verändern konnten. Dabei entdeckten sie eine bedeutende Tatsache: Wir sind nicht gezwungen, in einer einzigen Wirklichkeit zu leben, denn das Universum ist nach sehr beweglichen Prinzipien organisiert, die fast jede Form ermöglichen und endlose Wahrnehmungsbereiche erschaffen können.

Sie verifizierten dies und nahmen es als Ausgangspunkt für weitere Schlussfolgerungen. Von außerhalb ihrer selbst erhalten Menschen die Fähigkeit, ihre Aufmerksamkeit auf einen dieser Wahrnehmungsbereiche zu fixieren, mit dem Ziel, diesen zu erkennen und zu erforschen. Wir passen uns an diesen Wahrnehmungsbereich an und lernen, ihn für etwas Einzigartiges zu halten. Auf diese Weise entstand die Vorstellung, dass wir in einer einzigartigen Welt und in einer einzigen Wirklichkeit leben, woraus das Gefühl folgte, ein individuelles Selbst zu sein.

Ohne Zweifel ist die Beschreibung, die uns gegeben wurde, ein wertvoller Besitz. Man kann sie mit einem starken Pfahl vergleichen, an den ein zartes junges Bäumchen gebunden wird, um ihm Stärke und Ausrichtung zu geben. Die Beschreibung erlaubt es uns, als normaler Mensch in einer Gesellschaft aufzuwachsen, die an diese Art der Fixierung angepasst ist. Dazu müssen wir lernen, wie man ›abschöpft‹, das heißt, dass man aus der enormen Menge von Daten, die unsere Sinne erreichen, nur einen Teil auswählt. Sobald diese selektierten Daten in ›Wirklichkeit‹ umgewandelt worden sind, funktioniert die Fixierung unserer Aufmerksamkeit wie ein Anker. Sie hält uns davon ab, uns unserer unglaublichen Möglichkeiten bewusst zu werden.

Laut Don Juan ist es Furchtsamkeit, die die menschliche Wahrnehmung begrenzt. Um in der Lage zu sein, mit unserer Umgebung klarzukommen, haben wir die Gabe unserer Wahrnehmungsfähigkeit aufgegeben, die Gabe, alles als Zeuge wahrzunehmen. Wir opfern den Flug der Bewusstheit um der Sicherheit des Bekannten willen. Wir können starke, kühne und gesunde Leben führen; wir können makellose Krieger sein; aber wir wagen es nicht!

Unser Erbe ist ein stabiles Haus, in dem wir leben können, aber wir haben es in eine Festung zur Verteidigung unseres Selbst verwandelt. Oder vielmehr in ein Gefängnis, in dem wir unsere Energie zu lebenslanger Gefangenschaft und Schwäche verurteilen. Unsere besten Jahre, Gefühle und Kräfte verschwenden wir damit, das Haus zu reparieren und zu stützen, weil wir in der Identifikation mit dem Haus hängen bleiben.

In dem Prozess, in dem ein Kind lernt, ein soziales Wesen zu werden, eignet es sich die irrige Überzeugung an, dass es als Individuum wichtig ist. Was als gesunder Selbsterhaltungstrieb begann, endet in einem selbstsüchtigen Schrei nach Aufmerksamkeit. Von allen Gaben, die wir erhalten haben, ist die eigene Wichtigkeit die gemeinste. Sie verwandelt ein magisches Wesen in einen armen, arroganten, würdelosen Teufel.«

Er zeigte auf seine Füße und meinte, dass die eigene Wichtigkeit einen dazu treibe, absurde Dinge zu tun. »Seht mich an! Ich kaufte einmal ein Paar sehr schöne Schuhe, von denen jeder fast ein Kilo wog. Ich verschwendete 500 Dollar für das Privileg, diese schweren Schuhe durch die Gegend zu schleppen!

Die eigene Wichtigkeit ist dafür verantwortlich, dass wir bis zum Rand mit Verbitterung, Neid und Frustration angefüllt sind. Wir gestatten es uns, uns durch Gefühle wie Selbstgefälligkeit leiten zu lassen, und wir entfliehen der Aufgabe, uns selbst kennenzulernen mit Ausflüchten wie: ›Ich hab keine Lust‹ oder ›Wie langweilig!‹ Hinter all dem steht die Angst, die wir mit einem stetig undurchlässiger und unnatürlicher werdenden inneren Dialog zum Schweigen bringen.«

An diesem Punkt legte Carlos eine Pause ein und beantwortete Fragen. Er nutzte die Gelegenheit, uns einige Geschichten zu erzählen, die aufzeigten, wie das Gefühl der eigenen Wichtigkeit uns deformiert und in undurchdringliche, starre Hüllen verwandelt, angesichts derer ein Krieger nicht weiß, ob er lachen oder weinen soll.

»Nachdem ich einige Jahre bei Don Juan in die Lehre gegangen war, ängstigten mich seine Manöver so sehr, dass ich ihm eine Weile fern blieb. Ich konnte nicht akzeptieren, was er und mein Wohltäter mit mir machten. Es schien mir unmenschlich und unnötig. Ich sehnte mich danach, sanfter behandelt zu werden! Ich besuchte verschiedene spirituelle Lehrer überall auf der Welt und hoffte, in ihren Lehren Wissen zu finden, das meine Flucht rechtfertige.

Eines Tages traf ich einen kalifornischen Guru, der glaubte, er hätte die Weisheit gepachtet. Er akzeptierte mich als Schüler und gab mir die Aufgabe, an öffentlichen Plätzen für karitative Zwecke zu betteln.

Ich hielt das für eine neue Erfahrung, die mich wichtige Dinge lehren würde, nahm all meinen Mut zusammen und tat, was er verlangte. Als ich zu ihm zurückkam, sagte ich ihm: ›Jetzt bist du dran!‹ Er wurde wütend und warf mich hinaus.

Auf einer anderen Reise traf ich einen bekannten hinduistischen Lehrer. Ich ging früh am Morgen zu seinem Haus und stand mit anderen in der Schlange. Warum auch immer, dieser Herr ließ uns stundenlang warten. Dann erschien er oben auf der Treppe. Er hatte eine herablassende Art, als sei es eine Gnade, dass wir ihn sehen durften. Er begann auf ausgesprochen würdevolle Weise, die Treppe hinabzuschreiten. Seine Füße verfingen sich dabei in seinem üppigen Gewand, er fiel die Treppe hinab und brach sich das Genick. Er starb direkt vor unseren Füßen.«

Bei anderer Gelegenheit erzählte uns Carlos, dass der Dämon der eigenen Wichtigkeit nicht nur die betreffe, die sich selbst für Meister hielten. Vielmehr sei sie ein allgemeines Problem. Eines der stärksten Bollwerke der eigenen Wichtigkeit sei die Sorge um unsere äußere Erscheinung.

»Das war immer ein wunder Punkt bei mir. Don Juan schürte das Feuer meiner Voreingenommenheit, indem er Witze über meine äußere Erscheinung machte. Er sagte: ›Je kleiner man ist, desto egomanischer ist man! Du bist klein und hässlich wie eine Wanze; deine einzige Chance liegt darin, berühmt zu werden, weil du sonst überhaupt nicht existierst!‹ Er behauptete, dass mein bloßer Anblick ihm Brechreiz verursache – wofür er mir sehr dankbar sei.

Ich war tödlich beleidigt, weil ich der Meinung war, dass er meine Mängel übertrieb. Doch eines Tages, in einem Laden in Los Angeles, sah ich ein, dass er recht hatte. Ich hörte jemand in meiner Nähe das Wort ›klein‹ (*short*) sagen und war sofort total genervt und verärgert. Ohne nachzudenken, fuhr ich herum und schlug ihm wütend ins Gesicht. Später wurde mir klar, dass der Mann gar nicht über mich gesprochen hatte. Er hatte darüber geredet, dass er gerade knapp bei Kasse (*short of money*) war.

Während unseres Trainings als Krieger gab uns Don Juan die Aufgabe, alle Mittel, die der Aufrechterhaltung unseres Selbst dienen, aufzugeben. Das beinhaltete Dinge wie Spiegel, das Verwenden akademischer Titel oder den Besitz von Fotos, die unsere persönliche Geschichte dokumentierten. Die Zauberer seiner Gruppe nahmen seine Anweisungen wörtlich. Aber wir, seine Lehrlinge, kümmerten uns nicht darum. Aus irgendeinem unerfindlichen Grund begann ich dann, seine Anweisung in extremer Weise zu interpretieren. Von da an erlaubte ich niemandem mehr, Fotos von mir zu machen.

Einmal erklärte ich während eines Vortrags, dass Fotos der Aufrechterhaltung der eigenen Wichtigkeit dienten. Ich erläuterte, dass meine Abneigung gegen das Fotografiertwerden darin lag, dass ich ein gewisses Maß an Zweifel in Bezug auf meine Person erhalten wollte. Später fand ich heraus, dass eine junge Frau, die sich selbst für eine spirituelle Lehrerin hielt, dies mit den Worten: ›Wenn ich wie ein mexikanischer Kellner aussähe, würde ich auch nicht wollen, dass man Fotos von mir macht‹, kommentiert hatte.

Die Seher beobachteten die Eigenarten der eigenen Wichtigkeit und stellten fest, dass diese auf bestimmte Art und Weise jeden Menschen verderben. Sie teilten die Menschen in drei Kategorien ein, die von Don Juan mit ausgesprochen lächerlichen Namen belegt wurden: Pisser, Fürze und Kotzbrocken. Jeder von uns passt in eine dieser drei Kategorien.

Pisser zeichnen sich durch ihre Unterwürfigkeit aus. Sie sind kriecherisch, klebrig und übermäßig süß. Es sind Menschen, die einem dauernd einen Gefallen tun wollen. Sie kümmern sich um dich, halten dich klein und verhätscheln dich. Sie haben so viel Mitleid! Damit verbergen sie die darunter liegende Realität: Sie sind unfähig, die Initiative zu ergreifen, und können nichts aus sich selbst heraus tun. Sie brauchen jemanden, der sie anleitet und ihnen das Gefühl gibt, etwas tun zu können. Unglücklicherweise nehmen sie dabei an, dass alle anderen genauso nett sind wie sie selbst. Deswegen sind sie ständig verletzt, enttäuscht und oft den Tränen nahe.

Fürze sind das genaue Gegenteil. Sie sind ärgerlich, gemein und selbstzufrieden. Sie drängen sich überall auf und mischen sich überall ein. Wenn sie dich einmal am Wickel haben, lassen sie dich nicht mehr los. Sie sind die unangenehmsten Leute, die man sich vorstellen kann. Wenn du dich irgendwo ganz in Ruhe befindest, dann kommt der Furz daher und mischt dich auf, zieht dich in seine Angelegenheiten rein und benutzt dich im größtmöglichen Ausmaß. Fürze haben ein natürliches Talent zum Lehrer und zum Anführer von Menschen. Sie würden einen Mord begehen, bloß um an der Macht zu bleiben.

Kotzbrocken bewegen sich zwischen diesen beiden Kategorien und sind eher neutral. Weder wollen sie Anführer sein, noch wollen sie geführt werden. Sie sind Angeber, Großtuer und Selbstdarsteller. Sie vermitteln den Eindruck, dass sie etwas Großartiges sind, aber tatsächlich sind sie nichts. Alles nur Aufschneiderei. Sie sind Karikaturen von Menschen, die zu viel Selbstvertrauen haben. Doch wenn ihnen nicht genug Aufmerksamkeit geschenkt wird, sind sie ein Nichts.«

Jemand fragte, ob die Zugehörigkeit zu einer dieser drei Kategorien ein obligatorisches Charakteristikum sei, ein angeborenes Merkmal unserer Leuchtkraft.

Carlos antwortete: »Niemand wird so geboren, wir machen uns selbst dazu. Wir landen in einer dieser Kategorien, weil bestimmte Ereignisse in unserer Kindheit uns entsprechend prägen. Vielleicht weil unsere Eltern Druck auf uns ausübten oder wegen anderer unwägbarer Faktoren. In der Kindheit beginnt es, und bis wir erwachsen sind, haben wir uns vollkommen in die Verteidigung des Selbst verstrickt. Wir können uns nicht mehr daran erinnern, wann wir aufhörten, ein authentisches Wesen zu sein und stattdessen zum Schauspieler wurden. Wenn ein Lehrling in die Welt der Zauberer eintritt, ist seine grundlegende Persönlichkeit bereits geformt und kann auch nicht mehr verändert werden. Die einzige Möglichkeit, die ihm bleibt, ist über alles zu lachen. Und obschon dies nicht unser angeborener Zustand ist, wissen die Zauberer, welche Art von Wichtigkeit wir entwickelt haben. Durch ihr Sehen erkennen sie die dauerhaften Deformationen in unserem Energiefeld, die aufgrund der lebenslangen Verformung unseres eigentlichen Wesens entstanden sind.«

Carlos erklärte, dass die eigene Wichtigkeit genau die Art von Energie verbrauche, die auch zum Träumen benötigt werde. Deswegen sei

es im Nagualismus von grundlegender Bedeutung, das Gefühl der eigenen Wichtigkeit aufzugeben. Dadurch werde überschüssige Energie frei, die uns dann zur Verfügung steht. Außerdem würde der Weg des Kriegers uns ohne diese Sicherheitsmaßnahme in die Irre führen.
»Das ist vielen Lehrlingen passiert. Sie hatten einen guten Start, sie sparten Energie und entwickelten ihr Potenzial. Aber sie erkannten nicht, dass sie mit zunehmender Energie gleichzeitig diesen Parasiten in sich nährten. Wenn wir dem Druck des Ego nachgeben, dann sollten wir dies als Durchschnittsmenschen tun, denn ein Zauberer, der sich selbst zu wichtig nimmt, ist eines der traurigsten Dinge, die es gibt.

Denkt immer daran, wie trügerisch die eigene Wichtigkeit sein kann. Sie kann sich hinter einer Fassade makelloser Bescheidenheit verbergen. Sie hat es nicht eilig. Selbst nach lebenslanger Praxis genügt ein kleiner Fehler, eine minimale Nachlässigkeit und sie ist wieder da. Sie ist wie ein Virus, das in der Stille ausgebrütet wird. Oder wie diese Frösche, die jahrelang im Wüstensand warten und mit den ersten Regentropfen aus ihrer Starre erwachen, um sich zu vermehren.

Ein Wohltäter wird die eigene Wichtigkeit eines Lehrlings entsprechend seiner Natur so lange provozieren, bis sie explodiert. Er kennt dabei kein Mitleid. Als Vorbereitung auf den Weg, der vor ihm liegt, muss ein Krieger lernen, bescheiden zu sein. Sonst hat er keine Chance, den Angriffen des Unbekannten zu trotzen.

Don Juan war ein gnadenloser Einpeitscher. Er empfahl 24 Stunden Wachsamkeit am Tag, um die Krake des Selbst zu kontrollieren. Wir schenkten ihm allerdings keine Beachtung! Außer Eligio, dem fortgeschrittensten seiner Lehrlinge. Wir anderen ließen uns in beschämender Weise gehen. Für La Gorda war das am Ende tödlich.«

Er erzählte uns die Geschichte von Maria Elena, genannt »La Gorda«. Sie war eine fortgeschrittene Schülerin von Don Juan und hatte als Kriegerin gewaltige Kraft entwickelt. Aber sie wusste nicht, wie sie die schlechten Gewohnheiten ihrer normal-menschlichen Seite unter Kontrolle halten konnte.

»Sie dachte, sie hätte alles unter Kontrolle, aber dies war nicht der Fall. Ein sehr egoistisches Anliegen, eine persönliche Anhaftung, steckte noch in ihr. Sie erwartete bestimmte Dinge von anderen Kriegern und das war ihr Untergang. La Gorda glaubte, dass ich unfähig sei, die Gruppe der Lehrlinge in die Freiheit zu führen, und das nahm sie mir ausgesprochen übel. Sie akzeptierte mich nicht als den neuen Nagual. Als Don Juans richtungsweisende Kraft nicht mehr da war, fing sie an, mir wegen meiner Unzulänglichkeit Vorwürfe zu machen. Sie warf mir meine energetische Anomalie vor, ohne zu bedenken, dass diese aufgrund eines Befehls des Geistes bestand. Kurz darauf verbündete sie sich mit den Genaros und den Schwesterchen und benahm sich fortan wie der Anführer des Trupps. Am meisten ärgerte sie sich über den öffentlichen Erfolg meiner Bücher.

Eines Tages hatte sie einen Anfall von Überheblichkeit. Sie versammelte uns alle und schrie uns an: ›Ihr Idioten! Ich gehe jetzt.‹ Sie kannte die Übung des Feuers von innen, durch die sie den Montagepunkt so verschieben konnte, dass sie die Welt des Nagual erreichen und Don Juan und Don Genaro treffen konnte. Doch an diesem Nachmittag war sie extrem aufgeregt. Die anderen Lehrlinge wollten sie beruhigen, aber das machte sie nur noch wütender. Ich konnte nichts machen, weil die Situation meine Kraft blockierte. Nach einer unmenschlichen Anstrengung, die alles andere als makellos war, hatte sie einen Schlaganfall und fiel tot um. Die tatsächliche Todesursache war ihre Egomanie.«

Carlos zog als Moral dieser Geschichte die Schlussfolgerung, dass ein Krieger sich nie erlauben dürfe, dem Größenwahn zu verfallen. Denn an einem Anfall von Egomanie zu sterben, sei die dümmste Art zu sterben.

»Die Vorstellung, wichtig zu sein, ist tödlich. Sie blockiert den freien Fluss der Energie und das ist verhängnisvoll. Sie ist für unser individuelles Ende verantwortlich und eines Tages wird sie uns auch als Spezies vernichten. Wenn ein Krieger lernt, die eigene Wichtigkeit abzuwerfen, dann entfaltet sich sein Geist und jubelt. Wie ein wildes Tier, das aus seinem Käfig befreit wird.

Die eigene Wichtigkeit kann auf verschiedene Weise bekämpft werden. Zuerst ist es nötig zu erkennen, dass sie da ist. Wenn du einen

Makel hast und ihn erkennst, dann ist die halbe Arbeit schon getan! Deshalb, zuallererst, bemerkt sie! Nehmt eine Tafel oder ein Blatt Papier, schreibt darauf: ›Die eigene Wichtigkeit ist tödlich‹, und hängt dies an einen zentralen Ort in eurem Haus. Lest diesen Satz jeden Tag, erinnert euch daran während der Arbeit, meditiert darüber. Vielleicht kommt der Augenblick, in dem die Bedeutung dieses Satzes in euer Inneres dringt, und ihr entscheidet euch zu handeln. Das Vorhandensein der eigenen Wichtigkeit zu erkennen ist an sich schon eine große Hilfe, weil der Kampf gegen das Selbst seine Eigendynamik entwickelt.

Die eigene Wichtigkeit nährt sich gewöhnlich von unseren Gefühlen. Ihr Wirkungsfeld umfasst den Wunsch, mit anderen Menschen gut auszukommen, akzeptiert zu werden bis hin zu Arroganz und Sarkasmus. Ihr allerliebstes Feld ist jedoch das Mitleid. Mitleid mit uns selbst und mit den Menschen in unserer Umgebung. Um diesen Komplex anzupirschen, müssen wir unsere Gefühle bis in die kleinsten Details zerlegen und analysieren. Wir müssen die Quellen finden, aus denen sie sich nähren.

Gefühle zeigen sich selten in reiner Form. Sie tarnen sich. Um sie wie Kaninchen zur Strecke zu bringen, muss man sehr feinfühlig sein und strategisch vorgehen. Gefühle sind schnell und man kann ihnen nicht mit dem Verstand beikommen.

Wir beginnen mit den offensichtlichen Sachverhalten wie: ›Wie ernst nehme ich mich? Wie verhaftet bin ich? Womit verbringe ich meine Zeit?‹ Das sind Dinge, die man rasch ändern kann und durch die man Energie gewinnt. Diese Energie kann man dann verwenden, um aufmerksamer zu sein, und dies ermöglicht es uns wiederum, tiefer in die Übung einzusteigen.

Statt zum Beispiel stundenlang vorm Fernseher zu hocken, einkaufen zu gehen oder dümmliche Unterhaltungen mit Freunden zu führen, kann man eine Zeit lang mit Körperübungen verbringen oder mit Rekapitulieren – oder man geht allein in einen Park und läuft barfuß im Gras. Dies scheint sehr einfach zu sein, aber mit diesen Übungen verändert sich unser sensorisches Panorama. Wir entdecken etwas, was schon immer da war, was wir aber verloren glaubten.

Diese kleinen Veränderungen dienen als Ausgangspunkt, um nicht so leicht aufspürbare Elemente zu analysieren. Wo geht unsere Eitelkeit ins Krankhafte über? Was habe ich für Überzeugungen? Halte ich mich für unsterblich oder für etwas Besonderes? Glaube ich, dass ich Beachtung verdiene? Diese Art von Analyse führt in den Bereich unserer Glaubenssätze – den eigentlichen Kern unserer Gefühle. Deshalb sollte man diese Untersuchungen im Zustand innerer Stille durchführen und sich zu rückhaltloser Aufrichtigkeit verpflichten. Andernfalls wird unser Verstand die Kontrolle übernehmen und alle möglichen Rechtfertigungen vorbringen.«

Carlos fügte hinzu, dass diese Übungen von einem Gefühl der Dringlichkeit begleitet sein sollten, weil es tatsächlich darum gehe, einen ausgesprochen machtvollen Angriff zu überleben.

»Ihr müsst wissen, dass die eigene Wichtigkeit ein unerbittliches Gift ist. Wir haben keine Zeit zu verlieren; wir brauchen ein Gefühl der Dringlichkeit: jetzt oder nie! Wenn du deine Gefühle erst einmal analysiert hast, musst du lernen, deine Anstrengungen auf etwas zu richten, das jenseits menschlicher Belange liegt: den Platz ohne Erbarmen. Für Seher ist dies ein Bereich in unserer Leuchtkraft, der ebenso funktional ist wie der Bereich der Rationalität. Wir können lernen, die Welt aus einer losgelösten Warte zu betrachten, genauso wie wir als Kinder lernten, sie aus dem Blickwinkel der Vernunft zu beurteilen. Der einzige Unterschied ist, dass Losgelöstheit als Bezugspunkt dem Temperament eines Kriegers viel mehr entgegenkommt.

Ohne diese Vorsichtsmaßnahme können die emotionalen Turbulenzen, die durch das Anpirschen unserer eigenen Wichtigkeit entstehen, so schmerzlich werden, dass wir psychisch krank werden oder gar Selbstmord begehen. Wenn der Lehrling lernt, die Welt mitleidslos zu betrachten, dann erkennt er, dass hinter jeder Situation, die zu einem Energieverlust führt, ein unpersönliches Universum steht. Und er hört auf, bloß ein Knäuel von Gefühlen zu sein und wird zu einem Wesen, das im Fluss ist.

Das Problem mit dem Mitleid ist, dass es uns zwingt, die Welt durch die Brille des Sichgehenlassens zu sehen. Ein Krieger ohne Mitleid ist ein Mensch, dessen Wille in einem Bereich vollkommener Gleichgültigkeit ruht – er muss sich selbst nicht mit Phrasen wie ›ich Ärmster‹ beruhigen. Er empfindet kein Selbstmitleid wegen seiner Schwächen und hat gelernt, über sich selbst zu lachen.

Man kann die eigene Wichtigkeit auch als eine Projektion unserer Schwächen auf soziale Interaktionen betrachten. Es ist wie das Geschrei und Gezeter manch kleiner Tiere, die dahinter die Tatsache verbergen, dass sie einem Angriff eigentlich nichts entgegenzusetzen haben. Wir fühlen uns wichtig, weil wir Angst haben, und je mehr Angst wir haben, desto stärker wird unser Ego.

Glücklicherweise hat die eigene Wichtigkeit einen Schwachpunkt: Sie bedarf der Bestätigung, um sich selbst zu erhalten. Sie ist wie ein Flugdrachen, der einen stetigen Luftstrom braucht, um aufzusteigen und oben zu bleiben, andernfalls wird er abstürzen und zerbrechen. Wenn wir der Wichtigkeit keine Wichtigkeit beimessen, dann ist sie so gut wie erledigt.

Ein Lehrling, der das weiß, modifiziert seine Beziehungen dementsprechend. Er lernt, wie er den Menschen, die sein Selbst bestärken, ausweichen kann und trifft sich lieber mit Leuten, die sich nicht um menschliche Belange scheren. Er sucht nach Kritik und nicht nach Komplimenten. Von Zeit zu Zeit beginnt er ein neues Leben und löscht seine persönliche Geschichte aus, ändert seinen Namen, erforscht neue Persönlichkeiten und erlöst sich selbst aus den Zwängen des Ego. Er bringt sich in Situationen, in denen sein wahres Selbst gezwungen ist, die Kontrolle zu übernehmen. Ein Jäger der Kraft kennt kein Mitleid, er sucht nicht nach der Anerkennung anderer.

Der Zustand ohne Mitleid ist eine echte Überraschung. Man bemüht sich, ihn Schritt für Schritt zu erreichen, durch Jahre fortgesetzten Drucks. Doch dann geschieht es ganz plötzlich. Eine unmittelbare Erschütterung zerbricht unsere Form und erlaubt uns, die Welt mit einem gelassenen Lächeln zu betrachten. Zum ersten Mal seit Jahren fühlen wir uns von der schrecklichen Last befreit, wir selbst zu sein, und sehen die Wirklichkeit, die uns umgibt. Dort angekommen sind wir jedoch nicht allein: Ein unglaublicher Energieschub erwartet uns. Dieser hilfreiche Schub kommt direkt aus dem Herzen des Adlers und versetzt uns innerhalb von Millisekunden in eine Welt der Nüchternheit und geistigen Gesundheit.

Wenn wir uns selbst nicht länger leidtun, können wir der Wucht der Auslöschung unserer Person mit Eleganz begegnen. Der Tod ist die Kraft, die einem Krieger Wert verleiht und Mäßigung gebietet. Nur durch die Augen des Todes können wir erkennen, dass wir nicht wichtig sind. Dann nimmt der Tod einen Platz an unserer Seite ein und beginnt, uns seine Geheimnisse zu verraten.

Die Konfrontation mit der Unausweichlichkeit des Todes hinterlässt unauslöschliche Spuren im Charakter des Lehrlings. Er versteht ein für alle Mal, dass alle Energie des Universums verbunden ist. Es gibt keine Welt von Objekten, die aufgrund physikalischer Gesetze in Beziehung zueinander stehen. Was existiert, ist ein Panorama leuchtender Emanationen, die unauflöslich miteinander zu Bündeln verwoben sind. Und innerhalb dieses Panoramas können wir unsere Interpretationen machen, soweit es die Kraft unserer Aufmerksamkeit erlaubt. All unsere Handlungen zählen, weil sie Lawinen im Unendlichen bewirken. Genau aus dem Grund ist nichts mehr wert als etwas anderes, nichts wichtiger als etwas anderes.

Diese Sichtweise zerstört jede Tendenz, Nachsicht mit uns selbst zu haben. Angesichts dieser universellen Verbundenheit wird ein Krieger Opfer widersprüchlicher Gefühle. Einerseits erlebt er unbeschreibliche Freude und unpersönliche Ehrfurcht gegenüber der gesamten Existenz. Andererseits erlebt er eine tiefe und unausweichliche Traurigkeit, die nichts mit Selbstmitleid zu tun hat. Dieses Gefühl stammt direkt aus den Tiefen der Unendlichkeit, eine Woge der Einsamkeit, die ihn nie wieder loslassen wird.

Dieses reine Gefühl verleiht dem Krieger die Nüchternheit, Feinsinnigkeit und Stille, die er braucht, um sich dorthin vorzuwagen, wo der menschliche Verstand versagt. Unter solchen Bedingungen kann die eigene Wichtigkeit nicht bestehen.«

3

Der Weg des Kriegers

Eines Morgens klingelte das Telefon und zu meiner Überraschung war Carlos am Apparat. Er sagte mir, dass er in vier Stunden in Mexiko eintreffe und fragte, ob ich ihn vom Flughafen abholen könne. Ich antwortete, es sei mir ein Vergnügen, und er gab mir die Nummer des Fluges. Aus der Flugzeit schloss ich, dass er mich vom Flughafen in Los Angeles anrief.

Nach seiner Ankunft begleitete ich ihn bei einigen Besorgungen, die mit dem Druck seines Buches zu tun hatten. Danach gingen wir in ein Café, um uns zu unterhalten. Wir beschlossen, uns abends bei seinem Vortrag zu treffen und verabschiedeten uns.

Das Wetter war schrecklich. Möglicherweise waren deswegen erst wenige Leute da, als ich am vereinbarten Ort eintraf. Ich legte meinen triefnassen Mantel über die Lehne eines Stuhls und setzte mich in eine Ecke in Carlos Nähe.

Der Kern der Aussagen dieses Abends war, dass das Universum in seiner Gesamtheit weiblich und zudem räuberischer Natur sei. Er erklärte, dass ein unablässiger Kampf des Bewusstseins stattfinde, in dem wie immer die Starken die Schwachen fräßen.

»Auf kosmischer Ebene misst sich die Stärke eines Wesens allerdings nicht an seinen physischen Fähigkeiten«, betonte Carlos, »sondern an seiner Fähigkeit, Bewusstheit zu manipulieren. Daraus folgt, dass unser nächster evolutionärer Schritt auf der Anwendung von Disziplin, Entschlossenheit und Strategie basieren muss. Dies sind unsere Waffen.

Zauberer können diesen stetigen Kampf durch ihr Sehen bezeugen und nehmen ihren Platz in ihm ein. Sie sind auf das Schlimmste gefasst und beklagen sich nie über seinen Ausgang. Aufgrund ihrer ständigen Kampfbereitschaft haben sie sich den Namen ›Krieger‹ redlich verdient.

Ein Krieger betrachtet die Welt, in der wir leben, als ein großes Geheimnis und weiß, dass sich dieses Mysterium nur denjenigen enthüllt, die bewusst danach suchen. Diese verwegene Haltung kann die Tentakeln des Unbekannten manchmal in Bewegung versetzen und den Geist dazu veranlassen, sich zu manifestieren.«

Er erklärte, dass der Mut und die Verwegenheit eines Kriegers aus der Begegnung mit seinem bevorstehenden Tod geboren würden. Und er erzählte uns die Geschichte eines jungen Mädchens, das eines Tages in das Büro seines Verlegers kam, eine kleine Matte auf den Boden legte, sich darauf setzte und dem Verleger mitteilte: »Ich werde nicht eher gehen, bis ich mit Carlos Castaneda gesprochen habe!« Alle Versuche, sie von ihrem Vorhaben abzubringen, waren fruchtlos; das junge Mädchen blieb unbeugsam. Schließlich rief der verzweifelte Verleger Carlos an und erzählte ihm von dem verrückten Mädchen, das nach seiner Anwesenheit verlangte.

»Welche Wahl hatte ich schon? Ich ging hin und sprach mit ihr. Als ich sie nach dem Grund für ihr merkwürdiges Verhalten fragte, antwortete sie mir, dass sie unter einer tödlichen Krankheit litt und in die Wüste gegangen sei, um dort zu sterben. Während sie dort in Einsamkeit meditierte, wurde ihr klar, dass sie noch nicht alles probiert hatte, und sie entschied, ihren letzten Trumpf auszuspielen. Für sie bedeutete dies, dass sie den Nagual persönlich treffen wollte.

Bewegt von ihrer Geschichte, machte ich ihr einen einmaligen Vorschlag: ›Lass alles hinter dir und komm mit in die Welt der Zauberer.‹ Ohne zu zögern antwortete sie: ›Ich bin dabei! Lass uns spielen!‹ Ich bekam eine Gänsehaut, weil Don Juan mir oft dasselbe gesagt hatte: ›Wenn du spielen willst, dann lass uns spielen. Aber wir spielen bis zum Tod.‹

Dies sind genau die Gefühle eines Zauberers angesichts seines Schicksals: ›Ich verwette mein Leben auf diese Absicht, nicht weniger. Ich weiß, dass mein Tod überall auf mich warten und ich nichts tun kann, ihn zu vermeiden. Ich werde meinen Weg in äußerster Konzentration gehen und übernehme die volle Verantwortung für mein Leben. Ich setze alles auf eine Karte.‹

Ein Krieger weiß, dass er keine Erfolgsgarantie hat, wenn er dem Tod gegenübertritt. Dennoch zieht er freiwillig in die Schlacht. Nicht, weil er an seinen Sieg glaubt, sondern wegen des Reizes, der im Kampf selbst liegt. Für ihn ist es bereits ein Sieg, in die Schlacht zu ziehen. Der Kampf macht ihn glücklich, weil für jemanden, der bereits tot ist, jede Sekunde des Lebens ein Geschenk ist.«

Und er erklärte uns, was es überhaupt möglich mache, dass die Welt so existiere, wie wir sie wahrnähmen: Dies geschehe durch unsere Aufmerksamkeit sowie die Aufmerksamkeit unserer Mitmenschen, die simultan auf ein dichtes Netz aus Interpretationen gerichtet werde und sich mit diesem verbinde. Dieser Vorgang werde durch die Zustimmung zu den Interpretationen gefestigt. Einer der Anwesenden bat ihn, diesen Punkt genauer zu erläutern.

»Die Domäne der Aufmerksamkeit«, fuhr Carlos fort, »ist für den Weg der Zauberer von größter Bedeutung, denn sie stellt die Urmaterie der Schöpfung dar. In allen Welten werden die Stufen der Evolution an der Fähigkeit zum Erkennen und Bewusst-Sein gemessen.

Um die Emanationen des Adlers, die unsere Sinne erreichen, zu verstehen und zu manipulieren, entwickeln Zauberer die Kraft ihrer Aufmerksamkeit. Sie schärfen sie durch Disziplin und erreichen außerordentliche Ebenen der Wahrnehmung. Dies ermöglicht es ihnen, die menschlichen Grenzen zu überschreiten und alle Wahrnehmungsmöglichkeiten zu verwirklichen. Ihre Konzentration ist so intensiv, dass sie den dicken Panzer der Erscheinungen durchdringen und die Essenz der Dinge aufdecken. Seher nennen diesen Grad gesteigerter Bewusstheit ›Sehen‹.

Manchen mag eine so stark fixierte Aufmerksamkeit wie Starrsinn, Besessenheit oder Fanatismus vorkommen. Für den Praktiker ist sie jedoch nichts anderes als Disziplin.«

Man solle die Disziplin der Zauberer jedoch nicht mit den sich ständig wiederholenden Routinen normaler Leute verwechseln, warnte er.

»Die Disziplin eines Kriegers ist kreativ, offen und führt zur Freiheit. Sie ist die Fähigkeit, dem Unbekannten mit einem Gefühl ehrfürchtigen Staunens gegenüberzutreten statt mit dem Gefühl, alles zu wissen. Bei ihr geht es darum, Dinge zu betrachten, die über die Grenzen des Gewohnten hinausreichen, und den einzigen Kampf zu wagen, der es wert ist, gekämpft zu werden: die Schlacht um die Bewusstheit. Und sie ist der Mut, die Konsequenzen all unserer Handlungen zu tragen, was immer sie auch sein mögen, ohne Selbstmitleid oder Schuldgefühle.

Disziplin ist der Schlüssel zum Umgang mit der Aufmerksamkeit, weil sie uns zum Willen führt. Und dadurch wird es uns möglich, die Welt so zu verändern, dass sie unserem Willen entspricht und nicht so bleibt, wie sie uns von außerhalb aufgezwungen wurde. Für Krieger ist deshalb der Wille die Schwelle zur Absicht. Seine Macht ist so groß, dass er die erstaunlichsten Wirkungen erzielen kann, wenn er gezielt auf etwas gerichtet wird.«

Carlos erzählte uns einige Geschichten über außergewöhnliche Ereignisse, deren Zeuge er gewesen sei und die als Beispiel für das Gesagte dienen sollten. Er behauptete, dass die Grundlage jeder dieser erstaunlichen Taten der Zauberer ein Leben voller Disziplin, Nüchternheit, Losgelöstheit und analytischer Fähigkeiten sei. Auf diese Eigenschaften legten Krieger höchsten Wert. Zusammen prägten sie einen Seins-Zustand, den man »Makellosigkeit« nenne.

Er betonte, dass Makellosigkeit keine intellektuelle Haltung sei, kein Glaubenssatz, noch sonst etwas dergleichen. Makellosigkeit sei eine unmittelbare Folge des Energiesparens.

»Ein Krieger akzeptiert demütig, was er ist, und verschwendet keine Kraft darauf, sich zu beschweren, weil etwas nicht nach seinen Vorstellungen läuft. Wenn eine Tür zu ist, dann treten wir sie nicht ein. Stattdessen untersuchen wir aufmerksam das Schloss und finden einen Weg, es zu öffnen. Genauso verfährt ein Krieger – er ist niemals beleidigt, noch beschwert er sich über irgendetwas. Stattdessen entwirft er Strategien, um den Lauf seines Schicksals zu ändern.

Wenn wir lernen, dem Selbstmitleid Einhalt zu gebieten und gleichzeitig Raum für das echte ›Ich‹ zu schaffen, dann werden wir Lenker der universellen Absicht und eine Art Kanal für kosmische Energieströme.

Um dies zu erreichen und selbst so ›flüssig‹ zu werden, müssen wir lernen, unseren Ressourcen zu vertrauen und zu verstehen, dass wir mit allem geboren wurden, was wir für das außergewöhnliche Abenteuer unseres Lebens brauchen. Jeder, der den Weg des Kriegers betritt, weiß, dass er für sich selbst verantwortlich ist. Sein Blick ist nach vorn gerichtet; er hält weder Ausschau nach Bestätigung, noch lässt er seine Frustration an anderen aus.

Don Juan sagte mir: ›Das, was du suchst, ist in dir selbst. Du musst danach streben, deine Handlungen endgültig zu machen und für dich selbst Klarheit zu erlangen. Setze dich dafür ein, bevor es zu spät ist!‹

Ein Aspekt der Makellosigkeit, der unser tägliches Leben besonders betrifft, ist das Wissen darum, wie die Ausübung unserer Freiheit andere beeinträchtigt und wie man daraus resultierende Reibungsverluste um jeden Preis vermeidet. Manchmal erzeugen unsere Beziehungen zu anderen Reibungen oder Erwartungen. Ein Krieger beobachtet seine Kontakte daher sorgfältig und achtet auf Zeichen. Wenn es keine Zeichen gibt, dann tritt er mit anderen auch nicht in Kontakt. Er gibt sich zufrieden damit, zu warten. Denn obwohl er keine Zeit hat, hat er unendlich viel Geduld. Er weiß, dass zu viel auf dem Spiel steht und er wird nicht alles leichtfertig riskieren, indem er einen Fehler macht.

Weil er sich nicht nach Kontakt mit anderen sehnt, kann ein Krieger mit Nüchternheit und Losgelöstheit wählen, wem er seine Zuneigung schenkt. Dabei achtet er jederzeit darauf, dass die Menschen, für die er sich entscheidet, mit seiner Energie kompatibel sind. Das Geheimnis, wie man eine so klare Sicht der Dinge erlangt, liegt darin, womit man sich identifiziert und womit man sich nicht identifiziert. Ein Zauberer identifiziert sich mit dem Abstrakten und nicht mit der Welt. Das erlaubt es ihm, unabhängig zu sein und auf sich selbst aufzupassen.«

Dann erzählte er uns eine Geschichte über einen Typ, der sich selbst für einen großen Krieger hielt, aber ständig häusliche Probleme hatte. Seine Frau machte ihm kein Abendessen oder sie wusch und bügelte seine Kleider nicht – und schon versank er im Chaos. Nachdem er lange mit dieser Situation gekämpft hatte, entschied er sich zu einer radikalen Veränderung in seinem Leben. Aber statt an sich selbst zu arbeiten, wie er es eigentlich hätte tun sollen, verließ er seine Frau und tauschte sie gegen eine neue aus.

»Ihr müsst begreifen, dass jeder mit seinem Schicksal allein konfrontiert ist. Übernehmt also die Kontrolle über euer eigenes Leben. Ein Krieger kümmert sich um jedes Detail, er entwickelt seine Vorstellungskraft und er überprüft seinen Erfindungsgeist, indem er sich in entsprechende Situationen begibt. Es ist für ihn unvorstellbar, sich bedürftig oder hilflos zu fühlen, weil er über Selbstbeherrschung verfügt und nichts von niemand anderem braucht. Durch die Konzentration auf Details ist er feinfühlig, subtil und elegant geworden. Don Vicente Medrano sagte, dass die Schönheit dieses Kampfes in seinen unsichtbaren Webmustern zum Ausdruck kommt. Das ist das Markenzeichen eines Zauberers, die Erfüllung seiner Absicht.

Die Gabe der Unabhängigkeit und die Kontrolle über Details geben ihm die Kraft, auch dort weiterzumachen, wo andere aufgeben würden. Wenn ein Krieger an diesem Punkt angekommen ist, dann ist er nur noch einen Schritt von wirklich makellosem Verhalten entfernt.

Makellosigkeit resultiert aus einem empfindlichen Gleichgewicht zwischen unserem inneren Wesen und den Kräften der äußeren Welt. Sie ist eine Errungenschaft, die Anstrengung, Zeit, Hingabe und unbedingte Zielstrebigkeit von uns verlangt. In erster Linie erfordert sie aber Ausdauer. Ausdauer besiegt die Apathie – so einfach ist das.

Die Schwelle zur Magie liegt in einem Willen, der aufrechterhalten wird – jenseits dessen, was möglich, wünschenswert oder vernünftig erscheint. Es ist ein geistiger Quantensprung, sich auf den Willen der Emanationen des Adlers einzustimmen und ihm zu erlauben, die Starrheit unserer Beschränkungen zu lockern. Nur wenige sind bereit, den Preis dafür zu zahlen und die damit verbundenen Mühen auf sich zu nehmen.«

Er gab zu, dass er einige Male so weit war, seine Lehrzeit abzubrechen, weil er sich durch die überwältigende Größe der Aufgabe erdrückt fühlte. Was ihm letztlich half und ihm »neuen Atem« gab, war ein Energieschub, den ein Krieger in sich selbst mobilisieren kann, wenn alles verloren scheint.

»Viele Lehrlinge werfen nach Jahren der Suche enttäuscht alles hin, weil sie nichts gefunden haben, was ihren Erwartungen entspricht. Vielleicht waren sie nur wenige Schritte von ihrem Ziel entfernt.« Er schüttelte den Kopf und meinte traurig: »Wir sollten nicht am Strand sterben, nachdem wir so weit geschwommen sind.

Sobald ein Krieger auf der Suche nach Makellosigkeit Flexibilität, Bescheidenheit, Unabhängigkeit, Kontrolle über Details und Ausdauer erworben hat, weiß er, dass er auch die Macht über seine Entscheidungen erlangt hat. Er kann etwas tun oder er kann es lassen, ganz so, wie es ihm passt, und niemand kann ihn zu irgendetwas zwingen. An diesem Punkt braucht er mehr denn je die Kontrolle über seine Gefühle und seinen Verstand, denn Klarheit und Kraft ergeben eine explosive Mischung, die einen schnell leichtsinnig machen kann.

Der Weg des Kriegers besteht darin, Energie zu sparen. Alles, was dem zuwider läuft, bedroht seine Absicht, makellos zu sein. Doch aufgrund seines Überschusses an Kraft, die sich in seinem leuchtenden Körper angesammelt hat, können die Umstände manchmal sehr schwierig für ihn werden. Sein Dilemma gleicht dem eines Drachenfliegers, der sich stundenlang abgemüht hat, mit seiner schweren Ausrüstung den Gipfel eines Berges zu erreichen, und nun feststellt, dass die Wetterbedingungen nicht mehr für einen Flug geeignet sind. In einer solchen Situation ist es oft einfacher zu entscheiden, trotzdem zu springen als am Boden zu bleiben. Wenn er dann nicht die Kontrolle über seine Entscheidungen hat, ist es gut möglich, dass er in seinen Tod springt.

Ebenso kann es vorkommen, dass der Lehrling vergisst, dass es nicht seine Aufgabe ist, sein Ego zu stärken, und er sich in Situationen begibt, die über seine Kräfte gehen. Das kann nicht nur fatale Folgen für ihn haben, sondern auch zum Verlust seiner Disziplin führen und dazu, dass er sich auf den Irrwegen der Kraft verläuft. In diesem Fall wird die Kraft sein Henker werden.

Ein erfahrener Krieger wird nie nur der Erregung willen, die der Krieg mit sich bringt, in die Schlacht ziehen. Zuerst beobachtet er die Bedingungen, prüft seine Möglichkeiten und schafft Unterstützungspunkte. Dann wird er, abhängig von seiner Bewertung, ohne zu zögern entweder nach vorn stürmen oder sich zurückziehen. Er schlägt nicht blind um sich, sondern führt jeden Schritt als makellose strategische Handlung aus.

Ein Lehrling, der nicht beizeiten lernt, wie, wann und mit wem er sich auf einen Kampf einlässt, wird ausgelöscht. Entweder, weil ihn jemand töten wird oder weil er so oft besiegt wurde, dass er irgendwann einfach nicht mehr aufsteht.

Die ultimative Herausforderung für einen Krieger ist es, alle Aspekte seines Weges ins Gleichgewicht zu bringen. Wenn ihm dies gelungen ist, wird sein Ziel unverrückbar. Er wird nicht länger vom verzweifelten Wunsch nach Gewinn angetrieben. An diesem Punkt hat ein Krieger gelernt, wirklich makellos zu sein. Ob er die Makellosigkeit aufrechterhalten kann, hängt dann allein von der Energie ab, die er angesammelt hat.«

Als Beispiel nannte er einen Lehrling, der seine neu gewonnene Energie dazu einsetzt, um reich zu werden. Früher oder später kommt er an einen Scheideweg. Er kann sich die Haltung »Ich will dies«, »Ich will jenes« zu eigen machen oder er kann die Absicht kultivieren. Wenn er die erste Alternative wählt, dann ist er am Ende seines Weges angekommen. Denn egal, wie viel Energie er investiert, das Ego wird nie zufrieden sein und immer neue Wünsche und Bedürfnisse hervorbringen. Die andere Alternative ist hingegen der direkte Weg zur Freiheit.

»Absicht ist das Einstimmen unserer Aufmerksamkeit auf die kosmische Bewusstheit, die unsere Wünsche in Befehle des Adlers verwandelt. Wir müssen das Wagnis eingehen, dies vorsätzlich anzustreben. Und wenn wir dies erreicht haben, dann wird alles möglich. Die Absicht erlaubt es den Zauberern, in einer nicht-alltäglichen Welt zu leben und Freiheit anzustreben. Freiheit ist für sie eine Tatsache und keine Utopie.

Durch die Missachtung der Prinzipien, auf denen der Weg des Kriegers basiert, ist der moderne Mensch in eine Falle geraten, die aus Familie, Religion und sozialen Belangen besteht. Er arbeitet acht Stunden am Tag, um seinen Lebensstil zu erhalten. Dann geht er heim, wo seine

Frau schon auf ihn wartet. Sie und seine Kinder, die genauso sind wie Abermillionen anderer Kinder, werden ständig Dinge von ihm fordern und ihn zwingen, seine Ketten weiterhin zu tragen. So lange, bis seine Kräfte erschöpft sind und er nur noch nutzlos herumsitzt und über seine Erinnerungen nachgrübelt. Ihm wurde doch irgendwann versichert, dass dies das Glück sei – doch er ist alles andere als glücklich, er fühlt sich gefangen.

Gebietet dem Einhalt und werdet Krieger! Erkennt euer Potenzial und befreit euch von was auch immer! Legt euch keine Begrenzungen auf. Wenn ihr der Schwerkraft trotzen und fliegen wollt – prima! Und wenn ihr den Schneid habt, den Tod herauszufordern, um eine Reise in die Unendlichkeit zu buchen – fantastisch!

Geht ein Risiko ein! Befreit euch aus der Falle der Selbstreflexion und wagt es, all das wahrzunehmen, was uns Menschen zugänglich ist! Ein erfahrener Krieger strebt nach Authentizität und akzeptiert keine Kompromisse, weil es bei seinem Kampf um die absolute Freiheit geht.«

4

Das Wissen um den Tod

Mein Bedürfnis die Welt zu verstehen hatte im Laufe der Jahre dazu geführt, dass ich eine Menge wissenschaftlicher und religiöser Erklärungen über fast alles gesammelt hatte. Diese hatten alle einen gemeinsamen Nenner: ein großes Vertrauen in den Fortbestand menschlicher Existenz. Dieses Vertrauen wurde jetzt dadurch zerstört, dass ich lernte, das Universum mit den Augen eines Zauberers zu sehen. Carlos lehrte mich einzusehen, dass der Tod eine unumstößliche Realität ist. Er machte mir klar, dass es beschämend ist, das Wissen um die eigene Sterblichkeit mithilfe von Glaubenssätzen aus zweiter Hand zu verdrängen.

Einmal wurde er gefragt: »Carlos, welche Erwartungen hast du in Bezug auf die Zukunft?«

Er fuhr auf: »Da gibt es keine Erwartungen! Für Zauberer gibt es kein Morgen!«

An jenem Abend hatte sich eine große Gruppe von Interessierten in einem privaten Saal in der Nähe von San Jeronimo versammelt. Als ich ankam, war Carlos bereits da. Er lächelte und beantwortete Fragen.

Seinen Vortrag begann er mit einem Thema, das er »Nicht-Tun« nannte. Dies ist eine Aktivität, die entwickelt wurde, um alle möglichen Gewohnheiten aus unserem täglichen Leben zu verbannen. Er betonte, dass das Nicht-Tun zu den Lieblingsübungen der Lehrlinge gehöre, weil es dazu führe, dass sie ihre Umgebung als wunderbar wahrnähmen, und es eine erfrischende Wirkung auf die eigene Energie habe. Die Wirkung, die das Nicht-Tun auf das Bewusstsein hat, nannten die Zauberer »das Anhalten der Welt«.

Auf Fragen entgegnete er, dass man Nicht-Tun nicht rational erklären könne. Jeder Versuch, der darauf abziele Nicht-Tun zu verstehen, sei in Wirklichkeit eine Interpretation der Lehre und falle damit automatisch in den Bereich des Tuns.

»Die Voraussetzung, unter der Zauberer diese Übungen ausführen, ist innere Stille. Die Qualität der Stille, die für eine so gewaltige Aufgabe wie ›das Anhalten der Welt‹ benötigt wird, kann nur aus einer Quelle kommen: aus dem direkten Wissen, dass wir alle sterben werden.«

Er gab uns den Rat: »Wenn du dich selbst kennenlernen willst, dann werde dir deines eigenen Todes bewusst. Der Tod ist nicht verhandelbar und er ist das Einzige, was dir wirklich selbst gehört. Alles andere kann schiefgehen, aber nicht der Tod – das kannst du als sichere Tatsache annehmen. Lerne dieses Wissen so zu nutzen, dass es einen echten Effekt auf dein Leben hat.

Hör auf, an Märchen zu glauben. Niemand da draußen braucht dich. Niemand von uns ist so wichtig, dass es gerechtfertigt wäre, so etwas wie die Unsterblichkeit für ihn zu erfinden. Ein demütiger Zauberer weiß, dass sein Schicksal mit dem Schicksal jedes anderen Lebewesens auf dieser Erde identisch ist. Anstatt falsche Hoffnungen zu hegen, arbeitet er ganz konkret und mit großer Hingabe daran, den menschlichen Bedingungen zu entkommen und den einzigen Ausgang zu erreichen, den es gibt: das Aufbrechen der Grenzen unserer Wahrnehmung.

Wenn du den Ratschlägen des Todes lauschst, dann übernehme die Verantwortung für dein Leben. Erforsche dich selbst, erkenne dich selbst, lebe intensiv, so wie Zauberer es tun. Intensität ist das Einzige, was uns vor der Langeweile rettet.

Sobald du mit deinem Tod verbunden bist, kannst du den nächsten Schritt machen: Reduziere dein Gepäck auf ein Minimum. Diese Welt ist ein Gefängnis und wir verlassen sie als Flüchtlinge; wir können nichts mitnehmen. Menschliche Wesen sind von Natur aus Reisende. Unser Schicksal ist es, zu fliegen und andere Horizonte kennenzulernen. Würdest du dein Bett oder deinen Esstisch auf eine Reise mitnehmen? Richte dein Leben also dementsprechend ein!«

Er fügte hinzu, dass der moderne Mensch eine merkwürdige Gewohnheit angenommen habe, die symptomatisch für den Geisteszustand sei, in dem wir leben. Wenn wir verreisen, kaufen wir oft alle möglichen nutzlosen Gegenstände in anderen Ländern. Dinge, die wir zu Hause nie kaufen würden. Wenn wir zurückkommen, bewahren wir sie in irgendwelchen Ecken auf und vergessen sie. Und wenn wir sie dann zufällig wiederfinden, werfen wir sie auf den Müll.

»Genauso benehmen wir uns auf der Reise, die unser Leben ist. Wie Esel tragen wir jede Menge nutzloses Zeug mit uns herum, das keinen Wert für uns hat. Alles, was wir tun, führt letztendlich dazu, dass wir am Ende, wenn das Alter uns packt, immer wieder bestimmte Sätze wiederholen wie eine zerkratzte Schallplatte.

Ein Zauberer stellt sich folgende Fragen: Was ist der Sinn von all dem hier? Warum soll ich meine Ressourcen für etwas einsetzen, das mir nichts nützt? Ein Zauberer hat eine Verabredung mit dem Unbekannten, er kann seine Energie nicht mit Unsinn vergeuden. Darum nehmt, während ihr auf dieser Erde weilt, nur etwas von wirklichem Wert mit, denn sonst lohnt es sich nicht.

Die Kraft, die über uns gebietet, hat uns vor die Wahl gestellt. Entweder verbringen wir unser Leben mit unseren vertrauten Gewohnheiten oder wir haben den Mut, in andere Welten aufzubrechen. Den dazu notwendigen Anstoß kann uns nur das Wissen um den Tod geben.

Ein normaler Mensch verbringt seine gesamte Existenz, ohne je mit dem Nachdenken und Reflektieren aufzuhören, weil er meint, dass der Tod erst am Ende des Lebens auf ihn wartet. Er glaubt, er wird noch genug Zeit haben, sich damit zu beschäftigen. Aber ein Krieger weiß, dass das nicht stimmt. Der Tod lebt an unserer Seite, nur eine Armeslänge entfernt. Stets auf der Lauer beobachtet er uns, sieht uns zu, bereit, sich bei dem geringsten Anlass auf uns zu stürzen. Ein Krieger verwandelt seine animalische Angst vor dem Ausgelöschtwerden in einen Anlass zur Freude. Er weiß, er hat nur diesen Augenblick. Denkt wie Krieger, wir alle werden sterben!«

Ein Zuhörer fragte:»Carlos, in einem anderen Vortrag hast du gesagt, dass Krieger den Tod als ein Privileg betrachten. Was bedeutet das?«

Er antwortete:»Das bedeutet vor allem, dass man seine gewohnten Denkmuster aufgibt. Wir sind so daran gewöhnt, mit anderen zusammen zu sein, dass wir sogar angesichts des Todes in Gruppenzusammenhängen denken. Die Religionen erzählen uns nicht, dass der Kontakt mit dem Absoluten etwas ist, das wir als Individuum allein erleben. Sie erzählen uns von Schaf- oder Ziegenherden, die ihrem Schicksal entsprechend entweder in den Himmel oder in die Hölle kommen. Selbst wenn wir Atheisten sind und nicht an ein Leben nach dem Tod glauben, nehmen wir an, dass dies für alle Menschen gleich sein muss. Wir können uns nicht einmal vorstellen, dass die Kraft eines makellosen Lebens diese Dinge ändern kann.

Aus der Perspektive solcher Unwissenheit ist es für einen Durchschnittsmenschen normal, angesichts des Todes panische Angst zu haben. Um damit klarzukommen, sucht er Zuflucht in Gebeten und sonstigen Mitteln – oder er betäubt sich mit dem Lärm der Welt. Die Menschen haben eine egozentrische und ausgesprochen einfältige Vorstellung vom Universum. Ständig denken wir über uns als vergängliche Wesen nach. Doch unsere Besessenheit von der Zukunft betrügt uns.

Es spielt keine Rolle, ob unsere Überzeugungen ernsthaft oder zynisch sind. Tief in uns drin wissen wir genau, was geschehen wird. Das ist der Grund, warum wir überall Spuren hinterlassen. Wir bauen Pyramiden, Wolkenkratzer, zeugen Kinder, schreiben Bücher oder ritzen unsere Initialen in die Rinde von Bäumen ein. Es ist diese angeborene Angst, das stille Wissen um den Tod, das hinter dem unbewussten Impuls steckt, sich irgendwie zu verewigen.

Es gibt aber auch Menschen, die dieser Angst ins Auge sehen können. Im Gegensatz zu Durchschnittsmenschen begeben sich Zauberer gern in Situationen, die sie in Bereiche jenseits der sozialen Interpretationsmuster führen. Und was gibt es da Besseres als die Konfrontation mit dem eigenen Ende? Dank ihrer häufigen Reisen in das Unbekannte wissen Zauberer, dass der Tod nicht natürlich, sondern magisch ist. Natürliche Dinge sind Gesetzen unterworfen, der Tod ist es nicht. Sterben ist immer ein persönliches Ereignis. Und das aus einem einzigen Grund: Es ist ein Akt der Kraft.

Der Tod ist das Tor zur Unendlichkeit. Eine Tür, deren Maß dem jeweiligen Menschen entspricht, der hindurchgeht. Jeder muss irgendwann durch diese Tür, um zu seinem Ursprung zurückzukehren. Unser Mangel an Einsicht führt dazu, dass wir den Tod für etwas Allgemeingültiges halten, was jeden von uns auf die gleiche Art und Weise trifft. Aber der Tod ist nicht allgemeingültig. Alles an ihm ist außergewöhnlich. Seine bloße Gegenwart verleiht dem Leben Kraft und unseren Sinnen einen Fokus.

Unser Leben besteht aus Gewohnheiten. Von Geburt an wird die gesamte Spezies Mensch dahin gehend programmiert, gesellschaftlichen Erwartungen zu entsprechen. Unseren Eltern obliegt die Verantwortung für diese einseitige und einengende Konditionierung. Aber niemand stirbt aus Gewohnheit, weil der Tod ein magischer Akt ist. Er lässt dich wissen, dass er untrennbar mit dir verbunden ist und als dein Ratgeber sagt er dir: ›Sei makellos; die einzige Chance, die du hast, ist Makellosigkeit.‹«

Ein Mädchen warf sichtlich berührt ein, dass die übermäßige Präsenz des Todes den Lehren der Zauberer etwas Dunkles verleihen würde. Sie selbst würde eine optimistische Haltung bevorzugen, die sich mehr am Leben und seinen Vorzügen orientiert.

Carlos erwiderte lächelnd: »Deine Worte zeugen von mangelnder Lebenserfahrung. Zauberer sind nicht negativ, sie suchen nicht ihr Ende. Aber sie wissen, dass das Leben dadurch seinen Wert erhält, dass man ein Ziel hat, für das man zu sterben bereit ist. Die Zukunft ist unvorhersehbar und unabwendbar. Eines Tages wirst du nicht mehr hier sein, du wirst gegangen sein. Weißt du, dass der Baum für deinen Sarg möglicherweise schon gefällt worden ist?

Für Krieger wie für Durchschnittsmenschen ist der Druck, den das Leben ausübt, derselbe, weil beide nicht wissen, wann sie ihren letzten Schritt tun. Aus dem Grund müssen wir dem Tod Aufmerksamkeit zollen, denn er kann uns jederzeit ereilen. Ich kannte einen Mann, der von einer Brücke aus auf einen darunter herfahrenden Zug pinkelte. Der Urinstrahl berührte die Hochspannungsleitungen, er bekam einen elektrischen Schlag und starb auf der Stelle.

Der Tod ist kein Spiel, er ist Wirklichkeit! Ohne den Tod hätten die Handlungen der Zauberer keinerlei Kraft. Du bist persönlich mit dem

Tod verbunden, ob du willst oder nicht. Du kannst zynisch sein und alle anderen Aspekte dieser Lehren ablehnen, aber mit dem eigenen Ende ist nicht zu spaßen, weil es jenseits deiner Kontrolle liegt und der Tod unerbittlich ist.

Der Meister des Schicksals kriegt uns alle, ohne Ausnahme. Aber es gibt zwei Arten von Reisenden: Krieger, die mit der Ganzheit ihrer selbst gehen, weil sie jedes Detail ihres Lebens ausgefeilt haben, und Durchschnittsmenschen mit langweiligen Existenzen und ohne Kreativität, deren einzige Hoffnung in der endlosen Wiederholung stereotyper Gewohnheiten liegt, bis zum bitteren Ende. Der Tod dieser Menschen bedeutet nichts, egal ob er heute eintrifft oder in dreißig Jahren. Wir stehen alle auf dem Bahnsteig, der zur Unendlichkeit führt, aber nicht jeder weiß dies. Sich seines eigenen Todes bewusst zu sein ist eine große Kunst.

Wenn ein Krieger seine Routinen aufgegeben hat, ist es ihm egal, ob er allein oder in Gesellschaft anderer ist, weil er das stille Flüstern des Geistes hört. Dann kann man wahrlich sagen, dass er tot ist. Von diesem Augenblick an wird selbst die einfachste Sache in seinem Leben außergewöhnlich. Um das zu erreichen, muss ein Zauberer lernen, wie er auf eine neue Weise leben kann. Für ihn ist jeder Moment, als wäre es der letzte in seinem Leben. Er verschwendet keine Zeit darauf, unzufrieden zu sein. Und er verschwendet keine Energie. Er wartet nicht, bis er alt ist, um über die Wunder der Welt nachzusinnen. Er blickt nach vorn, er forscht, er weiß und er staunt.

Wenn du Platz für das Unbekannte schaffen willst, dann musst du dir bewusst machen, dass du sterben wirst. Akzeptiere dein Schicksal als die unabwendbare Tatsache, die es ist. Mache dich mit diesem Gefühl vertraut und übernehme die volle Verantwortung für das unglaubliche Erlebnis, lebendig zu sein. Und nimm angesichts des Todes keine Bettlerhaltung ein – er gibt sich nicht mit jenen ab, die aufgegeben haben. Rufe den Tod in dem Bewusstsein an, dass du auf die Welt gekommen bist, um ihm zu begegnen. Stell dich seiner Herausforderung in dem Wissen, dass du – egal was du tust – nicht die geringste Chance haben wirst, ihn zu überwinden. Der Tod ist mit Kriegern so sanft, wie er mit Durchschnittsmenschen gnadenlos ist.«

Nach diesem Vortrag gab Carlos uns eine Übung mit: »Macht eine Aufstellung der Lebewesen, die ihr liebt und die für euch wichtig sind. Ordnet sie nach der Intensität der Gefühle, die ihr für sie empfindet. Dann geht hin und übergebt jeden Menschen, jedes Wesen auf dieser Liste dem Tod.«

Ein konsterniertes Raunen ging durchs Publikum. Carlos machte eine beschwichtigende Geste und erklärte: »Habt keine Angst. Am Tod ist nichts Schlimmes. Schlimm ist, dass wir dem Tod nicht bewusst entgegentreten können. Am besten macht ihr diese Übung gegen Mitternacht, wenn die Fixierung des Montagepunkts nachlässt und wir eher bereit sind, an Geister zu glauben. Es ist sehr einfach: Erinnert euch an jedes geliebte Wesen angesichts seines unvermeidlichen Todes. Denkt nicht daran, wie oder wann das Wesen sterben wird. Macht euch nur klar, dass es eines Tages nicht mehr da sein wird. Eines nach dem anderen wird gehen, niemand weiß, wann, und keine Macht der Welt kann dies verhindern.

Ihr werdet ihnen nicht schaden, wenn ihr sie auf diese Weise vor eurem inneren Auge erscheinen lasst – im Gegenteil! Ihr werdet sie nun aus einer angemessenen Perspektive betrachten. Und die Perspektive des Todes ist erstaunlich, sie stärkt in uns die wahren Werte des Lebens.«

5

Energieverlust

Carlos sprach oft über die verschiedenen Aspekte des Themas »Energie«. Einige seiner Aussagen habe ich in diesem Kapitel zusammengestellt, um dem Leser einen Überblick zu verschaffen. Seine Lehren bzw. die der Seher des alten Mexikos bauen darauf auf, dass das Universum dualistischer Natur ist. Es wird von zwei Kräften geformt, die von den alten Sehern als zwei ineinander verschlungene Schlangen dargestellt wurden. Diese Kräfte haben nichts mit Gut und Böse, Gott und Teufel, Positiv und Negativ oder ähnlichen uns bekannten Dualitäten zu tun. Vielmehr stellen sie eine dem Verstand gänzlich unzugängliche Energiewelle dar, die von den Tolteken »Tonal« und »Nagual« genannt wird.

Sie gingen von dem Grundsatz aus, dass alles, was wir erklären oder uns auf irgendeine Weise vorstellen können, zum Tonal gehört. Der Rest, sprich alles, was wir nicht kategorisieren können, gehört zum Nagual.

Es handelt sich allerdings nicht um antagonistische Gegenspieler, sondern vielmehr um komplementäre Aspekte einer einzigen Kraft, die von den alten Sehern »der Adler« genannt wurde. Sie sahen in Tonal und Nagual eine Analogie zu den beiden Hälften unseres Körpers, das heißt zur rechten und linken Seite. Außerdem sahen sie, dass, genau wie die Grundstruktur von Organismen meist auf einer bilateralen Symmetrie aufbaut, sich die Energie im Universum auf dieselbe Art und Weise organisiert und mit ihr auch unsere Wahrnehmung.

Leben entsteht, wenn ein Teil der freien Energie der Unendlichkeit – welche die alten Seher »die Emanationen des Adlers« nannten – von einer äußeren Kraft eingeschlossen wird und so ein neues individuelles Wesen entsteht, das sich seiner selbst bewusst ist. Außerdem sahen sie, dass die Wahrnehmung der Welt dann einsetzt, wenn der »Montagepunkt« ins Spiel kommt. Auch wenn dieses selektive Zentrum in jedem lebenden Wesen im Universum zum Einsatz kommt, kann ein echtes Selbstbewusstsein auf dieser Erde nur von Menschen und einer Gruppe von körperlosen Wesen erlangt werden, welche die alten Seher »Verbündete« nannten. Eine Interaktion zwischen Menschen und diesen Wesen ist nicht nur möglich, sondern tatsächlich in unseren Träumen recht häufig. Zauberer pflegen bewusst Beziehungen zu diesen anorganischen Wesen, weil jene sehr viel älter sind als wir und weil sie etwas besitzen, das wir alle begehren: Wissen.

Nachdem die Seher des alten Mexiko die Modalitäten der Energie erforscht hatten, sahen sie sich dazu veranlasst, ihren Mitmenschen zu erklären, was sie entdeckt hatten. Sie gaben sich größte Mühe, passende Begriffe zu finden, und erklärten, dass alles, was existiert, analog zu Tag und Nacht in Licht und Dunkelheit eingeteilt ist. Hieraus leiteten sie alle nur denkbaren dualistischen Beschreibungen ab. Es ist ein Befehl, der die große kosmische Dualität widerspiegelt.

Durch ihr Sehen entdeckten sie, dass die Welt der Energie aus ausgedehnten Bereichen von Dunkelheit besteht, übersät mit winzigen Lichtfunken. Und sie erkannten, dass die dunklen Bereiche dem weiblichen und die hellen Bereiche dem männlichen Teil der Energie entsprachen. Dies führte zwangsläufig zu der Schlussfolgerung, dass das Universum fast gänzlich weiblich und die helle männliche Energie selten ist.

Sie setzten die Dunkelheit mit der linken Körperhälfte, dem Nagual, dem Unbekannten und Weiblichen gleich, während die Helligkeit der rechten Körperhälfte, dem Tonal, dem Bekannten und dem Männlichen entsprach.

In weiteren Beobachtungen sahen sie auch, wie der kosmische Schöpfungsvorgang vor sich geht: Immer, wenn die kosmische Dunkelheit sich zusammenzieht, kommt es in der Folge zu einer Explosion von Licht. Dieser Lichtfunke dehnt sich aus und birgt in sich den Ursprung der Ordnungsprinzipien von Zeit und Raum. Das Gesetz dieser

Ordnung besagt unter anderem, dass alle Dinge endlich sind, was wiederum bedeutet, dass das einzig dauerhafte Prinzip des Universums die dunkle Energie ist; weiblich, kreativ und ewig.

Entsprechend ist auch der Mensch in Tonal und Nagual geteilt. Das Tonal wird durch das Wachbewusstsein des Tages repräsentiert und das Nagual durch die nächtlichen Träume.

Aus diesen Beobachtungen leitet sich die gesamte Weisheit der Zauberer ab. Sie lehren, dass Träume ein Weg zur Kraft sind, weil es letztlich die dunkle Energie ist, die uns erhält und in die wir regelmäßig eintauchen, um uns zu erneuern. Folglich richten sie all ihre Kraft darauf, sich in ihren Träumen bewusst zu werden und diese Kunst zu vervollkommnen. Sie nennen die dazu nötige, besondere Aufmerksamkeit »Träumen« und benutzen sie dazu, die dunkle Energie zu erforschen und unmittelbar mit dem Ursprung des Universums in Berührung zu kommen. Auf diese Weise wurden die ursprünglichen Beobachtungen der toltekischen Weisen zu praktischem Wissen.

❦ ❧

Carlos wies häufig darauf hin, dass die Meinungen, die wir uns über alles und jedes bilden, unsere Welt zunehmend in etwas Vorhersehbares verwandeln, wodurch die Möglichkeit, andere Welten zu bereisen, mehr und mehr ins Reich der Legenden verbannt wird.

»Der moderne Mensch«, erklärte er uns einmal, »ordnet absolut alles, was existiert, in feste Kategorien ein. Wir sind Etikettiermaschinen. Wir klassifizieren die Welt und die Welt klassifiziert uns. Jemand, der einmal einen Hund tötete, wird für den Rest seines Lebens der Hundetöter sein, selbst wenn er nie wieder mit einem Hund in Berührung kommt. Und solche Klassifikationen werden obendrein vererbt!«

Er listete eine Reihe von lustigen und aussagekräftigen Nachnamen auf, welche einst die Eigenschaften einer bestimmten Person bezeichnet hatten, aber später mit dem Namen an dessen Nachkommen vererbt wurden. Dadurch würden Menschen auch energetisch markiert. Er behauptete, das beste Beispiel für die absurde Neigung, uns mit Klassifizierungen zu versehen, sei der Glaube an die »Erbsünde«. Jene Sünde, die Adam und Eva begingen und die uns nach Ansicht der Gläubigen alle zu Sündern mache und dazu führe, dass wir uns auch entsprechend verhielten.

»Wir sind zu gegenseitigen Gefängniswärtern geworden. Die Fesseln menschlichen Denkens sind sehr mächtig. Selbst unsere tiefsten Gefühle werden klassifiziert und einer Ordnung unterworfen, der nichts entkommen kann. Ein Beispiel hierfür ist die Art und Weise, wie wir uns selbst von der Gegenwart entfremden und uns stattdessen in völlig sinnlosen und sich ständig wiederholenden Stereotypen bewegen. Es gibt eine Menge vorherbestimmter Tage: Muttertag, Allerheiligen, Valentinstag, Geburtstage und Hochzeitstage. Sie sind wie feste Pfosten, an die wir unser Leben anbinden, damit wir nicht verloren gehen. Und so wandeln wir über die Erde, ununterbrochen um unsere eigenen Beschreibungen kreisend, genau wie Tiere, die angekettet sind.«

Carlos erzählte uns, wie er und Don Juan eines Tages in eine kleine Stadt im Norden Mexikos kamen. Sie setzten sich auf eine Bank auf dem Kirchplatz, um auszuruhen. Plötzlich kam ein Dutzend junger Leute mit einer Judasfigur vorbei, die aus altem Stoff und Zweigen gemacht war. Judas war wie ein Indianer mit einer Decke und Sandalen bekleidet. Sie stellten die Figur auf dem Platz auf, um sie dort am Abend bei einem rituellen Gelage öffentlich zu verbrennen. Im Rahmen dieses Rituals wurde die Puppe dann von der betrunkenen Menge beschimpft.

»Mit solchen Bräuchen halten die Menschen Judas am Leben. Sie erinnern sich an ihn und halten ihn auf die Weise am Leben, welches einer wahren Hölle gleicht. Dann wird er verbrannt und im Jahr darauf wiedererweckt, um erneut getötet zu werden. In solchen Ritualen zeigt sich die ganze Starrheit menschlichen Verhaltens.«

Ein Teilnehmer fragte ihn, ob seine Behauptung, dass die Leute Judas durch ihr Ritual am Leben hielten, metaphorisch gemeint oder wörtlich zu nehmen sei.

Er antwortete: »Zauberer gehen davon aus, dass jemand sich so lange seiner selbst bewusst ist, wie es Erinnerung an ihn gibt. Das ist so, weil der Fluss der Gedanken eine Art Injektion von Leben darstellt. Der wahre Tod ist es, in Vergessenheit zu geraten.

Die Vorstellung, dass die Zeit in einer geraden Linie verläuft, die von der Vergangenheit in die Zukunft reicht, ist eine naive Vorstellung. Sie stimmt weder mit den Erfahrungen der Zauberer noch mit den Erkenntnissen moderner Wissenschaft überein. Und trotzdem hält diese beschränkte Interpretation den Großteil der Menschheit in einem Zeittunnel gefangen, in dem es ihr Schicksal ist, immer wieder dasselbe zu tun. Der wahre Grund für diesen Zustand ist, dass wir energetisch durch das blockiert sind, was Zauberer ›die kollektive Fixierung des Montagepunkts‹ nennen.

Eine bemerkenswerte Konsequenz dieser Fixierung ist die Art und Weise, wie wir zu Spezialisten werden. Wenn wir einen Beruf erlernen, geht es nicht darum, unseren Horizont zu erweitern. Stattdessen werden wir zu sesshaften, langweiligen Menschen ohne Kreativität und Motivation. In wenigen Jahren wird unser Leben langweilig und nervtötend. Doch statt die Verantwortung dafür zu übernehmen und uns selbst zu ändern, geben wir den äußeren Umständen die Schuld.

Eine der schlimmsten Gewohnheiten, die unser Inventar formen, ist die Angewohnheit, unseren Mitmenschen alles, was wir tun oder lassen, zu erzählen. Dies ist ein wichtiger Bestandteil unserer Sozialisation. Nach außen hin wollen wir stets ein einzigartiges Bild von uns selbst vermitteln. Doch es endet gewöhnlich damit, dass wir unser Selbstbild an die Erwartungen anderer anpassen und so zu Zerrbildern von dem werden, was wir hätten sein können. Sobald wir so auf ein bestimmtes Bild festgelegt sind, müssen wir den entsprechenden Verhaltensmustern folgen, ob wir wollen oder nicht. Selbst wenn wir sie satthaben oder nicht mehr an sie glauben, können wir sie nicht ändern, weil jeder Versuch, uns zu ändern, dazu führt, dass wir mit dem Rücken zur Wand stehen und uns verteidigen müssen.

Die meisten Menschen fühlen sich leer, wenn sie keine Freunde haben oder keine Liebe bekommen. Sie haben ihr Leben auf der oberflächlichen Basis von Beziehungen aufgebaut und das lässt ihnen keine Zeit, wirklich über ihr Schicksal nachzudenken. Unglücklicherweise ist Freundschaft meist auf dem Austausch von Intimitäten aufgebaut. Dabei gilt bei solchen Beziehungen der Grundsatz, dass alles, was wir sagen, eines Tages gegen uns verwendet wird. Es ist eine traurige Tatsache, dass diejenigen, die wir am meisten mögen, gleichzeitig unsere schlimmsten Peiniger sind!

Wenn wir ständig über uns selbst sprechen, machen wir uns erreichbar und schwach. Wohingegen es uns den Zauberern zufolge Kraft gibt, wenn wir lernen, still zu sein. Ein Grundprinzip auf dem Weg des Wissens ist, unser Leben in etwas so Unvorhersagbares zu verwandeln, dass nicht einmal wir selbst wissen, was geschehen wird.

Es gibt nur einen Weg, die Zwangsjacke des kollektiven Inventars loszuwerden. Wir müssen alle, die uns gut kennen, verlassen. Nach einer Weile werden die mentalen Mauern, die uns gefangen halten, durchlässiger und beginnen nachzugeben. Dann werden echte Möglichkeiten für eine Veränderung sichtbar und wir können die Kontrolle über unser Leben zurückgewinnen.

Wenn wir das Interpretieren hinter uns lassen und der reinen Wahrnehmung vorurteilsfrei ins Auge sehen, dann schwindet der Eindruck, dass die Welt aus Objekten besteht. Stattdessen nehmen wir die Energie so wahr, wie sie im Universum fließt. Unter diesen Bedingungen haben die Vorstellungen anderer Menschen keinerlei Einfluss mehr auf uns und wir fühlen uns nicht mehr gezwungen, dies oder jenes zu tun. Dann unterliegen unsere Sinne keinen Grenzen mehr. Das ist Sehen.«

Er ergänzte: »Ziel der Zauberer ist es, die Fixierung gesellschaftlicher Interpretationen zu durchbrechen und Energie direkt wahrzunehmen. Sehen ist eine Erfahrung totaler Wahrnehmung.

Den Fluss der Energie zu sehen ist eine absolute Notwendigkeit auf dem Weg des Wissens. Letztendlich zielen alle Anstrengungen der Zauberer darauf ab. Für einen Krieger reicht es nicht aus, zu wissen, dass das Universum aus Energie besteht; er muss es selbst erfahren und verifizieren.

Sehen ist eine praktische Angelegenheit und hat unmittelbare Folgen und weitreichende Auswirkungen auf unser Leben. Der tief greifende Effekt ist, dass Zauberer lernen, die Zeit als eine tatsächliche Dimension zu sehen.«

Er erläuterte weiter, dass die Energie des Universums in Bändern angeordnet sei. Alle bewussten Wesen gehörten zu einem dieser Bänder. Wir könnten uns auf die Energie eines anderen Bandes mithilfe eines Phänomens einstimmen, das »Ausrichtung der Wahrnehmung« genannt werde.

An bestimmten Stellen kreuzten sich die Bänder, wodurch Energiewirbel entstünden. Dort fänden Ereignisse statt, die für Zauberer, die sehen, von größter Wichtigkeit sind. Dort seien die Bedingungen für die Ausrichtung der Wahrnehmung günstig und es geschehe spontan. Seher sprächen daher von Durchgängen, Brücken und Barrieren im Raum, an denen die Koordinaten der Zeit außer Kraft gesetzt seien und das Bewusstsein des Reisenden in fremde Welten eintreten könne. Anorganische Wesen aus allen Teilen des Universums nutzten solche Punkte, um die Grenzen zur Erde zu überschreiten – und wir könnten dasselbe tun.

»Es mag euch unglaublich vorkommen, aber solche Sachen passieren mir ständig. Eines Tages führten die Zauberer mich in den Norden Mexikos. Dort in der Wüste zeigten sie mir eine Stelle, wo die kosmische Absicht wirbelt. Wir kämpften viele Stunden, um dieses Gebiet zu betreten, aber es war einfach unmöglich. Es fühlte sich an, als wäre dort eine unsichtbare Barriere!«

Wir fragten ihn, was dies gewesen sei, und er antwortete: »Ich konnte es nie enträtseln. Aber ein Zauberer mit genügend Kraft – wer weiß, was er dort erreichen könnte!

Ein anderes Mal wurde ich Zeuge ganz außergewöhnlicher Effekte bei einem dieser energetischen Durchgänge. Ich fuhr mit dem Auto durch die Wüste, als ein Sandsturm mir vollständig die Sicht nahm. Plötzlich hielt ein Abschleppwagen direkt neben mir. Der Fahrer gab mir zu verstehen, dass ich ihm folgen sollte. Im Schutz seines breiten Trucks fuhr ich eine ganze Weile hinter ihm her. Schließlich war der Sturm vorüber und wir hielten an. Wir befanden uns auf einer Schotterstraße, die mir völlig unbekannt war. Der Fahrer sprang aus seinem Wagen und grüßte mich. Ich kannte ihn – er war ein indianischer Schamane aus dieser Gegend, den ich schon zuvor getroffen hatte. Er sagte, dass er mich beschützt habe als Gegenleistung für ein Geschenk, das er vor Jahren von mir bekommen hätte. Er bat mich, nicht zu versuchen herauszufinden, wo wir uns befanden, weil es sich um ein Versteck in der zweiten Aufmerksamkeit handele.

Ich war erstaunt. Dieser Krieger hatte genügend Energie, mich und mein Auto in eine andere Welt mitzunehmen! Nach einer kurzen Unterhaltung meinte er, es sei nun Zeit, wieder zu fahren, da der Sturm vorüber sei. Ich folgte ihm auf einem unbekannten Weg und dann war ich wieder auf der Schnellstraße. Von dem Abschleppwagen fehlte jede Spur.«

Die Erzählungen regten unsere Fantasie an und wir stellten alle möglichen Fragen. Aber Carlos blieb ungerührt. Er sagte, dass solche Dinge viel öfter geschähen, als wir glaubten. Und solche Ereignisse könnten nur erlebt und nicht intellektuell erfasst werden.

Dann erklärte er, dass es einen weiteren sehr nützlichen Effekt gäbe, wenn man den Energiefluss sähe. Zauberer könnten die Gefühle anderer Menschen direkt wahrnehmen, die wie Wärmewellen, angetrieben von Emotionen, aus unserem leuchtenden Körper herausströmten. Sie könnten sogar Gefühle entdecken, von denen nicht einmal jene Person selbst wisse, dass sie existierten.

»Es ist, als ob sie Infrarot sehen könnten. Auf diese Weise können sie auch dann sehen, wenn ihre Mitmenschen nur undurchdringliche Dunkelheit wahrnehmen. Dies erlaubt ihnen, vor dem Verhalten anderer Menschen auf der Hut zu sein. Deswegen ist es unmöglich, einen Seher zu täuschen, und sehr schwer, ihn zu überraschen.

Aber der wahre Wert des Sehens liegt darin, dass es uns hilft, die Absicht zu verstehen. Wenn wir die Gesamtheit der Existenz als Energieebenen wahrnehmen, sehen wir, dass da noch etwas anderes ist, ein übergeordneter Zweck und gewisse Richtlinien, die alles organisieren. Zauberer betrachten diesen Zweck als höchsten und unpersönlichen Willen, auf den sie sich durch innere Stille einstimmen können. Selbstverständlich kann ein Wissender, dem ein solches Werkzeug zur Verfügung steht, die Dinge so miteinander verbinden, dass sie optimal zu seiner Energie passen. Reichlich vorhandene und ruhige Energie ist das Kennzeichen eines Zauberers, der sieht.«

༄ ༅

Auf einem anderen Vortrag erklärte er uns, dass wir zwar alle mit energetischer Vollständigkeit zur Welt kämen, aber uns gewöhnlich bis zu unserem Tod in ein ziemliches energetisches Durcheinander verwandelt hätten.

»Es ist, als wären wir mit einem bestimmten Geldbetrag auf der Bank geboren worden, einige mit einer Million, andere mit mehr oder mit weniger Geld. Die Menge spielt keine Rolle. Es ist genug, um ein lebenswertes Leben bis zum Tod zu führen. Aber da es in unserer Kultur keine geeigneten Instrumente für ein Energiemanagement gibt, verplempern die meisten Menschen ihr Erbe auf dumme Art und Weise. Wenn sie dann sterben, befinden sie sich in einem beklagenswert elenden Zustand. Andere wiederum lernen, wie man Energie sparen kann, und können so ihre Erträge sogar vermehren. Sie sterben auch, aber mit mehr Kapital. Sie können weiter gehen.

Ob wir mit all unseren Erträgen sterben, wie ein Krieger voller Kraft, oder ob wir wie ein Hund auf der Straße verrecken, hängt davon ab, wie wir mit unserer Energie umgehen.«

Carlos erklärte, dass uns ein leuchtendes Energiefeld umgebe, das wie ein riesiger Wattebausch aussähe. Eine dicht verwobene Wolke von Fasern, die Energie abstrahle wie ein Heizkörper.

»Wenn zwei Menschen eine Beziehung eingehen, tauschen sie Emanationen miteinander aus. Unsere leuchtenden Fasern interagieren – ob wir es wollen oder nicht, und ohne dass wir es bemerken. Energie fließt zwingend von dort, wo mehr ist, dahin, wo weniger ist. Wenn wir unser Leben damit verbringen, ständig mit anderen zusammen zu sein, endet das damit, dass nur noch wenig von uns selbst übrig ist und viel davon, was andere in uns zurückgelassen haben.

Krieger lernen, wie man das Gesetz des Energieaustauschs durch Rekapitulieren außer Kraft setzt. Durch die Rekapitulation gewinnen sie ihre Energie zurück. Auf diese Weise werden sie selbstgenügsam. Sie holen ihr Kapital zurück und begleichen alle Schulden. Und weil keine Verschwendung mehr stattfindet, wird ihr leuchtendes Ei thermisch.

Um das Abstrahlen der eigenen Energie zu vermeiden, greifen Zauberer zu seltsamen Verhaltensweisen. Einige benutzen Kraftobjekte, um den Druck abzulenken, den die Aufmerksamkeit anderer Menschen auf sie ausübt. Andere halten sich von Menschen fern und werden zu Eremiten. Juan Tuma trug stets eine Sonnenbrille, damit ›keine Energie von den Augen abgestrahlt wird‹. Der eigentliche Sinn dieser Vorsichtsmaßnahme war es, eine Barriere zwischen sich und anderen zu errichten. Dadurch war er nicht mehr erreichbar.

Unser Energieaustausch hat ernsthafte Auswirkungen auf unser Leben. Aussprüche wie: ›Sage mir, wer deine Freunde sind, und ich sage dir, wer du bist‹, haben hier ihren Ursprung. Die Redensart beschreibt nicht nur einen Zustand psychologischer Affinität zwischen Menschen, sondern auch einen messbaren energetischen Effekt, der von Zauberern wahrgenommen werden kann. Wenn du also ›du selbst‹ bleiben willst, dann lerne, allein zu sein.

Der Knackpunkt liegt in unseren wechselseitigen Beziehungen, weil sie uns entweder versklaven oder befreien können. Nicht jeder Energieaustausch ist unerwünscht. Krieger suchen die Gesellschaft von Menschen, die sie in ihrem Wachstum unterstützen. Der Umgang mit Zauberern zwingt uns zu Wachsamkeit und Makellosigkeit. Normale Beziehungen hingegen schwächen uns, weil sie auf vorgegebenen Verhaltensmustern basieren. Man muss sich nur einmal die Beziehungen von Paaren ansehen. Oft ist der Grad gegenseitiger Forderungen so hoch, dass er mitunter das Ende des eigenständigen Lebens des Einzelnen bedeutet.«

Einer der Anwesenden fragte, wie der Austausch von leuchtenden Fasern in sexuellen Beziehungen vor sich gehe. Carlos antwortete, dass man aufgrund der Tatsache, dass das Leben mit einem sexuellen Akt beginne, folgern könne, dass unsere ganze verfügbare Energie sexuelle Energie sei. Deshalb hingen alle Überlegungen, wie wir mit unserer Leuchtkraft umgingen, mit der sexuellen Dimension unseres Daseins zusammen.

»Wir müssen zunächst einmal erkennen, dass unsere gefühlsmäßige Verbindung mit anderen Menschen eine direkte Folge der Art und Weise ist, wie wir gezeugt wurden. Bei der Zeugung wird ein für alle Mal die Leuchtkraft festgelegt, die uns zur Verfügung steht. Im Reich der Energie sind wir abgeschlossene Einheiten, die Summe der Leidenschaft und des Verlangens, die unsere Eltern in dem Moment angesammelt hatten, in dem sie uns zeugten. Alles, was danach kommt, die Vergeudung und die Kompromisse oder der Weg des Energiesparens und Zurückgewinnens, geschieht innerhalb dieser Grenzen.

Hier wird auch das grundsätzliche Problem offensichtlich, weil sexuelle Beziehungen zwischen Menschen gewöhnlich reine Routinehandlungen sind. Die Sozialisation versklavt uns bis in unsere intimen Beziehungen hinein und verwandelt die magische Möglichkeit zur bewussten Vereinigung von Energien in eine obszöne Routineangelegenheit mit wenig wünschenswerten Folgen. Und das zeigt sich mehr als deutlich in unseren Kindern.«

Als Beispiel hierfür erzählte er uns einen Witz über einen Mann, der zu seiner Frau sagte: »Am Montag kann ich nicht bei dir sein, weil ich mit meinen Freunden Poker spiele. Am Dienstag gehe ich Kegeln, am Mittwoch bin ich im Fitness-Center.« Er fuhr fort und zählte seine Termine für die ganze Woche auf. Schließlich antwortete sie: »In diesem Haus haben wir jeden Tag um 20 Uhr Sex, ob du da bist oder nicht!«

»Das Problem liegt nicht im Sex, sondern darin, dass er zur Routine geworden ist. Alle Routinehandlungen führen zu einer Zerstreuung der Energie. Die sexuelle Routine ist deswegen so tragisch, weil sie dazu führt, dass unsere Kinder mit einem ernsthaften Mangel an Lebenskraft auf die Welt kommen. Wir sind an diesen Sachverhalt so sehr gewöhnt, dass wir Kindern, die mit viel Lebenskraft geboren werden, für krank halten und von Psychiatern sedieren lassen. Und genauso unbewusst wählen wir unsere Sexualpartner. Don Juan nannte die Kinder der modernen Gesellschaft daher ›Kinder der Verirrung‹.

Es gibt zwei Arten von Sex: langweiligen und energetischen. Aus gesellschaftlichen Gründen ist es fast unmöglich, das Ergebnis von energetischem Sex zu sein. Fast jeder ist das Produkt von langweiligem Sex. Seher erkennen, dass unsere Energie zu Falten aufgerollt ist, als seien wir schon bei der Geburt alt gewesen. Wir können unser Erbe nicht ändern, aber wir können lernen, mit unseren Ressourcen ökonomisch und bewusst umzugehen.

Zauberer sagen, dass die meiste Energie durch die Fortpflanzung verloren geht – sowohl bei Männern als auch bei Frauen. Die Reproduktion ist eine außerordentlich große Investition, weil sie unsere Leuchtkraft dauerhaft beeinträchtigt. Deswegen sollte der Vorsatz, Kinder in die Welt zu setzen, sehr sorgfältig und ernsthaft bedacht werden. Wenn wir selbst das Ergebnis von langweiligem Sex sind und gleichzeitig dem Drang nach Fortpflanzung nachgeben, dann wird das unvermeidlich unseren Energiekörper fragmentieren. Die leuchtenden Eier von Eltern sehen aus wie Eimer mit Löchern, aus denen Wasser fließt, wobei die Löcher die Kinder repräsentieren. Ein solcher Mensch wird nie genug Kraft sammeln können, um sein Leben zu ändern. Erst wenn er dem Weg des Kriegers folgt, wird ihm das möglich sein.«

Ein Zuhörer wollte wissen, wie der Energieaustausch zwischen Eltern und Kindern funktioniere. Carlos antwortete, dass das Durchtrennen der Nabelschnur nicht automatisch dazu führe, dass die Verbindung des Neugeborenen mit seinen Erzeugern unterbrochen werde. Die »leuchtende Schnur« bleibe ein ganzes Leben lang aktiv und funktioniere wie ein Energie-Trinkhalm. Dies sei eine sehr reale Verbindung, die von Sehern als Faser wahrgenommen werde, die vom leuchtenden Kokon der Eltern zu ihren Kindern führe.

»Da niemand weiß, dass ein Energieabfluss stattfindet, hat auch niemand die Möglichkeit, ihn zu vermeiden. Es spielt dabei keine Rolle, wie viel Liebe Eltern und Kinder füreinander empfinden. Aus energetischer Sicht ist diese Liebe ohnehin nur die Sorge um die ausgetauschte Leuchtkraft. Aus diesem Grund stellen Eltern meist auch so hohe Anforderungen an ihre Kinder und versuchen auf jede nur erdenkliche Weise, ihre Kinder nach ihrem Abbild zu formen. Kinder in die Welt zu setzen ist keine reine Übergabe, es ist eine Investition.

Seher können wahrnehmen, dass durch die energetische Ausplünderung der Eltern deren Energie zerrissen wird und Fragmente ihrer leuchtenden Fasern wie bei einem alten, ausgefransten T-Shirt nach außen projiziert werden. Manchmal sieht es auch so aus, als seien sie zerquetscht worden und ihre Eingeweide hingen heraus. Ein fürchterlicher Zustand!«

Carlos' Beschreibung, die von lebhaften Gesten begleitet war, wirkte auf die meisten Zuhörer sehr beängstigend. Man konnte es ihren Gesichtern deutlich ansehen. Jemand fragte mit zitternder Stimme, wie ein Krieger seine Löcher wieder flicken könne. Er antwortete, dass es nur eine Möglichkeit gebe, die Befehle der Sozialisation außer Kraft zu setzen. Wir müssten uns von unseren Eltern abwenden und danach niemals zurückblicken. Was Kinder angehe, gebe es keine andere Lösung, als die Kinder zu essen.

»Wenn du dein Kind nicht essen kannst, dann wird es dich essen.«

Das war zu viel für die Zuhörer und ich bemerkte, dass einige den Raum verließen. Carlos blieb ruhig und erzählte uns, dass er einst eine außergewöhnliche Begegnung mit einem Wesen aus einem anderen energetischen Reich hatte und dass er dieses Wesen aus der Sklaverei befreien wollte. Das Ergebnis dieser leichtsinnigen, wenn auch mutigen Tat war, dass er einen Körper für die fremde Energie zeugen musste.

»Als ihre Mutter sie zur Welt gebracht hatte, nahm Don Juan dieses Wesen – ein Mädchen – mit und verschwand mit ihr. Als er zurückkehrte, stellt er einen Teller mit Fleisch vor uns und sagte: ›Dies ist eure Tochter. Esst sie!‹ Wir konnten nichts tun. Sein gebieterischer Gesichtsausdruck zwang uns, uns seinem Befehl zu unterwerfen. Für uns war es eine ungeheuerliche Tat, aber sie hatte eine unschätzbare Wirkung: Wir stellten unsere leuchtende Integrität ein für alle Mal wieder her. Durch den gemeinsamen Verzehr des zarten Fleisches gewannen wir all unsere Gefühle und all die Leuchtkraft, die wir diesem Wesen gegeben hatten, zurück und schlossen unsere Löcher. Wir waren wieder vollständig.

Acht Jahre später brachte Don Juan das Mädchen zurück. Er stellte sie uns als ›Blauen Scout‹ vor. Er hatte sie während der ganzen Zeit versteckt gehalten. Was ich und ihre Mutter gegessen hatten, war ein Spanferkel.«

Nachdem die Zuhörer erleichtert aufgeatmet und sich etwas beruhigt hatten, fuhr Carlos fort: »Die Rückkehr meiner Tochter hatte keinerlei emotionale Wirkung auf mich, weder Gefühle der Liebe noch des Trostes, weil alles nur ein seltsamer Scherz gewesen war. Meine Energie blieb unberührt.«

Ein neugieriger Teilnehmer wollte wissen, was mit dem Mädchen während dieser acht Jahre geschehen sei.

Er antwortete: »Mein Lehrer brachte das Kind zu den Yaqui in den Norden Mexikos. Dort zog er es groß. Er verwandelte sie in ein wildes Geschöpf. Sie war kein normales Wesen, ihre Energie kam aus einem anderen Reich. Sie war so wild, dass er sie fesseln und wie ein Paket im Kofferraum verstauen musste, um sie von Mexiko in die USA zu bringen. Wir waren zwar ihre physischen Eltern, aber sie ließ sich nie von uns anfassen. Nur wenn sie mit Don Juan zusammen war, schien sie etwas fügsamer zu sein.

Ich erinnere mich daran, dass das kleine Mädchen einmal freiwillig ihren Kopf auf meine Knie legte. Ihre Mutter und ich sahen uns überrascht an und konnten es kaum glauben. Das alles war das Ergebnis der Manöver des Nagual. Das Mädchen wusste, dass es allein war und niemals Eltern haben würde, von deren Energie sie zehren könnte. Sie hatte sich in ein Wesen verwandelt, dessen Maßstab sein eigenes, wahres Wesen war.

Wir sind aggressive, territorial denkende Wesen; wir sind keine domestizierten Tiere. Dieses Mädchen war ein lebendiges Beispiel dafür, was Zauberer bewirken können, wenn es darum geht, unsere Energie zu verdichten.«

༄ ༅

Bei einer anderen Gelegenheit sprach er im Zusammenhang mit langweiligem Sex über die Manipulation sexueller Energie. Er erzählte uns, dass die in uns liegende Zeugungskraft transzendent sei und auf vielfältige Weise genutzt werden könne, was uns aber nicht vollständig bewusst sei. Es sei schade, dass die meisten Menschen im Zusammenhang mit Sex ausschließlich an körperliches Vergnügen dächten. Es sei wie der begrenzte Gebrauch, den ein Wilder von einem wertvollen Buch machen könne, wenn er zufällig darüber stolpere. Dieser sähe in dem Buch lediglich Material, um ein Feuer anzuzünden, mehr nicht.

»Wir verbringen die meiste Zeit unseres Lebens damit, uns Sorgen darüber zu machen, wie das andere Geschlecht uns sieht. Dies führt erstens dazu, dass wir ständig mit unserer äußeren Erscheinung beschäftigt sind. Und zweitens bringt es uns dazu, Orte zu besuchen, an die Menschen kommen, die in derselben Situation wie wir sind. Wir verabreden uns und wir investieren viel Zeit – das heißt, wir reden stundenlang über Nebensächlichkeiten, während wir immer unser primäres Ziel im Auge behalten. Dieser Einsatz ist vollkommen übertrieben.

Zauberer wissen, dass der Ursprung der Sexualität weder im Vergnügen noch in der Reproduktion liegt. Glaubt ihr wirklich, dass die Kraft, die uns regiert, sich die Mühe macht, etwas so Wichtiges wie diese schöpferische Kraft deswegen zu erschaffen, damit wir kurze Momente der Zerstreuung haben oder wir uns wie Pilze auf der Erde verbreiten können?

Der eigentliche Zweck der Sexualität reicht weit darüber hinaus. Sexualität verbindet uns mit dem Mysterium des Ursprungs aller Dinge, denn das Universum ist durch eine Explosion entstanden, die immer noch anhält und sich jedes Mal neu zum Ausdruck bringt, wenn wir Liebe machen. Wenn die Quelle dessen, was wir sind, diese aufkeimende Kraft ist, dann muss der Schwerpunkt unserer inneren Arbeit auf einer Umlenkung unserer sexuellen Energie liegen.«

Er machte mit den Händen eine ausdrucksvolle Geste und rief aus: »Erkennt, was ihr besitzt, und vergeudet es nicht! Sex ist Geld, bares Geld! Unsere kosmische Bestimmung ist es, unser Bewusstsein zu erweitern. Und zu dem Zweck sind wir mit einer bestimmten Menge der schöpferischen Energie des Adlers ausgestattet. Die sexuelle Energie wurde für das Träumen geschaffen.«

Er betonte, dass rein theoretisch ein sexueller Austausch die verfügbare Leuchtkraft eines Paares nicht beeinträchtigen müsse, weil der Mann von der Frau genauso viel nähme wie sie von ihm. Das Ergebnis sei ausgewogen. Allerdings sei es eine unerwünschte Nebenwirkung, dass sich die Energie der beiden vermische. Dadurch entstünden Abhängigkeiten und diese schränkten unsere Freiheit ein. Um dies aufzulösen, müsse man viele Jahre lang rekapitulieren.

Praktisch gesehen, erschöpfe diese Art des sexuellen Austauschs unsere Vitalität, weil beim Sex die Bewegung der Energie nicht in einem geschlossenen System stattfände. Es gebe immer Löcher.

»Sex mit jemandem zu machen bedeutet auch immer, dass man es mit der gesamten genetischen Kette, von der jemand abstammt, zu tun hat. Dies ist so, weil Menschen wegen ihrer energieleitenden Fasern, die sie mit ihren Vorfahren verbinden, das letzte Glied in der Kette sind und keine autonomen leuchtenden Einheiten. Obwohl der Geschlechtsakt zwischen zwei Individuen stattfindet, ist es die menschliche Form, die kollektive Fixierung des Montagepunkts, die die meiste Energie in diesem Geschehen verbraucht.

Diese Fixierung ist für Gefühle wie Eifersucht, Abhängigkeit und Anhänglichkeit verantwortlich, die wir in Beziehungen haben. Und das macht uns zu gnadenlosen Investoren und pervertiert die Bedeutung des edlen Wortes ›Liebe‹. Der normale Mensch verhält sich angesichts der Möglichkeiten der Liebe wie eine gefühllose Rechenmaschine: Ich liebe meine Kinder, weil sie aus meiner Energie stammen; meine Frau, weil sie meine Wäsche wäscht, für mich kocht und mit mir schläft; meinen Hund, weil er auf das Haus aufpasst; meine Heimat, weil ich hier geboren wurde, und Gott, weil er mich erlösen wird.«

Er verzog angewidert das Gesicht. »Wie schwer ist es, etwas zu geben, ohne eine Gegenleistung zu erwarten! Die alltägliche Liebe endet damit, dass sie zur Pflicht wird. Der andere fordert von uns dieselbe Aufmerksamkeit, die er uns gibt. Und das Gefühl, zu etwas verpflichtet zu sein, ist tödlich!

Aus diesem Grund ist es eine sehr wichtige Aufgabe für einen Lehrer, die sexuellen Verhaltensmuster eines Schülers zu zerstören. Es ist ein zentrales Anliegen, das ein lebenslanges Bemühen erfordert, und es ist unerlässlich, dass dies von Anfang an beachtet wird, weil die Mitgliedschaft in einer Gruppe von Zauberern nicht dazu dient, sexuelle Defizite auszuleben. Wenn wir diese Angelegenheit nicht als normale Männer und Frauen auflösen, dann sind unsere Chancen auf dem Weg des Kriegers voranzukommen äußerst gering.

Zauberer kennen viele Wege, einen Lehrling zu ändern. Einige haben keinerlei Skrupel und greifen zu wahren Torturen. Sie greifen seine Schwachstellen an, bis er geheilt ist oder zerbricht. Andere, wie mein Lehrer, gehen sehr feinfühlig vor. Sie arbeiten mit der inneren Energie und erreichen auf diese Weise, dass sich der Lehrling seiner selbst bewusst wird und entsprechend reagiert. Jede Methode ist legitim, wenn sie die erwünschten Ergebnisse erzielt.

Der Nagual Julian verband eine gnadenlose Effizienz mit der unglaublichen Fähigkeit, das zu sein, was er sein wollte – und es war nicht so, dass er schauspielerte. Er verwandelte sich selbst, er bewegte seinen Montagepunkt in die Position, die einem Tier oder einem anderen Menschen entsprach. Eine seiner Lieblingspositionen des Montagepunkts war der einer Frau. Einmal verführte er in Gestalt eines schönen Mädchens seinen Schüler Juan Matus, der damals gerade mal zwanzig Jahre alt und außerdem heiß wie ein junger Bulle war. Als sie dann zusammen im Bett lagen, bewegte der Nagual Julian seinen Montagepunkt zurück in die gewohnte Position und war wieder ein Mann. Sein Schüler stürzte in Panik aus dem Zimmer. Für jemanden in dem Geisteszustand, in dem sich Juan Matus damals befand, war das ein verheerender Schlag. Es war ein grotesker Scherz, aber einzigartig wirkungsvoll. Mit einem einzigen Hieb zerstörte der Nagual Julian seine Neigung, sich jeder Frau hinzugeben, die Interesse an ihm zeigte. Don Juan hat seinem Lehrer diesen Scherz niemals verziehen. Aber mit der Zeit lernte er, über die Geschichte zu lachen.«

An dieser Stelle war Carlos bereit, einige Fragen zu beantworten. Jemand befragte ihn zum Thema Zölibat. Er wollte wissen, ob es für einen Zauberer unerlässlich sei, sexuell enthaltsam zu leben und worin die Vorteile der Enthaltsamkeit lägen.

Er antwortete: »Grundsätzlich sind Zauberer nicht für oder gegen etwas. Sie sehen, dass alles auf der ererbten energetischen Anlage beruht. Es gibt einige, die mit der nötigen Leidenschaft geboren sind, um jeden Tag Liebe zu machen. Andere haben nicht einmal genug Energie für Selbstbefriedigung. Einige haben genug Disziplin, um die Ganzheit ihrer Leuchtkraft zurückzugewinnen. Andere sind eher wie ein Sieb und sterben in unvollständigem Zustand. All diese Faktoren haben Einfluss darauf, wie Zauberer sich in Sachen Sex verhalten.

Ein typisches Merkmal von Zauberern ist, dass sie sich weigern, sich dem kollektiven Zwang zur Reproduktion zu unterwerfen. Gleichzeitig haben sie die Fähigkeit, ihre Energie verantwortungsbewusst einzusetzen. Außerdem lassen sie sich nicht in irgendwelche sexuellen Kategorien einordnen. Sie sind frei. Sie handeln in jedem Augenblick in Übereinstimmung mit dem, was ihnen die Kraft anzeigt. Um diese Sichtweise zu erhalten, kultivieren sie eine Nüchternheit, die normale Menschen nicht kennen.«

Er erklärte, dass die neuen Seher sich meist für das Zölibat und eine Haltung der Selbstgenügsamkeit entschieden. Sie seien sehr geizig mit ihrer Energie und sie zögen es vor, die Energie zur Erweiterung ihres Bewusstseins zu verwenden. Auf ihren Reisen in die Unendlichkeit hätten sie Welten gesehen, die alles andere blass und reizlos erscheinen ließen, sogar den Sex.

»Don Juan sagte, dass Liebemachen nur etwas für Menschen ist, die keine Anhaftungen haben.«

Auf eine andere Frage antwortete er, dass es eigentlich keine »sexuellen Probleme« gebe. Es gebe nur Individuen, die ihre eigenen, persönlichen Dilemmas zu lösen hätten.

»Sex als etwas zu betrachten, das gattungsspezifisch ist, ist ein Fallstrick, weil es uns daran hindert, selbstverantwortlich zu sein und Ausreden fördert, die besagen, dass alle anderen genauso sind wie wir. Genau wie Geburt und Tod ist Fortpflanzung eine überaus individuelle Angelegenheit, ein Geschenk, das uns der Adler macht. Die Forderung der Zauberer in dieser Hinsicht ist überaus einfach: Verantwortlichkeit.

Die Gesellschaft, in der wir leben, ist eine Art Schule, die uns dazu zwingt, uns erstaunlich grausamen Befehlen zu unterwerfen. Wir werden alt und das Liebemachen verwandelt sich in eine groteske Parodie. Die Gesellschaft zwingt uns zu einem Energieverlust, einem vorgegebenen Verhalten. Dieses endet erst dann, wenn nicht das kleinste bisschen Licht in uns übrig ist.

Ein Beispiel dafür war mein Großvater. Der alte Mann pflegte zu sagen: ›Man kann sie nicht alle ficken, aber man muss es versuchen!‹ Er stand schon mit einem Fuß im Grabe und hielt immer noch an den

Verhaltensweisen fest, die man ihm beigebracht hatte. Die Hälfte seiner Zeit verbrachte er damit, eine Frau zu erobern und die andere Hälfte arbeitete er, um die Frau zu unterhalten. Er endete auf dem Sterbebett als verbitterter alter Mann, weil seine Geliebte ihn nicht mehr wegen seiner Männlichkeit, sondern wegen seines Geldes begehrte. ›Sie liebt mich nicht!‹, winselte er, doch sein Enkel versicherte ihm: ›Sie liebt dich, Opa!‹ Im Sterben rief der dumme Mann: ›Ich komme, Mami!‹ Muss man ein Zauberer sein, um zu begreifen, dass das nicht alles ist, was uns als Menschen möglich ist?«

Er bekannte, dass er, bevor er sich entschloss, dem Weg des Kriegers zu folgen, sich für einen verführerischen Mann gehalten und sich in seinem Verhalten ganz am Klischee vom »Latin Lover« orientiert hatte.

»Einmal verführte ich ein Mädchen und wir knutschten in meinem Auto. Wir wurden beide so geil, dass die Windschutzscheibe von unseren Küssen und Umarmungen beschlug. Auf dem Höhepunkt der Erregung entdeckte ich, dass das Mädchen in Wirklichkeit ein Mann war!

Ein anderes Mal verliebte ich mich ernsthaft in ein junges Mädchen. Irgendwann begann ich zu vermuten, dass sich mich betrog. In einem anderen Auto fuhr ich zu ihrem Haus und beobachtete es. Nur um zu sehen, wie der andere Mann tatsächlich an ihre Türe klopfte. Als ich später eine Erklärung von ihr forderte, sagte sie: ›Mit dir ist es Liebe, mit ihm ist es nur Sex!‹

Diese Art von Begegnungen führte dazu, dass ich mich in Liebesangelegenheiten etwas mäßigte. Aber der Druck, der vom Klischee des ›Latin Lovers‹ ausging, war zu stark. Ich fuhr fort, meine sexuelle Energie entsprechend der Verhaltensmuster meiner Vorväter zu verausgaben, bis Don Juan mich vor die Wahl stellte: Entweder ich gab dieses Verhalten auf oder ich brach meine Lehrzeit ab.«

Auf eine andere Frage antwortete er, dass die beste Art, den Energieverlust durch die Sexualität aufzuhalten, darin bestehe, zu lernen, wie man durch großzügige Gesten der Fixierung der Aufmerksamkeit entgegentritt und sie lockert.

»Wir haben das Leben als Geschenk des Universums erhalten und es ist unser Privileg, diese Geste mit völliger Losgelöstheit widerzuspiegeln. Dank dieser Indifferenz kann ein Krieger seine Liebe in einen Blankoscheck, in bedingungslose und abstrakte Zuneigung verwandeln, weil seine Liebe nicht auf Begehren fußt. Was für eine wunderbare Sache!

Im Gegensatz zu dem, was der normale Mensch glaubt, ist das Wesen der Zauberer überaus irdisch und leidenschaftlich. Nur ist das Objekt ihrer Leidenschaft nicht mehr fleischlich. Sie haben den Stoff gesehen, der alle Dinge zusammenhält, eine Welle der Leidenschaft, die durch das Universum flutet und nicht aufgehalten werden kann. Denn wenn das passieren würde, dann würde sich alles in nichts verwandeln.

Ihr Sehen machte es ihnen möglich, alles auf der Basis der Bewusstheit aufzubauen, des kraftvollsten Zustands individueller Aufmerksamkeit. Die Liebe der Zauberer ist eine überwältigende Wirklichkeit, die in jedem Atemzug mitschwingt, sich in jeder Geste ausdrückt und in jedem Wort Ausdruck findet. Es ist die Kraft, die sie antreibt, Risiken einzugehen, neue Möglichkeiten zu erforschen, sich zu entwickeln und zu jedem Zeitpunkt das Beste aus sich herauszuholen.

Zauberer haben die wohl reinste Form der Liebe entdeckt, weil sie sich selbst lieben. Sie wissen, dass alles, was sie nach außen geben, ein Widerhall dessen ist, was in uns ist. Sie haben die Kraft ihrer Leidenschaft in den Dienst des Seins gestellt, und das verleiht ihnen den nötigen Antrieb für die einzige Suche, die zählt: die Suche nach uns selbst.«

6

Rekapitulation

Beim Durchsehen meiner Aufzeichnungen entdeckte ich, dass Carlos immer wieder über die Rekapitulation sprach. Er behauptete, dass Zauberer den Großteil ihrer Zeit dieser Übung widmeten. Einmal erklärte er, dass wir, obschon wir durch die sozialen Interaktionen Energie verlören, eine Wahl hätten. Weil unser leuchtendes Wesen eine in sich geschlossene Konfiguration sei, könnten wir jederzeit wieder bei null anfangen, um die Ganzheit unserer Bewusstheit wiederherzustellen.

»Es ist nie zu spät«, betonte er. »Solange wir leben, gibt es immer einen Weg, alle möglichen Blockaden zu überwinden. Die beste Art, unsere leuchtenden Fasern wiederherzustellen, die wir in der Welt verstreut haben, ist, unsere Energie zu uns zurückzuholen. Das Wichtigste ist der erste Schritt. Für diejenigen, die am Sparen und an der Wiederherstellung ihrer Energie interessiert sind, ist die Rekapitulation der einzige Weg.

Ein Zauberer weiß, dass entweder wir unsere Gespenster jagen oder sie uns. Darum lässt er nichts unerledigt. Er erinnert sich an seine Vergangenheit, sucht die magische Verbindungsstelle – den exakten Moment, an dem er sich in das Schicksal eines Menschen verwickelt hat – und richtet seine ganze Aufmerksamkeit auf diesen Punkt, um die Verknotungen der Absicht zu lösen.

Die Zauberer sagen, dass wir unser Leben aus einer Distanz leben, als wäre es eine Erinnerung. Wir verbringen die meiste Zeit damit, festzuhängen. Wir sind verletzt wegen etwas, das vor dreißig Jahren passiert ist, oder wir tragen eine Last, die keinen Sinn mehr ergibt. ›Ich werde dir nie verzeihen!‹, schreien wir, aber das stimmt nicht; wir selbst sind es, denen wir nicht verzeihen!

Die emotionalen Bindungen, die wir mit Menschen eingehen, sind Investitionen, die wir auf unserem Weg gemacht haben. Wir müssen schon ziemlich blöd sein, wenn wir unseren Besitz dort brachliegen lassen. Die einzige Art, um zur Vollständigkeit zurückzugelangen, ist, diese Investition zurückzunehmen, uns mit unserer Energie wieder in Einklang zu bringen und die Last der Gefühle aufzulösen. Die beste Methode, welche die Zauberer hierfür gefunden haben, ist die Ereignisse unserer persönlichen Geschichte wiederzuerinnern, bis wir sie vollständig verdaut haben. Die Rekapitulation holt dich aus der Vergangenheit heraus und versetzt dich in das Jetzt.

Wir können der Tatsache, dass wir das Produkt von langweiligem Sex sind, nicht entkommen, ebenso wenig wie der Tatsache, dass wir den Großteil unserer Leuchtkraft beim Kinderzeugen oder in auslaugenden Beziehungen verloren haben. Aber wir können rekapitulieren und die energetischen Auswirkungen dieser Ereignisse rückgängig machen. Glücklicherweise existieren im Reich der Energie weder Raum noch Zeit. Daher ist es möglich, zu den räumlichen und zeitlichen Koordinaten der Ereignisse zurückzukehren und diese wieder zu erleben. Es ist nicht sonderlich schwer, denn wir alle wissen, wo unser Schmerz sitzt.

Rekapitulieren bedeutet, dass wir unsere Gewohnheiten anpirschen und sie systematisch und unbarmherzig untersuchen. Dies erlaubt uns, unser Leben in seiner Gesamtheit zu sehen und nicht wie eine zufällige Abfolge von Augenblicken. Es mag seltsam erscheinen, aber nur Zauberer rekapitulieren systematisch und gründlich, andere Menschen tun es nur zufällig.

Die Rekapitulation ist das Erbe der alten Seher, eine grundlegende Übung, die Essenz der Zauberei. Ohne sie gibt es keinen Weg. Don Juan bezeichnete die Lehrlinge, die nicht rekapituliert hatten, als ›radioaktiv‹. Don Genaro wollte ihnen nicht einmal die Hand geben, und wenn er sie zufällig berührte, lief er ins Bad, um sich zu waschen, als hätten ich und die anderen Lehrlinge eine ansteckende Krankheit. Er sagte, dass ich voller Dreck sei, der aus jeder Pore meines Körpers quoll. Durch seine wiederholten witzigen Bemerkungen prägte sich in mir die Vorstellung ein, dass die Rekapitulation ein elementarer Akt der Hygiene ist.«

In einem anderen Vortrag ging Carlos auf das Problem der Stagnation in unserem leuchtenden Körper ein. Er beschrieb diese als Folge der Fixierung unserer Aufmerksamkeit, wodurch der freie Fluss der Energie blockiert werde. Dies geschehe, wenn wir uns weigerten, uns den Tatsachen zu stellen, und Schutz hinter Ausweichmanövern suchten. Oder wenn wir unsere Angelegenheiten nicht erledigten und Verpflichtungen eingingen, die uns fesselten.

Die Folge dieser Stagnation sei, dass die betreffende Person aufhöre, sie selbst zu sein. Wenn man unter dem Druck einer Kette von Entscheidungen stehe, die man während seines Lebens getroffen habe, könne man nicht mehr frei handeln und würde mehr und mehr in die Umstände verstrickt. Dadurch könne man an einen Punkt gelangen, an dem man körperlich oder seelisch krank werde. Diese Situation lasse sich durch das Rekapitulieren auflösen.

Carlos erklärte, dass die Rekapitulation im Wesentlichen darin bestehe, eine Liste aller Verletzungen zu erstellen, die durch unsere Interaktionen mit anderen Menschen entstanden seien. Der nächste Schritt sei, zu dem Moment, an dem das Ereignis stattgefunden habe, zurückzukehren. Dort könnten wir das zurückholen, was zu uns gehöre, und den anderen das wiedergeben, was ihnen gehöre.

»Ein Krieger beginnt damit, dass er seinen Tag zurückspult. Er rekonstruiert Gespräche, entziffert Bedeutungen, erinnert sich an Gesichter und Namen, sucht nach Zwischentönen und versteckten Andeutungen und nimmt die eigenen und fremden Emotionen auseinander. Er überlässt nichts dem Zufall, ergreift die Erinnerungen des Tages, eine nach der anderen und säubert sie mithilfe seines Atems.

Ebenso erforscht er ganze Kapitel und Bereiche seines Lebens wie zum Beispiel die Partner, die er hatte, die Häuser, in denen er lebte, Schulen, Arbeitsplätze, Freunde und Feinde, Streitigkeiten und glückliche Momente und so weiter. Im Idealfall geht man chronologisch vor, von der gegenwärtigen Erinnerung bis zur am weitesten entfernten, an die man sich erinnern kann. Aber am Anfang ist es am einfachsten, sich bestimmte Themen vorzunehmen.

Eine sehr nützliche Variante dieser Übung, die allen zugänglich ist,

ist die zufällige Rekapitulation. Wenn man darüber nachdenkt, stellt man fest, dass man eigentlich ständig rekapituliert. Alle Erinnerungen, die unseren inneren Dialog bilden, können so genannt werden. Jedoch rufen wir diese Erinnerungen unwillkürlich wach. Anstatt sie aus der Stille heraus anzupirschen, beurteilen wir sie und reagieren automatisch auf sie. Das ist schade. Ein Krieger nutzt diese Gelegenheit zu seinem Vorteil, denn diese Erinnerungen, die scheinbar zufällig auftauchen, sind Warnungen unserer schweigenden Seite.«

Er führte aus, dass zum Rekapitulieren keine speziellen Bedingungen notwendig seien. Man könne die Übung in jedem Augenblick, an jedem Ort durchführen, wann immer man den Drang danach verspüre.

»Krieger rekapitulieren beim Gehen, im Bad, bei der Arbeit oder beim Essen – wann immer es möglich ist! Das Wichtigste ist, es zu tun.«

Er fügte hinzu, dass keine bestimmte Körperhaltung nötig sei. Die einzige Bedingung sei, dass man sich wohlfühle, damit der physische Körper keine Aufmerksamkeit verlange und sich nicht in die Erinnerungen einmische.

»Zauberer nehmen diese Übung dennoch sehr ernst. Einige benutzen zu diesem Zweck Kisten aus Holz, Hochbetten, Schränke oder Höhlen. Andere bauen sich einen Hochsitz in den Wipfeln eines großen Baums oder graben ein Loch in die Erde und bedecken es mit Zweigen. Eine gute Methode besteht darin, im Dunkeln im Bett zu sitzen, vor dem Schlafen. Jedes Mittel, das uns von unserer Umgebung isoliert, ist hilfreich, wenn wir ernsthaft rekapitulieren wollen.

Wenn wir uns für ein Ereignis entschieden und es in all seinen Teilen wiedererschaffen haben, atmen wir ein, um die Energie wiederzugewinnen, die wir zurückgelassen haben. Und wir atmen aus, um die Fasern, die andere in uns hinterlassen haben, zurückzugeben. Der Atem ist magisch, denn er ist eine Leben spendende Funktion.«

Carlos erklärte, dass diese Art der Atmung von einer Bewegung des Kopfes zu beiden Seiten begleitet werden sollte, welche die Zauberer »das Ereignis ausfegen« nannten.

Jemand wollte wissen, ob man von rechts nach links einatmen sollte oder umgekehrt.

»Das spielt keine Rolle«, sagte er. »Dies ist Energiearbeit, es gibt keine festen Regeln. Was zählt, ist die Absicht. Atme ein, wenn du etwas wiederherstellen willst, und atme alles aus, was nicht zu dir gehört. Wenn du das mit deiner gesamten Lebensgeschichte machst, dann wirst du nicht länger an eine Kette von Erinnerungen gebunden sein und kannst deine Aufmerksamkeit auf die Gegenwart richten. Seher beschreiben dies als ›die Dinge sehen, wie sie sind‹ oder ›die Zeit objektiv sehen‹.«

Dann wurde er gefragt, was mit den Erinnerungen, die man entdeckte, zu tun sei, ob sie mit einer Art psychologischer Methode oder etwas Ähnlichem untersucht würden.

»Man muss nichts Bestimmtes tun«, antwortete er. »Die Erinnerungen finden ihren eigenen Weg und die Leuchtkraft ordnet sich durch die Atmung von selbst. Versuche es und mache dich erreichbar; der Geist wird dir sagen, wie du es machen sollst.

Die Rekapitulation beginnt in uns und trägt sich dann selbst. Es geht darum, den Verstand still werden zu lassen. Dann wird unser Energiekörper die Führung übernehmen und das tun, was er gern tut. Du wirst dich gut fühlen und behaglich. Es erschöpft dich nicht, es gibt dir Ruhe. Dein Körper wird es als ein unbeschreibliches Energiebad wahrnehmen.

Aber du solltest die richtige Einstellung dazu haben. Verwechsele die Übung nicht mit einer psychologischen Analyse. Wenn du Interpretationen suchst, gehe lieber zu einem Psychiater! Er wird dir sagen, was du tun musst, um der Idiot zu bleiben, der du bist. Halte auch nicht nach ›Lektionen‹ Ausschau. Die ›Moral von der Geschichte‹ findest du nur in Märchen für Kinder.

Rekapitulieren ist eine besondere Form des Pirschens und sollte mit einem Sinn für Strategie ausgeführt werden. Es geht darum, unsere Existenz zu verstehen und in Ordnung zu bringen. Sie so zu sehen, wie sie ist, ohne Bedauern, ohne Vorwürfe oder Glückwünsche, mit vollkommener Gleichmütigkeit, mit einer Leichtigkeit des Geistes, sogar mit Humor. Nichts in unserer Vergangenheit ist wichtiger als etwas anderes und letztendlich sind alle Beziehungen vergänglich.

Am wichtigsten ist es, überhaupt damit anzufangen, denn die Energie, die wir von Beginn an wiedererlangen, gibt uns die Kraft fortzufahren und komplexere Aspekte unseres Lebens zu rekapitulieren. Anfangs ist es notwendig, die größten Investitionen anzugehen: die am meisten belastenden Gefühle. Danach gehen wir zu den Erinnerungen, die so tief vergraben sind, dass wir sie scheinbar vergessen haben – auch sie sind immer noch in uns und müssen rekapituliert werden.

Anfangs kann die Rekapitulation harte Arbeit sein, weil unser Geist nicht an diese Art von Disziplin gewöhnt ist. Doch wenn die schmerzlichsten Wunden erst einmal geschlossen sind, erkennt die Energie sich selbst und wir werden geradezu süchtig nach der Übung. Dann hilft uns jeder Teil der Leuchtkraft, den wir zurückgewinnen, dabei fortzufahren. An dem Punkt, an dem du freiwillig beginnst, das Netz deiner persönlichen Geschichte zu entwirren, machst du einen entscheidenden Schritt nach vorne.«

Als Antwort auf eine weitere Frage sagte er, dass die Rekapitulation nie ein Ende habe; sie sollte bis zum Ende unseres Lebens gehen und darüber hinaus.

»Ich strecke jede Nacht meine Fasern aus und erinnere mich, was den Tag über passiert ist. So bleibt die Liste der Ereignisse auf dem Laufenden. Aber einmal im Jahr widme ich mich einer vollständigeren Übung. Dazu ziehe ich mich einige Wochen lang von allem zurück.«

Er warnte uns davor, diese Übung für eine Routine zu halten, nur weil sie täglich durchgeführt werde: »Wenn wir die Ganzheit unserer Energie nicht wiedererlangen, werden wir nie genug Kraft haben, eigene Entscheidungen zu treffen. Es wird immer ein Hintergrundrauschen geben, einen fremden Befehl. Und ohne die Kraft seiner Entscheidungen ist ein Mensch nichts.

Das Wiedererleben von Ereignissen ist deswegen ideal, weil es die Wunden der Vergangenheit heilt und die Energiekanäle freispült. Auf diese Weise bricht man auch die Fixierung, die vom Blick anderer Leute ausgeht. Man deckt die Verhaltensmuster der Menschen auf und kann von niemandem mehr festgenagelt werden. Du wirst wieder ein selbstbestimmtes Wesen und entscheidest selbst, was du aus deinem Leben machen willst.«

Eine andere Frage bezog sich auf den Effekt, den die Rekapitulation auf das Bewusstsein hat. Carlos antwortete, dass die Übung zwei Hauptwirkungen habe: »Der unmittelbare Effekt ist, dass sie unseren inneren Dialog anhält. Wenn ein Krieger fähig ist, seinen inneren Dialog anzuhalten, dann stärkt er die Verbindung zu seiner Energie. Das befreit ihn von der Bindung an die Erinnerungen sowie von der Last der Gefühle und lässt ihm genügend Energie übrig, die er dazu nutzen kann, um die Grenzen seiner Wahrnehmung zu erweitern. Ein Krieger lernt so, die unmittelbare Wirklichkeit zu schätzen und nicht die Interpretation der Realität. Zum ersten Mal kommt er mit dem Konsens der Zauberer in Kontakt, mit einer Beschreibung einer Wirklichkeit, die auf unbegreifliche Weise vollständig ist.

In dieser Phase ist es ganz normal, dass ein Krieger über alles lacht, weil Energie Glücksgefühle mit sich bringt. Dank seiner Rekapitulation ist er glücklich, voller Freude und lebhaft wie ein Kind. Andererseits wird er aber auch zu einer Furcht einflößenden Person, weil das Treffen von Entscheidungen aufgrund seiner vollständigen Leuchtkraft kein Hindernis mehr für ihn darstellt. Er trifft seine Entscheidungen, wann immer er will, und das kann andere Menschen manchmal durchaus erschrecken. Dann braucht ein Krieger eine Extraportion Nüchternheit und geistige Klarheit. Denn ohne sie würde er unnötige Risiken eingehen und sich selbst und andere in Gefahr bringen.

Eine weitere Wirkung der Rekapitulation ist, dass sie eine Einladung an den Geist darstellt. Sie sorgt dafür, dass er zu uns kommen und mit uns leben möchte. Mit anderen Worten: Das Erinnern unserer Vergangenheit ist die wirkungsvollste Methode, unseren physischen Körper und unseren Energiekörper, die lang voneinander getrennt waren, zu vereinigen.«

Er fuhr fort und erklärte, dass ein Zauberer, dem es gelungen sei, den Großteil seiner Energie zu verdichten, in der Lage sei, ein unglaubliches Wahrnehmungsmanöver vorzunehmen: eine Kopie seiner Lebenserfahrung zu erstellen, um dem Tod ein Schnippchen zu schlagen.

»Das ist das eigentliche Ziel der Rekapitulation: die Erschaffung eines Doppels und die Vorbereitung auf den Sprung ins Unvorstellbare.

Man muss kein Zauberer sein, um die Bedeutung all dessen zu verstehen. Mit Schulden zu sterben ist eine traurige Art, die Welt zu verlassen. Aber ein Doppel zu haben, das wir dem Adler anbieten können, garantiert uns, dass wir weitergehen können.

Zauberer kämpfen einen heldenhaften Kampf. Indem sie makellos den Inhalt ihres Lebens rekapitulieren, nehmen sie die Energiefasern, die sie verloren haben, wieder auf und beenden somit die Erschöpfung ihrer Aufmerksamkeit. Ebenso geben sie den Menschen, die sie kannten, deren Aufmerksamkeitsenergie zurück. Auf diese Weise kommen sie in ein Gleichgewicht, das es ihnen erlaubt, die Welt mit ihrer vollständigen Bewusstheit zu verlassen. Ihre Erinnerungen, die jetzt zusammenhängend, geschärft und integriert sind, funktionieren wie ein unabhängiges Wesen und dienen ihnen als Eintrittskarte, die sie im Austausch für ihre Bewusstheit abgeben. Der Adler akzeptiert diese Bemühung als Bezahlung und tritt zur Seite. Unsere Kopie reicht aus, um seine Forderung zu befriedigen.

Die Seher sehen diesen Moment als eine Explosion von Energie, bei der sich die eingeschlossene Bewusstheit des Zauberers mit der Gesamtheit der Emanationen da draußen verbindet und sein Montagepunkt sich wie ein Lichtwirbel in die Unendlichkeit ausdehnt.«

❦ ❧

Auf einem anderen Vortrag sprach Carlos über eine Methode der neuen Seher, die bei der Rekapitulation hilfreich sein kann:

»Eine Aufgabe der Zauberer besteht darin, unentwegt die versteckten Hinweise und Zeichen des Geistes zu analysieren. Zu diesem Zweck führen sie oftmals ein Buch, in dem sie denkwürdige Ereignisse aufzeichnen. Dies ist eine Art Landkarte der Gelegenheiten, bei denen der Geist in ihr Leben eingriff und sie zwang, Entscheidungen zu treffen – freiwillig oder unfreiwillig.«

Er erklärte, dass der Vorteil dieser Technik darin bestehe, dass wir durch das Aufschreiben einen Abstand zu den Dingen und Ereignissen gewinnen und so alles mit größerer Objektivität sehen.

»Es geht nicht darum, unsere täglichen Routinen aufzuschreiben, sondern auf die seltenen Momente aufmerksam zu werden, in denen sich die Absicht manifestiert. Dies sind magische Verbindungen, weil sie zu Veränderungen führen und uns direkt mit dem Sinn unseres Daseins konfrontieren.«

Auf Bitten hin gab er uns einige Beispiele solcher Ereignisse. »Auch wenn die Zeichen des Geistes eine höchstpersönliche Angelegenheit sind, gibt es auch Ereignisse, die das Leben des Menschen im Allgemeinen prägen, wie Geburt, Berufswahl, sein Schicksal mit dem einer anderen Person zu verbinden, Kinder zu haben oder Krankheiten und schwere Unfälle, die eine Verbindung mit dem Tod herstellen. Für diejenigen, die das Glück haben, die Führung des Geistes in Gestalt eines Nagual zu finden, ist das zweifellos das denkwürdigste Ereignis von allen.

Die Interventionen der Absicht sind Vorläufer, es sind Erinnerungen, die eine große Bedeutung für einen Krieger haben, und sie können als Bezugsrahmen genutzt werden, von dem aus man aufbrechen kann, um die Episoden der persönlichen Geschichte zu erforschen. Man muss Schnelligkeit und Klarheit besitzen, um sie auszuwählen und zu erkennen, damit man das Individuelle herausfiltern kann und am Ende nur die magische Essenz übrig bleibt. Auf diese Weise verwandeln sich die Erinnerungen in das, was die neuen Seher die ›Abstrakten Kerne der Wahrnehmung‹ nennen, in die Matrix der Absicht, die ein Krieger entschlüsseln muss.«

7

Die Schwelle der Stille

Carlos' Verhalten war unvorhersehbar. Manchmal kam er pünktlich zu Verabredungen, manchmal kam er Stunden zu spät. Dies hatte seine Vorteile: Die weniger Interessierten gingen wieder und die wirklich Interessierten durften sich in Geduld üben.

An diesem Nachmittag fand das Treffen an der Universität von Mexiko statt. Und gleich zu Beginn stellte jemand die Frage, ob Carlos an Gott glaube. Carlos bat uns, seine Worte nicht mit einer religiösen Botschaft zu verwechseln.

»Zauberer halten sich an ihre Erfahrungen«, erklärte er. »Sie haben ›Glauben‹ durch ›Sehen‹ ersetzt. Sie sprechen vom Geist, nicht weil sie an ihn glauben, sondern weil sie ihn gesehen haben. Jedoch sehen sie ihn nicht als einen liebevollen Vater, der von oben aus über uns wacht. Für sie ist der Geist etwas viel Direkteres und Unmittelbares: ein Bewusstseinszustand, der die Vernunft übersteigt.

Alles, was unsere Sinne erreicht, ist ein Zeichen. Man braucht Schnelligkeit, um den Verstand zum Schweigen zu bringen, damit man die Botschaften verstehen kann. Auf diese Art und Weise spricht der Geist mit einer sehr klaren Stimme zu uns.«

Einer der Anwesenden meinte, dass die Vorstellung, dem Geist zuzuhören oder mit ihm zu sprechen, einen überaus religiösen Beigeschmack habe. Selbst wenn man es nur als Metapher auffasse.

Aber Carlos blieb unnachgiebig, was seine Definition anbetraf: »Diese Stimme ist keine Metapher! Sie ist real! Manchmal spricht sie zu uns mit Worten, ein anderes Mal flüstert sie oder lässt eine Szene wie in einem Film vor unseren Augen ablaufen. Auf diese Weise übermittelt uns der Geist seine Befehle. Diese kann man in einem einzigen Ausdruck zusammenfassen: ›Absicht, Absicht!‹

Die Stimme des Geistes spricht gleichermaßen zu jedem Menschen, doch wir bemerken es nicht. Anstatt still zu lauschen, sind wir so mit unseren Gedanken beschäftigt, dass wir allen möglichen Ausflüchten und Täuschungen den Vorzug geben. Diese Stimme existiert, um uns daran zu erinnern.«

Er wurde gefragt, was diese uns erinnernde Stimme sei.

Carlos antwortete: »Sie ist eine Ressource unserer Aufmerksamkeit, ein Weg, andere Ebenen der Bewusstheit zu erreichen. Wir können beinahe alles verwenden, um uns auf den Geist einzustimmen, weil der Geist letztlich hinter allem steht, was existiert. Aber bestimmte Dinge ziehen uns mehr an als andere.

Meist benutzen Menschen Gebete, Amulette oder ausgefallene private und kollektive Rituale. Die alten Zauberer waren anfällig für Mystizismus: Sie nutzten Astrologie, Orakel, Beschwörungen, magische Stäbe und einfach alles, was die Wachsamkeit des Verstandes täuschen konnte. Für die neuen Seher sind diese Hilfsmittel nutzlos, da sie eine Gefahr in sich bergen: Sie lenken die Aufmerksamkeit ab. Anstatt sich auf die direkte Verbindung zum Geist zu konzentrieren, wird man abhängig von Symbolen. Die heutigen Krieger bevorzugen daher weniger pompöse Methoden. Don Juan empfahl uns, innere Stille einfach direkt zu beabsichtigen.«

Er unterstrich seine Worte, indem er die Zauberei als die Kunst der Stille bezeichnete. »Stille ist das Tor zwischen den Welten. Wenn unser Geist still ist, werden unvorstellbare Aspekte unseres Seins sichtbar. Von diesem Moment an wird eine Person ein Vehikel der Absicht und all ihre Handlungen strahlen Kraft aus.

Während meiner Lehrzeit zeigte mir mein Wohltäter unerklärliche Kunststücke, die mir immer wieder Angst einjagten. Gleichzeitig weckten sie meinen Ehrgeiz. Ich wollte genauso mächtig sein, wie er es war! Ich fragte ihn häufig, wie ich seine Tricks lernen könne, aber er legte nur einen Finger auf seine Lippen und starrte mich an. Ich brauchte Jahre, um die großartige Lektion, die in dieser wortlosen Antwort steckte, zu begreifen. Der Schlüssel zur Zauberei ist Stille.«

Jemand der Anwesenden bat ihn, dieses Konzept zu erläutern.

»Es ist nicht näher zu erklären«, sagte er. »Wenn man es praktiziert, nimmt man es wahr. Wenn man aber versucht, es zu verstehen, blockiert man es. Betrachtet es nicht als schwierig oder kompliziert, es ist nichts, was aus einer anderen Welt stammt. Es bedeutet lediglich, den Geist zum Schweigen bringen. Stille ist wie ein Dock, an dem Schiffe anlegen. Wenn das Dock besetzt ist, gibt es keinen Platz für etwas Neues. So sehe ich die Sache. Aber in Wahrheit weiß ich nicht, wie ich darüber reden soll.«

Er erklärte, dass innere Stille nicht bloß die Abwesenheit von Gedanken sei. Eher gehe es um den Verzicht auf Beurteilungen. Es gehe um das Bezeugen und nicht um das Interpretieren.

In der für Zauberer typischen widersprüchlichen Art erklärte er: »In die Stille einzutreten bedeutet zu lernen, ›wie man ohne Worte denkt‹. Für viele von euch macht das keinen Sinn, weil ihr daran gewöhnt seid, alles durch euren Verstand bewerten zu lassen. Die Ironie liegt darin, dass unsere Gedanken nicht einmal unsere eigenen sind. Sie tönen durch uns hindurch – und das ist etwas ganz anderes. Seit wir den Gebrauch des Verstandes erlernt haben, drängen sie sich uns auf. Und es endete damit, dass wir uns an sie gewöhnt haben.

Wenn ihr den Verstand fragt, wird er euch erzählen, dass die Ziele der Zauberer Unsinn sind, weil sie sich nicht rational beweisen lassen. Aber anstatt euch zu raten, diese Ziele ernsthaft zu prüfen, befiehlt euch der Verstand, euch hinter einer soliden Wand aus Interpretationen zu verstecken. Wenn ihr also eine wirkliche Chance haben wollt, dann gibt es nur eine Möglichkeit: Ihr müsst euch vom Verstand abkoppeln! Freiheit erreicht man, ohne nachzudenken.

Ich kenne Menschen, die ihren inneren Dialog anhalten können und nicht mehr interpretieren. Sie sind reine Wahrnehmung. Sie sind nie enttäuscht und bedauern nichts, weil all ihre Handlungen aus dem Zentrum für Entscheidungen hervorgehen. Sie haben gelernt, ihren Verstand zu beherrschen und leben in einem echten Zustand von Freiheit.«

Er fuhr fort und erklärte, dass Stille unser natürlicher Zustand sei. »Wir wurden aus der Stille geboren und werden dorthin zurückkehren. Was uns vergiftet, sind all die überflüssigen Vorstellungen, die durch uns hindurchsickern, weil der kollektive Lebensstil es uns so vorschreibt.

Unsere Verwandten, die Primaten, haben tief verwurzelte soziale Gewohnheiten, die das Ziel verfolgen, Spannungen in der Gruppe zu reduzieren. So verbringen sie zum Beispiel viel Zeit mit gegenseitigen Liebkosungen; sie beschnüffeln sich und suchen sich gegenseitig die Läuse aus dem Fell.

Dies sind genetisch bedingte Verhaltensweisen, die sich nicht beseitigen lassen. Sie sind in jedem von uns vorhanden, in mir und in euch. Die Menschen haben gelernt, diese Primaten-Gewohnheiten durch den Austausch von Worten zu ersetzen. Immer, wenn sich die Gelegenheit bietet, beruhigen wir uns gegenseitig dadurch, dass wir über irgendetwas reden. Nach Jahrtausenden des Zusammenlebens haben wir diesen Austausch der Worte bis zu einem Punkt verinnerlicht, dass wir immerzu mit uns selbst reden, sowohl im Wach- als auch im Schlafzustand.

Don Juan hat immer wieder darauf hingewiesen, dass wir Raubtiere sind, die durch Domestizierung in Grasfresser verwandelt wurden. Wir verbringen unser Leben damit, eine endlose Liste von Meinungen zu allem und jedem von uns zu geben. Wir empfangen Gedanken in Bündeln; jeder Gedanke verbindet sich mit anderen Gedanken, bis unser ganzer Kopf mit Gedanken vollgestopft ist. Dieser innere Lärm ist vollkommen nutzlos, weil er einzig und allein der Erhöhung des Ego dient.

Weil diese Auffassung alles infrage stellt, was uns seit unserer Kindheit beigebracht wurde, sollte die Stille in einer kämpferischen Geisteshaltung angegangen werden. Gegenwärtig habt ihr einen großen Vorteil: die Erfahrungen der Pirscher. Die heutigen Zauberer empfehlen, durch die Welt zu gehen, ohne Aufmerksamkeit zu erregen, und alles gleich zu behandeln. Ein Pirscher ist stets Herr der Situation – was immer auch geschieht, denn das Handeln, ohne zu denken, direkt aus dem Zentrum für Entscheidungen heraus, hat etwas schrecklich Effektives.«

Carlos wurde gebeten, praktische Übungen zu nennen, um Stille zu erreichen. Er antwortete, dass dies eine sehr persönliche Angelegenheit sei, weil die Quellen des inneren Dialogs durch unsere persönliche Geschichte gespeist würden.

»Dennoch haben die Zauberer durch Jahrtausende praktischer Erfahrung herausgefunden, dass wir alle sehr ähnlich sind. Und dass es Situationen gibt, die jedem von uns Stille bringen. Mein Lehrer zeigte mir verschiedene Techniken, um meinen Geist zur Ruhe zu bringen. Im Grunde kann man sie alle auf eine einzige reduzieren: Absicht. Stille wird einfach beabsichtigt, indem man sie rücksichtslos beabsichtigt. Man muss darauf beharren, wieder und wieder. Es geht aber nicht darum, die Gedanken zu unterdrücken. Eher darum zu lernen, wie man sie kontrollieren kann.

Stille beginnt mit einem Befehl, einem Akt des Willens, der zum Befehl des Adlers wird. Aber wir müssen immer Folgendes im Auge behalten: Solange wir uns die Stille quasi aufzwingen, haben wir nicht wirklich etwas erreicht, sondern leben im Zwang. Wir müssen lernen, unseren Willen in Absicht zu verwandeln.

Stille ist ruhig, sie bedeutet nachzugeben und sich selbst loszulassen. Sie schafft eine Empfindung der Abwesenheit, so ähnlich wie ein Kind empfindet, das ins Feuer starrt. Ist es nicht wunderbar, sich an dieses Gefühl zu erinnern und zu wissen, dass es wieder wachgerufen werden kann?

Stille ist die Grundvoraussetzung für diesen Weg. Ich habe viele Jahre gekämpft, um sie zu erreichen. Doch alles, was passierte, war, dass ich mich völlig in meine vergeblichen Versuche verstrickte. Zusätzlich zu den gewohnten Selbstgesprächen in meinem Kopf warf ich mir vor, dass ich nicht fähig sei, zu verstehen, was Don Juan von mir erwartete. Das alles änderte sich eines Tages. Während ich geistesabwesend einige Bäume betrachtete, stürzte sich die Stille wie ein wildes Tier auf mich, hielt meine Welt an und schleuderte mich in einen paradoxen Zustand. Dieser Zustand war neu und gleichzeitig wohlbekannt.

Die Technik der Beobachtung – das heißt die Betrachtung der Welt ohne vorgefasste Ideen – funktioniert sehr gut mit den Elementen. Beispielsweise mit Feuer, fließendem Wasser, Wolkenformationen oder dem Sonnenuntergang. Die neuen Seher nannten dies ›die Maschine täuschen‹, weil es darauf hinausläuft zu lernen, wie man eine neue Beschreibung beabsichtigt.

Wir müssen mutig kämpfen, um dies zu erreichen. Doch wenn es geschehen ist, dann erhält sich der neue Bewusstseinszustand ganz von allein. Man hat einen Fuß in der Tür, die Pforte ist also offen. Dann geht es nur noch darum, genug Energie zu sparen, um durch die Pforte auf die andere Seite zu gehen.

Es ist wichtig, dass unsere Absicht intelligent ist. Die Anstrengung, die man machen muss, um Stille zu erreichen, ist nutzlos, wenn wir nicht zuerst Bedingungen schaffen, die es uns erlauben, die Stille aufrechtzuerhalten. Deshalb übt ein Krieger sich nicht nur in der Beobachtung der Elemente. Er muss außerdem etwas sehr Einfaches und doch Schwieriges tun: sein Leben in Ordnung bringen.

Wir leben innerhalb einer Intensitätskette, die wir ›Zeit‹ nennen. Da wir deren Quelle nicht sehen können, denken wir unaufhörlich an ihr Ende. Wenn wir jung sind, glauben wir, dass wir ewig leben. Wenn wir alt werden, beschweren wir uns über die ›vergeudete Zeit‹. Doch das ist eine Illusion, die Zeit wird nicht vergeudet, wir vergeuden uns selbst!

Die Vorstellung, dass wir Zeit haben, ist ein Missverständnis, das dazu führt, dass wir Energie damit vergeuden, dass wir alle möglichen Verpflichtungen eingehen. Wenn man mit der inneren Stille verbunden ist, dann bekommt die eigene Zeit eine andere Wertigkeit. Deswegen kann man sie auch folgendermaßen definieren: Stille ist das intensive Gewahrsein der Gegenwart.

Eine unfehlbare Methode, um Stille zu erlangen, ist Nicht-Tun. Das sind Aktivitäten, die den Vorteil haben, dass sie unsere Gedanken zum Schweigen bringen, sobald sie in Gang kommen. Don Juan nannte diese Art von Techniken ›einen Dorn mit einem anderen Dorn entfernen.‹«

Er gab uns einige Beispiele für Nicht-Tun. Im Dunkeln lauschen ändert die Rangfolge unserer Sinnesorgane und setzt den Befehl außer Kraft, der uns veranlasst einzuschlafen, sobald wir unsere Augen schließen. Weitere Beispiele waren: mit Pflanzen sprechen, auf dem Kopf stehen, rückwärtsgehen, Schatten beobachten, den Zwischenraum zwischen den Blättern von Bäumen beobachten und so weiter.

»Alle diese Aktivitäten sind überaus wirkungsvoll, um unseren inneren Dialog zum Stillstand zu bringen, aber sie haben einen Makel: Wir dürfen sie nicht zu lange praktizieren. Ein Nicht-Tun, das übertrieben wird, verliert automatisch seine Kraft und wird ein Tun, also zur Routine.

Wenn es unser Ziel ist, tiefe Stille dauerhaft anzusammeln, dann besteht das beste Nicht-Tun im Alleinsein. Dies ist das dritte praktische Prinzip des Weges. Die anderen sind Energiesparen und denjenigen aus dem Weg gehen, die uns als ›Fakt‹ betrachten. Die Welt eines Kriegers ist eines der einsamsten Dinge, die es gibt. Selbst wenn sich einige Lehrlinge zusammenschließen, um gemeinsam auf dem Weg der Kraft zu reisen, weiß jeder von ihnen, dass er allein ist. Er weiß, dass er von den anderen nichts erwarten kann und dass er nicht von ihnen abhängig ist. Er teilt lediglich seinen Weg mit denen, die ihn begleiten.

Um allein zu sein, bedarf es großer Anstrengungen, weil wir nicht gelernt haben, wie man die genetisch bedingte Veranlagung zur Gruppenbildung überwinden kann. Am Anfang wird ein Lehrling durch den Lehrer dazu gezwungen, notfalls durch Tricks. Aber mit der Zeit lernt der Lehrling, das Alleinsein zu genießen. Für Zauberer ist es normal, dass sie in der Einsamkeit der Berge oder in der Wüste Stille suchen. Ebenso leben sie über lange Zeiträume allein.«

Jemand bemerkte, dass dies eine »schreckliche Aussicht« sei.

Carlos antwortete: »Schrecklich ist es, unsere Zeit bis ins hohe Alter als heulende Kinder zu verbringen! Es ist eine Ironie unserer heutigen Zeit, dass wir uns trotz zunehmender Kommunikation immer einsamer fühlen. Der normale Mensch führt ein erschütternd einsames Leben. Er sucht nach Gemeinschaft, kann sich aber selbst nicht finden. Seine Liebe wurde nicht erwidert, seine Träume sind reine Fantasie. Seine natürliche Wissbegier wurde zu einer rein persönlichen Angelegenheit, und geblieben sind ihm nur seine Anhaftungen.

Die Einsamkeit eines Kriegers ist ganz anders. Sie ist wie der Rückzugsort von zwei Liebenden. Ein Ort, an den man sich zurückzieht, um Gedichte für seine Angebetete zu schreiben. Die Liebe eines Kriegers ist überall, weil sie die Erde ist, auf der er für eine kurze Zeit wandert. Wo immer ein Krieger auch hingeht, gibt er sich seiner Liebe hin. Selbstverständlich gibt es Zeiten, in denen er sich von der Welt fernhält; innere Stille erfordert das Alleinsein.«

Carlos fuhr fort und erzählte, dass die Zauberer der alten Zeiten ihren inneren Dialog mithilfe von Kraftpflanzen anhielten. Die heutigen Krieger hingegen bevorzugten weniger risikoreiche und besser kontrollierbare Bedingungen.

»Dasselbe Ergebnis, das sich durch die Einnahme von Kraftpflanzen einstellt, erreicht man auch, wenn man mit dem Rücken zur Wand steht. Wenn wir uns in extremen Situationen befinden, wie Gefahr, Angst, sensorische Überlastung, Aggressionen, dann wacht etwas anderes in uns auf und übernimmt die Kontrolle. Der Geist wird wachsam und das innere Geschnatter verstummt. Das vorsätzliche Herbeiführen solcher Situationen nennt man ›Pirschen‹.

Allerdings ist die bevorzugte Methode eines Kriegers die Rekapitulation. Sie hält den inneren Dialog auf natürliche Weise an. Den meisten Zündstoff für unsere Gedanken bieten unerledigte Angelegenheiten, Erwartungen und die Verteidigung des Ich. Es sehr schwer, jemanden zu finden, der einen aufrichtigen inneren Dialog führt. Gewöhnlich verstecken wir unsere Frustration und gehen in das andere Extrem: Der Inhalt unserer Gedanken verwandelt sich in eine Ode an das ›Ich‹.

Die Rekapitulation macht mit all dem Schluss. Nach einer Weile fortgesetzten Bemühens kristallisiert sich etwas im Innern. Der innere Dialog wird zusammenhanglos und unangenehm. Das einzige Heilmittel ist, ihn anzuhalten. In dieser Phase ist ein Lehrling einem wahren Kreuzfeuer ausgesetzt: auf der einen Seite die Homogenisierung seines Montagepunkts und auf der anderen Seite enorme Wellen der Stille, die gegen seinen Verstand schlagen und ihn in Stücke brechen.

Wenn die Stetigkeit des inneren Dialoges gebrochen ist, verwandelt sich die Welt und wird etwas völlig Neues. Die Welle von Energie aus der Stille wirkt wie ein unerträgliches Vakuum, das uns den Boden unter den Füßen wegzieht. Es kann daher vorkommen, dass ein Krieger Jahre in einem instabilen Geisteszustand verbringt. Das Einzige, was ihm in dieser Zeit Erleichterung bringt, ist das klare Wissen um sein Ziel. Unter keinen Umständen darf er die Aussicht auf Freiheit aus den Augen verlieren. Auch wenn der innere Dialog verstummt, verliert ein makelloser Krieger nie seine geistige Gesundheit.

Wenn man diese Techniken praktiziert, kann es allerdings vorkommen, dass unser Verstand erschrickt und eine Stimme, die nicht unsere eigene ist, beginnt uns Dinge zuzuflüstern. Das ist normal und kein Grund, sich zu fürchten. Der betreffende Krieger wird nicht verrückt, sondern macht Bekanntschaft mit dem Konsens der Zauberer.«

Jemand wollte von Carlos wissen, ob die Bewegung des Montagepunkts die innere Stille anziehe.

Er antwortete: »Das Gegenteil ist der Fall. Die innere Stille induziert Verschiebungen des Montagepunkts. Wenn einmal eine bestimmte Schwelle erreicht ist, kann die Stille den Montagepunkt von allein bewegen, vorher jedoch nicht.«

Er erklärte, dass die Kraft des kollektiven Konsenses eine gewisse Trägheit erzeuge, die von Person zu Person verschieden ausfalle, entsprechend ihrem Energiezustand. Der Widerstand gegen die Weltbeschreibung könne von wenigen Sekunden bis zu einer Stunde oder mehr andauern. Aber er dauere nicht ewig. Das Überwinden dieser Barriere durch fortgesetztes Beabsichtigen nennen die Zauberer »die Schwelle der Stille erreichen«.

»Den Bruch spürt man körperlich, als ein Knacken an der Schädelbasis oder als Klang einer Glocke. Dann kommt es nur noch darauf an, wie viel Kraft man angesammelt hat. Manche Menschen halten ihren inneren Dialog für einige Sekunden an und beginnen sofort, sich zu fürchten. Sie beginnen darüber nachzudenken oder sich selbst zu beschreiben, was sie empfinden. Andere lernen, wie sie Stunden oder Tage in diesem Zustand verweilen können, und nutzen ihn sogar für sinnvolle Aktivitäten. Ein Beispiel hierfür sind die Bücher, die ich auf Don Juans Geheiß geschrieben habe. Ich habe sie aus meiner inneren Stille heraus geschrieben. Erfahrene Zauberer können aber noch weiter gehen: Sie können die andere Welt in einer festen Form betreten.

Ich habe einen Krieger kennengelernt, der fast ständig dort lebte. Wenn ich ihn etwas fragte, antwortete er immer, indem er mir beschrieb, was er sah, ohne sich darum zu kümmern, ob seine ›Antwort‹ zu meiner Frage passte. Er lebte jenseits meiner Syntax. Von meinem Lehrlings-Standpunkt aus gesehen, war er natürlich verrückt!

Trotz des undefinierbaren Wesens der inneren Stille können wir sie doch anhand ihrer Auswirkungen messen. Und die ultimative Wirkung, nach der die Zauberer mit so großem Eifer streben, ist, dass sie uns mit der überwältigenden Dimension unseres Seins in Einklang bringt, in der wir Zugang zu unmittelbarem und totalem Wissen haben, welches nicht aus rationalen Erklärungen besteht, sondern aus Gewissheiten. Alte Traditionen beschreiben diesen Zustand als ›Himmlisches Königreich‹. Zauberer geben ihm einen weniger persönlichen Namen: ›stilles Wissen‹.

Man kann sagen, dass jemand, der die Stille beherrscht, sein Bindeglied zum Geist gereinigt hat. Auf ihn strömt die Kraft hinab wie Regen. Ein Fingerschnippen und Peng! die Welt ist eine andere. Don Juan nannte diesen Zustand ›den tödlichen Salto des Denkens‹, weil wir in der Alltagswelt beginnen, aber nie dorthin zurückkehren.«

❦

Carlos' Vorträge übten eine fremdartige und überaus starke Faszination auf mich aus. Die bloße Vorstellung, eine dieser Gelegenheiten zu verpassen, war unerträglich. Als ich dies ihm gegenüber erwähnte, meinte er: »Du hast bereits angebissen! Don Juan animierte jeden in seiner Umgebung stets dazu, eine romantische Beziehung mit dem Wissen einzugehen.«

Ich fragte ihn, was er damit meine.

»Es ist eine reine Sehnsucht nach dem Wissen«, sagte er. »Sich nicht apathisch zu fühlen, sondern lebhaft daran interessiert zu sein, was der Geist einem mitteilen will, ohne etwas vom ihm zu erwarten. Eine leidenschaftliche Romanze mit dem Wissen ist das Einzige, was uns die Kraft geben kann, nicht zu zögern, wenn die Zeichen in Richtung des Unbekannten weisen.

Wenn der Weg eines Kriegers nicht länger menschlichen Erwartungen entspricht, wenn er in Situationen kommt, die seinem Verstand trotzen, dann hat er tatsächlich begonnen, eine innige Beziehung mit dem Wissen zu führen.

Du hattest das außerordentliche Glück, dass dein innerer Dialog für einen Augenblick still wurde und es der Kraft erlaubte, mit einem Zeichen auf dich hinzuweisen. Aber das ist nicht genug. Deine Aufgabe ist es nun, dich auf ihre Botschaft einzustimmen, damit dein Leben das eines Kriegers wird. Von jetzt an musst du daran arbeiten, ein echtes und reines Band zur Unendlichkeit zu knüpfen.«

Teil 2

Kriegergespräche

1.1

Übersättigung mit Konzepten

Einmal erzählte ich Carlos, wie schwierig es für mich sei, die Axiome der Zauberei zu verstehen. Ich bat ihn, mir einige Definitionen zu geben, an denen mein Verstand sich orientieren könne. Er entgegnete, dass dies weder möglich noch nützlich sei, weil er nicht in der Realität des normalen Konsenses lebe.

»Ich verstehe mich ja nicht mal selbst«, versicherte er mir ernsthaft.

Er beharrte darauf, dass »zu verstehen« bedeute, dass wir unsere Aufmerksamkeit auf einen bestimmten Punkt fixierten, von dem aus Dinge erklärt werden könnten. Je mehr dieser Punkt von der Allgemeinheit akzeptiert werde, desto wahrer erscheine uns die Erklärung.

»Doch das Universum ist nicht vernünftig, seine Essenz liegt jenseits aller Beschreibungen. Sicherheit und ›Common Sense‹ sind Inseln, die in einem bodenlosen Meer schwimmen. Wir klammern uns lediglich aus Furcht an ihnen fest.

Wenn du auf dem Weg des Wissens fortschreitest, wirst du schon bald entdecken, dass Erklärungen Placebos sind. Sie leisten niemals das, was sie versprechen. Für jedes Ding, das erklärt wird, gibt es einen Rattenschwanz von Ausnahmen. Tatsächlich verstehen wir nie etwas. Wahres Lernen geschieht auf der physischen Ebene und wir verstehen erst nach Jahren des Kampfes. Das ist das Wesen der Lektionen des Nagual.

Dennoch haben Zauberer herausgefunden, dass es möglich ist, etwas zu verstehen, ohne nachzudenken und rational zu urteilen – und zwar in der gelebten Praxis. Eine Stunde Praxis kann Jahre der Erklärungen vom Tisch wischen. Denn dort gibt es echte Ergebnisse und die bleiben dir ein Leben lang erhalten. Wenn du dich in einen Zeugen der Kraft verwandelst, dann wird die zwanghafte Besessenheit deines Verstandes, der sich für alles zuständig fühlt, verschwinden. Anstelle dessen wird in dir der kindliche Geist von Abenteuerlust und Entdeckerfreude neu geboren werden. In diesem Zustand denkst du nicht mehr, du handelst einfach.«

Dann fragte er mich, wie aufrichtig mein Interesse am Wissen der Zauberer des alten Mexiko sei. Ich versicherte ihm, dass er keinerlei Zweifel an meiner Ernsthaftigkeit haben müsse. Ich sei bereit, jede Anstrengung auf mich zu nehmen, solange ich nicht gegen meine Grundsätze von Ehrlichkeit und Nächstenliebe verstoßen müsse.

Er schüttelte mir überschwänglich die Hand. »Du bist der ideale Kandidat!«, rief er aus, wobei ich mir nicht sicher war, ob er dies ernst meinte oder ob er scherzte. Zu meiner Überraschung bestätigte er mir, dass meine Prinzipien – die nicht meine, sondern die eines jeden intelligenten und normalen Menschen seien – eine gute Grundlage darstellten.

»Diese Prinzipien sind die Basis, von der du ausgehen musst. Jetzt musst du sie nur noch in unbeugsame Absicht verwandeln. Denn solange sie nur ›gute Vorsätze‹ bleiben, werden sie dir nichts nützen.« Nach einer Pause fügte er hinzu: »Ich kann dir helfen, die Glaubenssätze der Seher des alten Mexiko zu begreifen – und zwar durch eine Kombination von Studium und praktischer Erfahrung.«

Er fasste mein Schweigen als Zustimmung auf und begann, mir ein praktisches Programm zu beschreiben, das ich in meinen Alltag einbauen sollte. Als Basis dienten drei Punkte: das Anhalten des inneren Dialogs mithilfe reiner Absicht, das Verdichten meiner Energie durch eine Neuorganisation meines Lebensstils und das Auflösen meiner geistigen Grenzen, um zu »träumen«. Er meinte, dieses Programm sei dazu gedacht, mir zu helfen, mich von der kollektiven Fixierung zu lösen und mich zu ermutigen, mich durch entsprechendes Handeln den Axiomen der Zauberer zu verpflichten.

Ich akzeptierte seinen Vorschlag und bereitete mich darauf vor, ihm zuzuhören. Aber Carlos war alles andere als ein guter Lehrer. Als ich seine Bücher las, konnte ich jederzeit eine Pause einlegen, einen Satz nochmals lesen oder das Lesen auf später verschieben. Aber in seiner Gegenwart fühlte ich mich durch seine Ungeduld und die Sturzflut von Worten überwältigt. Auch hatte ich den Eindruck, dass er auf jede nur erdenkliche Weise verhindern wollte, dass sich eine menschliche Beziehung zwischen uns entwickelte.

Als ich ihn darauf hinwies, dass seine Methode nicht funktioniere, erklärte er mir, dass er bewusst eine bestimmte Jagd-Strategie verfolge. Offensichtlich pirschte er die Gewohnheiten meines Verstandes durch etwas an, das er »Übersättigung mit Konzepten« nannte. Ich fragte, was damit gemeint sei, und er erklärte:

»Der Verstand wird übersättigt, wenn man ihm mehr Inhalt aufbürdet, als er verarbeiten kann. Don Juan sagte, dass fremdartige Konzepte wie die der Zauberer so oft und so lange wiederholt werden sollten, bis Müdigkeit eintritt. Auf diese Weise werden sie fest in unsere Bewusstheit integriert, während der Verstand durch eine Vielzahl trivialer Sachverhalte abgelenkt ist.

Wenn wir mit den Lehren der Zauberer konfrontiert werden, dann ist da etwas, das uns erschreckt, selbst wenn wir es nicht wollen. Und das liegt daran, dass wir zwanghaft alles, womit wir konfrontiert werden, bewerten. Wenn der Gegenstand dieser Analyse eine irrationale Behauptung ist, dann erfordert es eine Menge Kraft, keine voreingenommene Haltung einzunehmen.

Wenn du die magische Seite der Welt kennenlernen willst, dann sei unerbittlich in Bezug auf deinen Verstand. Lass nicht zu, dass er einen bequemen Weg einschlägt; gehe mit deinen rationalen Gedanken bis an ihre Grenze, bis zu dem Punkt, an dem sie zusammenbrechen. Unter diesen Umständen hat dein Verstand zwei Möglichkeiten: Er baut sich entweder selbst wieder auf und zwingt dich, deine Lehrzeit abzubrechen, oder er lässt dich in Ruhe.«

1.2

Ein Inventar von Glaubenssätzen

»Wie kommst du mit deiner Rekapitulation voran?« Die Frage traf mich völlig unvorbereitet. Ich antwortete, dass ich noch nicht damit begonnen habe, weil ich auf günstigere Umstände warte.

Carlos warf mir einen ernsten, fast vorwurfsvollen Blick zu und bemerkte, dass für Zauberer die Gesamtheit ihres Weges im allerersten Schritt zusammengefasst werden könne. »Das bedeutet, dass die idealen Bedingungen im Hier und Jetzt liegen.«

Mit etwas milderer Stimme räumte er ein: »Dies passiert jedem am Anfang. Unser eigenes Leben zu beobachten ist eine aufwühlende Angelegenheit. Es macht uns Angst, den Dingen auf den Grund zu gehen, und so ist es natürlich einfacher, die Rekapitulation vor sich herzuschieben. Aber wenn wir beharrlich mit der Überprüfung unseres Lebens fortfahren, entdecken wir, dass das, was wir bis jetzt für klare und korrekte Wege des Denkens hielten, eigentlich Implantate sind.

Die Ideen, von denen wir abhängig sind, stellen die undurchdringlichste Materie innerhalb unseres mentalen Unrats dar. Im Allgemeinen entstehen sie aus Fehlern in der Syntax. Ändert sich die Art, in der wir sprechen, verlieren diese Ideen ihren Sinn und werden durch neue ersetzt. Deshalb gibt es auch so viele verschiedene Glaubenssysteme auf der Welt.

Im Zentrum des stillen Wissens sind wir uns dessen bewusst. Deshalb sind wir auch so selten bereit, unseren Glaubenssätzen entsprechend zu handeln. Wir verbringen ein ganzes Leben damit, von Nächstenliebe zu reden und davon, die andere Wange hinzuhalten. Aber wer wagt es schon, dies wirklich zu praktizieren? Hier sind auch die Motive für Religionskriege zu suchen, in denen sich die Menschen gegenseitig umbringen, weil sie den Namen Gottes unterschiedlich aussprechen. Zauberer wissen, dass Glaubenssätze, die auf Ideen basieren, falsch sind.«

Er erklärte mir, dass der Ausgangspunkt unserer Überzeugungen meist eine Behauptung sei, die uns in der Kindheit im Befehlston oder im Brustton der Überzeugung vermittelt wurde, und zwar noch bevor wir ein eigenes Inventar aus eigenen Erfahrungen hatten, auf das wir vergleichend hätten zurückgreifen können. Glaubenssätze könnten aber auch die Folge der massiven und unterschwelligen Propaganda sein, der die moderne Menschheit ausgesetzt sei. Oft sei auch ein plötzlicher und heftiger Emotionsschub die Ursache von Überzeugungen, etwa wenn jemand sich von religiöser Hysterie übermannen lasse. Die Beschaffenheit solcher Glaubenssätze sei rein assoziativ.

»Im Kern all unserer Handlungen, Bräuche oder Reaktionen findet sich ein verborgener Glaubenssatz. Deswegen besteht die erste Aufgabe auf dem Weg des Wissens darin, ein Inventar all der Dinge zu erstellen, an die wir glauben.«

Er schlug vor, dass ich mir ein Notizbuch für diese Aufgabe anschaffen sollte, in das ich dann alle meine Glaubenssätze schreiben könne. Er versicherte mir, dass mir dies helfen würde, eine Landkarte meiner Motive und Anhaftungen zu erstellen.

»Konzentriere dich immer auf den Ursprung deiner Glaubenssätze und unterziehe jeden einzelnen einer gründlichen Analyse. Stelle fest, wann und warum er entstanden ist, was vorher da war, wie du dich gefühlt hast und wie sich dein Glaube über die Jahre verändert hat. Es geht nicht darum, irgendetwas zu beurteilen oder zu rechtfertigen, sondern darum, Klarheit zu gewinnen. Diese Übung nennt man ›den Glaubenden anpirschen.‹«

Er sagte mir voraus, dass ich durch diese Übung von meinen Überzeugungen aus zweiter Hand befreit würde, und betonte noch einmal, dass in der Welt der Zauberer nur die unmittelbare Erfahrung, das heißt die Resultate eigener Experimente zählten.

1.3

Glauben, ohne zu glauben

Ich nahm die Herausforderung an, weil ich die Übung harmlos fand. Für einige Wochen beschäftigte ich mich damit, alles zu sichten, womit ich mich mental identifizierte. Ich hoffte, dass sich mein Inventar als eine einfache und klare Angelegenheit herausstellen würde, doch schon bald musste ich überrascht feststellen, dass eine endlose Reihe von Gedankenmustern sichtbar wurde, die mitunter in Widerspruch zueinander standen.

So lautete zum Beispiel einer meiner Glaubenssätze, dass nur jene Dinge als »wahr« gelten durften, die bewiesen werden konnten. Gleichzeitig gab es einen anderen Glaubenssatz, der von der Existenz einer höheren Wirklichkeit ausging, von einem göttlichen Wesen, das jenseits aller Erfahrung existierte. Wie sehr ich mich auch bemühte, ich konnte diesen Widerspruch nicht auflösen.

Auch im Bereich jenseits klassischer Glaubenssätze erlebte ich Überraschungen. Es war für mich zum Beispiel sehr unangenehm, zu entdecken, dass ein simpler Satz ein ganzes Gebiet gewaltiger Möglichkeiten blockiert hatte. Ich untersuchte, warum es mir nicht ernsthaft möglich war, Carlos' Behauptung zu akzeptieren, dass man durch das »Träumen« Zugang zu anderen realen und vollständigen Welten bekommen kann. Dann erinnerte ich mich, dass meine Mutter mir als Kind, als ich Albträume hatte, eine Kindergeschichte erzählte, die folgendermaßen endete: »Träume sind nur Träume.«

Als ich Carlos traf, berichtete ich ihm detailliert über das Ergebnis meiner Untersuchungen. Er meinte, dass es genug sei und dass ich genügend Material gesammelt hätte, um den zweiten Teil der Übung anzugehen. Er schlug vor, dass ich die wichtigsten Glaubenssätze, die als Grundlage für alle anderen dienten, heraussuchen und vorübergehend aufhören sollte, an sie zu glauben. Dies sollte ich mit jedem dieser Glaubenssätze machen, angefangen mit dem wichtigsten bis hin zu den weniger bedeutenden Überzeugungen.

»Ich versichere dir, dass dies nicht schwer ist«, ergänzte er, als er mein verdutztes Gesicht sah. »Und vor allem wird es deinen Glauben nicht verletzen. Erinnere dich, es ist nur eine Übung.«

Ich protestierte. Im Brustton der Überzeugung erklärte ich ihm, dass die Gewissheit, dass Gott existiere, das Fundament aller meiner Prinzipien darstelle und ich nicht gewillt sei, dies infrage zu stellen oder auch nur zu analysieren.

»Das ist nicht wahr!«, rief er aus. »Deine tiefste Überzeugung ist, dass du ein Sünder bist und dass du aus demselben Grund gerechtfertigt bist! Du darfst Fehler machen, deine Energie vergeuden, deinem Ärger nachgeben, deiner Lüsternheit, deinen Launen und deiner Furcht. Schließlich bist du ein Mensch, und Gott wird dir immer vergeben!

Halte dich nicht selbst zum Narren. Entweder du suchst dir deine Glaubenssätze aus oder deine Glaubenssätze wählen dich aus. Ersteres ist authentisch, der Glaubenssatz wird zu deinem Verbündeten und unterstützt dich. Und er erlaubt dir auch, ihn vorsätzlich zu ändern. Letzterer Glaubenssatz ist von außen auferlegt und somit wertlos.«

Ich antwortete, dass ich diese Übung – meinen Glauben als etwas Zufälliges zu betrachten, das man wie ein Hemd wechseln könne – nicht nur für Gotteslästerung hielt. Sie würde mich außerdem sicher in einen Zustand totaler Verwirrung stürzen.

»Du musst klar im Kopf sein«, erwiderte Carlos, »um in die Welt der Zauberer einzutreten! Unsere Vorstellung, dass Wahrheit mit Klarheit Hand in Hand geht, ist ein Fallstrick, weil der Geist zu unerreichbar ist, um von unserem zerbrechlichen menschlichen Verstand begriffen zu werden. Wie du sehr wohl weißt, ist der Kern der Religion nicht Klarheit, sondern Glauben. Und Glauben ist im Vergleich zur Erfahrung wertlos!

Zauberer sind Praktiker. Aus ihrer Sicht ist das, was wir glauben oder nicht glauben, absolut irrelevant. Die Geschichten, die wir uns erzählen, haben letztlich keinerlei Bedeutung. Was wirklich zählt, ist der Geist. Wenn jemand Kraft hat, ist der Inhalt seines Verstandes sekundär. Ein Zauberer kann Atheist, gläubiger Buddhist, Muslim oder Christ sein und gleichzeitig seine Makellosigkeit kultivieren. Letzteres wird ihn ganz von selbst zur Kraft führen.«

Seine Worte irritierten mich über alle Maßen. Als ich das bemerkte, war ich überrascht, wie tief die katholischen Glaubenssätze meiner Kindheit in mir verwurzelt waren. Indem Carlos sie infrage stellte, fühlte ich mich, als würde mir auf unfaire Weise etwas ausgesprochen Wertvolles weggenommen. Er bemerkte meinen Zwiespalt und lachte.

»Bring die Dinge nicht durcheinander«, sagte er. »Religionen sind kein Heilmittel. Sie sind eine direkte Folge des erbärmlichen Zustands, in dem sich die Bewusstheit der meisten Menschen befindet. Sie sind voll von guten Vorsätzen, aber nur sehr wenige sind bereit, diese auch in die Tat umzusetzen. Wenn die Verpflichtung an ihren Glauben real wäre, dann wäre die Welt voll von Heiligen und nicht voll von Sündern!

Wenn Ideologien – einschließlich des Nagualismus – sich ausbreiten, werden sie zu einer Art kulturellen Mafia, zu Schulen, die die Menschen in den Schlaf wiegen. Egal wie tiefsinnig ihre Postulate sind und wie sehr sie versuchen, diese Glaubenssätze persönlich zu bestätigen, es wird damit enden, dass all unsere Handlungen mit irgendeiner Art von Belohnung oder Bestrafung konditioniert werden. Und genau dadurch wird die eigentliche Essenz der Suche pervertiert. Wenn der Stützpfeiler meines Glaubens in einer Entlohnung besteht, welchen Wert hat er dann?

Zauberer lieben die Reinheit des Abstrakten. Für sie liegt der Wert eines Weges mit Herz weniger darin, wohin er sie bringt, sondern darin, wie viel Freude sie auf diesem Weg empfinden. Der Glaube hat im normalen Leben sicher seinen Wert, aber angesichts des Todes ist er nutzlos. Wenn wir dem Unausweichlichen gegenüberstehen, dann hilft uns nur der Weg des Kriegers.

Die Fähigkeit, ihre mentalen Anhaftungen zu manipulieren, wird von Zauberern ›Glauben, ohne zu glauben‹ genannt. Sie haben diese Kunst so weit perfektioniert, dass sie sich aufrichtig mit jeder Idee identifizieren können. Liebe sie, lebe sie und, wenn es soweit ist, lasse sie ohne Bedauern fallen. Und auf der Grundlage dieser Entscheidungsfreiheit stellen sich Zauberer die Fragen, die Zauberer sich stellen. Beispielsweise, warum glaube ich, dass ich ein Sünder bin, wenn ich makellos sein kann?«

Ich gab meinen Widerstand auf und stimmte Carlos zu, dass es nicht völlig falsch sein könne, meine Glaubenssätze zu hinterfragen. Als wichtigstes Ergebnis des ›Glaubens, ohne zu glauben‹ fand ich heraus, wie unglaublich zerbrechlich mein Ideengebäude war. Es neigte dazu, durch kleinste Erschütterungen zusammenzubrechen. Ich verstand, warum Don Juan behauptete, dass die Welt, in der wir leben, ein magisches Gespinst ist, gewebt aus den Fäden des »ersten Rings der Kraft«.

1.4

Die Praxis innerer Stille

Als Ausgangspunkt für das Erreichen innerer Stille schlug Carlos vor, sollte ich zunächst gegen die »häusliche Konditionierung« kämpfen, die durch meine Mitgliedschaft in einer gesellschaftlichen Gruppe bedingt sei. Er meinte, dies sei der erste Schritt in Richtung Freiheit.

»Unsere Interaktionen mit anderen Menschen auf den Prüfstand zu stellen bedeutet, dass wir immer wieder eine Menge von sogenannten Sachverhalten hinterfragen müssen, die wir stets als Tatsachen betrachtet haben, angefangen mit der Geschlechterrolle über die familiären Bindungen bis hin zu religiösen und gesellschaftlichen Verpflichtungen, in die wir gewöhnlich verwickelt sind. Es geht nicht darum, etwas zu beurteilen oder zu kritisieren, sondern darum, einfach zu beobachten. Das Beobachten selbst hat Auswirkungen auf die Dinge.«

Ich bat ihn, zu erklären, wie der passive Vorgang der Beobachtung irgendetwas verändern könne.

Er antwortete, dass Aufmerksamkeit, wie vage sie auch sein mochte, niemals passiv sei, weil Aufmerksamkeit aus derselben Materie gemacht sei, aus der auch das Universum bestehe. Selbst das bloße Üben der Aufmerksamkeit beinhalte eine Energieübertragung.

»Es ist ähnlich wie der Sachverhalt, dass Geschwindigkeit einem Objekt mehr Masse verleiht. Auf ähnliche Weise bringt der Fokus der Aufmerksamkeit mehr Realität in die Dinge. Diese Realität hat aber eine Grenze und jenseits dieser Grenze löst sich die Welt, wie wir sie kennen, auf.

Das Geheimnis der Zauberer liegt im gezielten Kanalisieren von Aufmerksamkeit. Es spielt dabei keine Rolle, ob sie diese zum Guten oder zum Schlechten anwenden. Das ist nur eine Frage der Zielsetzung und ändert nichts an der Kraft des Aufmerksamkeitsfokus. Für die neuen Seher liegt die Magie der Zauberei nicht in ihren Ergebnissen, sondern in der Art und Weise, wie sie diese erreichen. Aus diesem Grund ist die beste Zielsetzung für einen Lehrling, innere Stille zu beabsichtigen.«

Als ich ihn später wiedersah, gestand ich, dass ich zwar viel Zeit damit verbracht hatte, seinen Anweisungen zu folgen, aber dennoch keinen nennenswerten Fortschritt in Richtung innerer Stille gemacht habe. Im Gegenteil, meine Gedanken waren aufgewühlter und verwirrter als je zuvor.

Wie zur Beruhigung erklärte er mir, dass diese Empfindung eine normale Folge der Übung sei: »Wie alle Anfänger versuchst du, Stille genauso zu klassifizieren wie irgendein anderes Element in deinem Inventar von Glaubenssätzen. Das Ziel deiner Inventur war, dir das ganze Gewicht deiner Vorurteile bewusst zu machen. Wir verbrauchen fast all unsere verfügbare Energie, um unsere Vorstellung von der Welt aufrechtzuerhalten und wir tun dies durch bewusste oder unbewusste suggestive Interpretationsvorschläge.

Wenn ein Lehrling aus diesem Gefängnis befreit ist, hat er eine Empfindung, als sei er in ein Meer aus Frieden und Stille gefallen. Es spielt keine Rolle, ob er redet, singt, weint oder meditiert, diese Empfindung bleibt.

Während der ersten Schritte auf dem Weg ist es sehr schwierig, praktisch mit der inneren Stille umzugehen, denn sobald wir die Abwesenheit der Gedanken bemerken, taucht eine schelmische kleine Stimme auf und gratuliert uns zu unserem Erfolg. Und schon ist es um die innere Stille geschehen.

Dieses Problem taucht auf, weil du das Ziel der Zauberer mit einem Idealzustand verwechselst. Das Konzept der ›Stille‹ ist zu empfindlich für einen Verstand wie den unseren, der an Klassifikationen gewöhnt ist. Es ist offensichtlich, dass du im Zusammenhang mit dieser Übung an etwas Akustisches gedacht hast, ein Fehlen von Geräuschen. Aber darum geht es nicht.

Zauberer meinen etwas viel Einfacheres. Sie wollen den Interpretationsvorschlägen und Suggestionen widerstehen, das ist alles. Wenn du Herr deines Verstandes wirst und richtig denken lernst, das heißt ohne vorgefasste oder falsche Überzeugungen, dann wirst du auch fähig, den domestizierten Teil deines Wesens zu entmachten. Das ist eine herausragende Leistung. Andernfalls wirst du nicht einmal verstehen, worum es bei dieser Übung geht.

Wenn wir erst einmal gelernt haben, die Befehle des Verstandes zu übergehen, ohne uns über sie zu ärgern oder ihnen die geringste Aufmerksamkeit zu schenken, dann verbleiben sie noch eine Weile in uns, werden uns aber letztendlich verlassen. Es geht also eigentlich gar nicht darum, sie loszuwerden, sondern vielmehr, sie zu Tode zu langweilen.

Um diesen Zustand zu erreichen, musst du dein Inventar von Ideen immer wieder durchgehen. Ich habe dich gebeten, mit deinen Glaubenssätzen anzufangen, aber es hätte genauso gut funktioniert, wenn du zum Beispiel mit all deinen Beziehungen und Zuneigungen, mit den attraktivsten Elementen aus deiner persönlichen Geschichte, mit deinen Hoffnungen, Zielen und Ängsten oder mit deinen Vorlieben und Aversionen begonnen hättest. Wichtig ist, dass du dir deiner Gedankenmuster bewusst wirst.

Die Magie aller Inventare basiert auf der Ordnung ihrer Bestandteile. Wenn wir diese Ordnung stören, wenn einige ihrer Bestandteile nicht mehr da sind, dann zerbröckelt das gesamte Muster. So ist das mit den Routinen unseres Verstandes: Du änderst irgendeinen Parameter – plötzlich ist da eine offene Tür, wo eben noch eine Wand war – und dadurch ändert sich alles. Der Verstand erzittert!

Und genau das hast du als außergewöhnliche Aktivität deines inneren Dialogs erlebt. Du hattest ihn vorher nicht einmal bemerkt, aber jetzt ist er da. Eines Tages wird er so schwer auf dir lasten, dass du etwas dagegen unternehmen willst. An jenem Tag wirst du aufhören, ein Durchschnittsmensch zu sein, und ein Zauberer werden.«

2.1

Eine minimale Chance

Bei einem Vortrag beschrieb uns Carlos die unterschiedlichen Methoden, die Naguals verwenden, um ihren Lehrlingen zu helfen, als einer der Anwesenden ihn unterbrach:

»Carlos, du betonst immer wieder, dass es ohne einen Nagual keine Freiheit geben kann, wahrscheinlich, weil du selbst einen Lehrer hattest! Aber was können wir tun, die wir nicht so viel Glück haben?«

»Das stimmt nicht«, polterte er, »ihr habt alle Informationen, die ihr braucht! Was wollt ihr mehr? Hofft ihr, dass ihr alles umsonst bekommt, ohne selbst etwas zu leisten? Wenn ihr glaubt, dass jemand anderes für euch die Arbeit erledigen wird, dann seid ihr gewaltig auf dem Holzweg!«

In vorwurfsvollem Ton machte er sich über die menschliche Faulheit lustig, die uns zu der irrigen Hoffnung verführe, dass andere etwas tun würden, was für uns von größtmöglichem Nutzen sei. Er nannte dies »die Antithese zum Verhalten eines Kriegers«.

»Alles, was ein Mensch braucht, ist eine minimale Chance: Jemand muss uns von den unglaublichen Möglichkeiten berichten, die von den Zauberern entdeckt wurden. Ein Krieger rennt nicht herum und hofft, dass jemand kommen wird und ihm einen Tritt in den Hintern versetzt, damit er sich bewegt. Er bewegt sich selbst und sagt: Ich kann es! Und ich schaffe es allein!«

2.2

Man braucht keine Lehrer

Ein anderes Mal fragte ich ihn: »Was bestimmt, dass ein gewöhnlicher Mensch Zugang zum Wissen der Zauberer erhält?« »Absicht«, antwortete er. »Die Absicht des betreffenden Menschen muss dem Geist ein Angebot unterbreiten und der Geist muss es akzeptieren, um ihm die Mittel zur Evolution mit auf den Weg zu geben. Zu anderen Zeiten war die einzige Möglichkeit, dass man einem Nagual begegnete. Heutzutage hat auch ein normaler Mensch die Möglichkeit, sich durch Bücher anleiten zu lassen.

Wenn man Zugang zur Welt der Zauberer sucht, muss man vorbereitet sein. Eine zufällige Begegnung mit der Kraft führt zu nichts, außer zu einem furchtbaren Schreck. Der Suchende wird schwören, dass Zauberei das Werk von Dämonen oder eine einzige Lüge ist.

Aber auch eine schlechte Vorbereitung, die Eigendünkel statt Staunen und das Verlangen zu lernen anfacht, kann zum absoluten Hindernis für den Lehrling werden. Dasselbe gilt für jemanden, der mit Glaubenssätzen übersättigt ist – auch er wird kaum eine Möglichkeit erhalten fortzufahren.

Deswegen ist tiefe Ehrlichkeit die nächste Voraussetzung, um den Weg des Wissens zu beschreiten. Der Hafen muss leer sein, bevor ein neues Schiff anlegen kann. Man muss erkennen, dass man im Endeffekt nichts weiß. Sobald dieser Grad der Vorbereitung erreicht ist, braucht man noch ein Quäntchen Glück. Der Geist entscheidet, wer ausgewählt wird und wer nicht.

Die Entscheidungen des Geistes sind unergründlich. Er antwortet auf unerwartete Weise und in einer Form, die für unseren Verstand fast immer unverständlich ist. Alles, was wir tun können, ist aufmerksam nach Zeichen Ausschau halten und uns selbst erreichbar machen. Wenn die Absicht eines Menschen ein verbindliches Bündnis mit dem Geist eingeht, dann wird unvermeidlich ein Lehrer auftauchen.«

Ich fragte ihn, ob ein Nagual dieselbe Art von Lehrer sei, wie man sie aus den östlichen Traditionen kennt.

»Nein!«, antwortete er nachdrücklich. »Das kann man nicht vergleichen, und zwar aus einem sehr einfachen Grund: Ein Nagual wählt keine Lehrlinge aus. Der Geist ist derjenige, der ihm durch Omen bezeichnet, wer ein Teil seiner Linie sein kann und wer nicht. Ein wahrer Lehrer ist ein makelloser Krieger, der seine menschliche Form verloren und eine klare Verbindung zum Abstrakten hat. Er akzeptiert keine Freiwilligen.

Lehrsysteme, die sich auf die eigenen Wünsche der Sucher gründen, führen nicht sehr weit, weil sie nicht auf echte Erkenntnis ausgerichtet sind, sondern auf die Anliegen des Ego. Die Schüler imitieren ihre Lehrer und das führt nirgendwo hin. Deswegen braucht man keine Lehrer. Nach vielen Jahren des Lernens bin ich zu der Überzeugung gelangt, dass ein Suchender nur zwei Dinge braucht: die Gelegenheit, sich seiner Möglichkeiten gewahr zu werden, und die Hingabe an sein Ziel bis hin zum Tod.«

Ich machte ihn darauf aufmerksam, dass diese Behauptung seinen wiederholten Aussagen, dass er ohne Don Juan gar nichts erreicht hätte, widersprach.

Carlos antwortete: »Zauberer unterscheiden ganz klar zwischen einem ›spirituellen Lehrer‹ und einem ›Nagual‹. Ersterer ist ein Mensch, der sich darauf spezialisiert hat, Herden zu führen. Der andere ist ein makelloser Krieger, der weiß, dass er nur eine begrenzte Rolle spielt: Er dient als Verbindung zum Geist. Der erste wird dir erzählen, was du hören willst, und wird dir die Wunder zeigen, die du sehen willst, weil er an Gefolgsleuten interessiert ist. Der zweite lässt sich von einer unpersönlichen Kraft leiten. Seine Hilfe basiert nicht auf Nächstenliebe, sondern sie ist für ihn eine Möglichkeit, seine alten Schulden beim Geist des Menschen zu begleichen.

Ein Nagual ist kein Gutmensch. Er hat kein Interesse daran, uns zu gefallen oder uns zu erfreuen – er wird uns aufwecken! Und das wird er wenn nötig auch mit einem Stock tun, weil er kein Mitleid kennt. Wenn er in das Leben seiner Lehrlinge eingreift, rüttelt er sie dermaßen auf, dass ihre schlafenden Energien erwachen.«

2.3

Sich selbst kennen

Später sprach Carlos darüber, dass Menschen dazu neigen, andere zu imitieren, was er als »Primatenverhalten« bezeichnete. »Unsere größte Chance und zugleich unsere größte Furcht ist der Abgrund des stillen Wissens, das jeder in sich trägt. Unter dem Lärm des inneren Dialogs spüren wir alle die Gegenwart von etwas Unbestimmtem, etwas, das uns dazu führt, nach dem Nächstbesten zu greifen, das uns helfen könnte, den Druck des Unbekannten abzumildern. Dieses Gefühl führt Menschen oft zu Fanatismus und es gibt immer Leute, die gern vom Glauben anderer profitieren und ihn ausnutzen.«

»Heißt das, dass alle Lehrer Betrüger sind?«

»Die meisten schlafen genauso tief wie ihre Anhänger, aber sie haben gelernt, dies gut zu verbergen. Stell dir einen Planeten vor, dessen Bewohner alle blind sind. Unter diesen geht das Gerücht um, dass es möglich ist, sehen zu lernen, doch niemand hat dies bislang direkt bestätigt. Eines Tages taucht jemand auf und sagt: ›Ich kann sehen!‹ Was sollen diese Leute tun? Entweder glauben sie ihm oder sie glauben ihm nicht. Und Hoffnung ist stets vorhanden. Es spielt also keine Rolle, ob ihr Lehrer auch blind ist. Für ihn ist es sehr leicht, die Situation zu seinem Vorteil auszunutzen.

Der Adler verlangt nicht, dass du ihn verehrst. Er verlangt nur, dass du dich selbst mit Bewusstheit anfüllst. Vor dem Unbekannten auf die Knie zu fallen, ist vollkommen sinnlos. Aber genau das vor einem anderen Menschen zu tun, ist der Gipfel der Idiotie.

Der Affe in uns sehnt sich nach jemandem, der ihn führt. Er braucht den Glauben an höhere Wesen, die seine Probleme auf magische Weise lösen. Schon als Kinder hofften wir stets inständig, dass jemand erscheint, der sich um alles kümmert. Daraus sind Kulte entstanden, die ausschließlich dazu führen, dass wir die Verantwortung für unser eigenes Wachstum in die Hände anderer Menschen legen.

Wir sind getäuscht worden. Uns wurde gesagt, dass wir etwas Besonderes sind, weil wir rationale Wesen sind, aber das ist nicht wahr. Die Menschen wünschen sich verzweifelt jemanden, dem sie gehorchen können, und sie fürchten sich zu Tode, wenn ihre werten Glaubenssätze demontiert werden. Wir sind wie diese Fische, die Aquarien sauber halten: Wir schwimmen stets mit offenem Maul herum und schlucken jeden Müll, den man uns hinwirft. Und währenddessen ignorieren wir die Quelle des Lebens und des Wissens, die wir in uns tragen.

Ich möchte dir eine uralte und doch immer wieder aktuelle Geschichte erzählen: Die Götter dachten darüber nach, wo sie die Weisheit verstecken sollten, damit sie vor den Menschen verborgen bliebe. Auf den Bergen? Die Menschen würden die Berge besteigen. Im Meer? Auch da würden die Menschen sie finden. Der Weltraum, der Mond und die Sterne schieden ebenfalls aus. Schließlich beschlossen die Götter, dass der beste Ort, um die Weisheit zu verbergen, im Menschen selbst läge. Weil dies der einzige Ort sei, an dem der Mensch niemals suchen würde. Und was tun die Menschen? Anstatt sich ehrlich und gründlich selbst zu erforschen, suchen sie nach Lehrern.

Freiwillig die Verantwortung für die eigene Existenz zu übernehmen ist eine Anomalie, eine Verletzung der Gesetze, ein Zustand außerhalb der Norm und ein Kampf, der unser ganzes Leben lang anhält. Doch es ist die einzige Prozedur, um unsere Energie zu erneuern. Ich weiß nicht, ob du in der Lage bist, dieses Detail wirklich zu verstehen: ›Sich selbst kennen‹ ist eine Absicht von Kriegern. Niemand anderes kann dies für dich beabsichtigen!«

3.1

Kraftpflanzen

Ein Mann saß auf einer Bank, fast vollständig hinter einer Zeitung versteckt. Ich bemerkte ihn nur ganz am Rande. Nachdem ich ungefähr zwanzig Meter weitergegangen war, traf mich die Erkenntnis. Ich drehte mich um und der Mann lächelte mich an. Es war Carlos. Er umarmte mich überschwänglich und meinte, dass ein Treffen dieser Art als Omen angesehen werden müsse.

»Ich stehe zu deiner Verfügung«, rief er aus. »Frage mich, was immer du willst!«

Das war meine Chance. In diversen Gesprächen hatte Carlos immer wieder kategorisch behauptet, dass er die Einnahme halluzinogener Pflanzen den Suchern nach Wissen nicht empfehlen könne. Andererseits hatte er in seinen ersten Büchern genau das Gegenteil geschrieben. Dort hatte er deren Anwendung ausführlich beschrieben und sich selbst als Beispiel für die Kraft dieser Pflanzen dargestellt.

Das alles interessierte mich sehr stark. Ich selbst hatte nie solche unglaublichen Erlebnisse gehabt und war ausgesprochen neugierig. Deswegen nutzte ich seine gute Laune und bat ihn, mir den Widerspruch zu erklären. Als er meine Frage hörte, kühlte sich seine gute Laune gleich wieder ab. Das Thema schien ihn sehr zu berühren. Er dachte ein paar Sekunden nach und sagte, dass ein Zeichen des Geistes ihn dazu gebracht habe, seine Sichtweise zu ändern.

»Im Jahr 1971, nachdem mein zweites Buch erschienen war, erhielt ich unangenehmen Besuch. Beamte der US-Regierung erschienen zu einer meiner Lesungen und klärten mich darüber auf, dass ich dabei sei, Vorbild einer Generation jugendlicher Drogensüchtiger zu werden. Sie drohten mir an, mich des Landes zu verweisen, wenn ich meine Haltung nicht änderte.

Zuerst sah ich keinen Grund, mich um diese Drohung zu kümmern. Aber als ich mich etwas später näher damit befasste, bewegte mich das Thema doch. Viele Studenten sahen in Don Juans Lehren eine akademische Erlaubnis, ›high‹ zu werden. Ich wurde überall als Autorität in Sachen Drogenkonsum genannt. Ich wollte aber nicht der Schutzheilige von irgendetwas sein!

Ich trug mein Dilemma Don Juan vor. Er lachte und sagte mir, dass es ein Prinzip des Pirschens sei, niemals in Konfrontation mit jemandem zu gehen, und schon gar nicht mit Leuten, die mächtiger seien als man selbst. ›Du hast dich in eine schlimme Lage gebracht und du musst dich daraus befreien. Ich schlage vor, du kümmerst dich um dein eigenes Lernen; alles andere braucht dich nicht zu interessieren.‹ Daraufhin entschloss ich mich, in den folgenden Büchern vorsichtiger zu sein.

Ich selbst empfehle nichts und ich missbillige nichts, weil ich mich nicht dazu berufen fühle, in dieser Sache Stellung zu beziehen. Mein eigenes Lernen war aber ein Ergebnis solcher Techniken. Wie dem auch sei, in der Öffentlichkeit kann ich den Gebrauch solcher Pflanzen nicht empfehlen, weil meine Bücher von vielen verschiedenen Leuten gelesen werden, die ihre eigenen Vorstellungen dazu haben.

Ohne Vorbereitung und eine qualifizierte Begleitung können Kraftpflanzen großen Schaden anrichten, denn sie bewegen den Montagepunkt plötzlich und unberechenbar. Langfristig fordern sie ihren Tribut in Sachen körperlicher und geistiger Gesundheit. Manchmal kosten sie einen Praktiker sogar sein Leben. Einmal wurde ich vor dem Vater eines Studenten gewarnt, der mich erschießen wollte. Er machte mich dafür verantwortlich, dass sein Sohn durch Drogenexperimente zu Tode gekommen war.

Alles, was mit Kraftpflanzen zu tun hat, ist eine heikle Angelegenheit. Wenn du das wirklich verstehen möchtest, musst du die folkloristischen Vorstellungen, die fast jeder von Zauberern hat, hinter dir lassen. Wahre toltekische Krieger haben keine dogmatischen Ansichten, weder über Drogen noch über andere Dinge. Ihr Verhalten wird durch Makellosigkeit bestimmt.

Ich habe dir bereits erzählt, dass Don Juan mir zu Anfang meiner

Lehrzeit Kraftpflanzen gegeben hatte und das auch nur, weil ich außergewöhnlich stark in meinen Routinen verhaftet war. Je starrsinniger ich wurde, desto mehr Kraftpflanzen gab er mir. Auf diese Weise lockerte er die Fixierung meines Montagepunkts minimal, sodass ich in die Lage versetzt wurde, die Prämissen seiner Lehren zu verstehen. Und obschon er sehr vorsichtig war, musste ich einen hohen Preis dafür zahlen. Die Einnahme von Kraftpflanzen ist die Hauptursache für meinen heutigen schlechten Gesundheitszustand.

Kraftpflanzen sind nur begrenzt von Nutzen und ein Zauberer stößt sehr schnell an diese Grenze. Sie geben uns einen Anstoß, aber man kann sie nicht dauerhaft als Grundlage für die Arbeit verwenden. Sie können einen nicht in vollständig andere Welten versetzen, doch genau danach suchen die Seher.«

»Meinst du damit, dass sie den Montagepunkt nicht weit genug bewegen können?«

»Das Gegenteil ist der Fall. Sie erzeugen eine tiefe und unberechenbare Verschiebung. Ein echter Zauberer kann damit umgehen, ein Lehrling nicht. Wenn ein Lehrling Kraftpflanzen nutzt, um seine Wahrnehmungsgrenzen zu durchbrechen, wird er der Versuchung erliegen, alles, was er wahrnimmt, als Halluzination anzusehen. Schließlich hat das alles die Pflanze bewirkt! Daher wird er nie den nötigen Grad an Einsatzbereitschaft erreichen, den er braucht, um den Montagepunkt in einer neuen Position zu verankern. Pflanzen bringen dich leicht und schnell in eine andere Welt, aber sie geben dir nicht die Möglichkeit, den Montagepunkt mithilfe des Pirschens zu vertäuen – das ist ihr Manko.

Der beste Weg, unsere Wahrnehmung zu entfalten, ist das Träumen. Von der Methode her ist Träumen genauso einfach wie die Einnahme von Kraftpflanzen, aber weniger risikoreich. Außerdem ist es umfassender und vor allem viel natürlicher.

Das Ziel eines Lehrlings ist, seinen Montagepunkt zu bewegen. Sobald er in der Lage ist, diesen zu verschieben, muss er diese Bewegungen ohne externe Hilfe wiederholen, nur durch Disziplin und Makellosigkeit. Dann kann man mit Recht sagen, dass der Krieger einen Verbündeten gefunden hat.«

3.2

Die Falle der Fixierung

In einem Vortrag erklärte Carlos, dass die Fixierung des Montagepunkts eine äußerst diffizile Angelegenheit sei. Die Kunst der gesellschaftlichen Übereinkunft sei etwas so Außerordentliches, dass wir zwanzig Jahre täglichen Trainings bräuchten, um sie zu erlernen. Diejenigen, die das Ziel erreichen, würden wir »erwachsen« nennen und diejenigen, die es nicht erreichen, »verrückt«.

»Es gibt nichts Leichteres für uns, als neue Welten zu bereisen. Alles, was wir dazu tun müssen, ist in unseren ursprünglichen Zustand zurückzukehren.«

Er erklärte uns, dass die Fixierung des Montagepunkts Unmengen von Energie verbrauche und zu einer statischen Sicht der Welt führe. Die dazu verwendete Energie werde in unserem gesamten leuchtenden Körper zerstreut und bleibe an den Rändern desselben hängen. Dort sammle sich die Energie an und bilde dichte Massen, die eine Reflexion des Selbst erzeugten. Unter diesen Umständen werde jeder Versuch, die Fixierung des Montagepunkts aufzuheben, zu einer Aufgabe, die einen erschöpfe.

»Um sich aus der Falle dieser Fixierung zu befreien, sollte man auf alle Möglichkeiten zurückgreifen, die uns zur Verfügung stehen. In den meisten Fällen wird dies allerdings nur durch einen äußeren Einfluss möglich sein. Wenn wir großes Glück haben, wird uns dieser Einfluss durch den Schlag eines Nagual zuteil, der unseren Montagepunkt verschiebt.

Wenn die Verschiebung erst einmal stattgefunden hat, muss der Krieger unbedingt die Kontrolle über seine Aufmerksamkeit erlangen. Dies geschieht durch Absicht und die Praxis des Träumens. Träumen ist der Notausgang für uns Menschen und es ist das Einzige, das unser Sein in eine angemessene Dimension rücken kann.«

3.3

Träumen und Erwachen

Carlos besaß die besondere Fähigkeit, Unterhaltungen stets auf die praktische Seite der Dinge zu lenken. Trotz seines außerordentlich scharfen Intellekts hasste er es, wenn Gespräche auf die Ebene reiner Spekulation absanken. Ich beobachtete oft, wie er auf geniale, aber sichere Weise die Argumente der eloquentesten Redner entkräftete, um dann auf das eigentliche Thema zurückzukommen.

In meinem Fall besänftigte er meine rationalen Attacken, indem er alles auf einen praktischen Vorschlag reduzierte. Auf etwas, das seiner Meinung nach nicht besonders schwer zu erreichen war: die Kontrolle der Träume.

Für mich war Träumen jedoch der schwierigste Aspekt seiner Lehre. Erstens, weil ich das Konzept des »Träumens« nicht vom gewöhnlichen Träumen – für einen Zauberer zwei vollkommen unterschiedliche Angelegenheiten – unterscheiden konnte. Zweitens, weil die Idee, meine Aufmerksamkeit statt auf das Erwachen auf das Schlafen zu konzentrieren, das genaue Gegenteil von allem darstellte, was ich während meiner philosophischen Suche gelernt hatte.

Diese beiden Annahmen führten dazu, dass ich jede Beschäftigung mit dem Träumen vermied. Ich konnte es einfach nicht als echte und erreichbare Möglichkeit annehmen. Jedes Mal, wenn Carlos darüber sprach, plagten mich dunkle Vorahnungen. Ich rechtfertigte mich, indem ich mir selbst sagte, dass es nicht die Mühe wert sei, sich mit einem dermaßen irrationalen Thema zu befassen.

An diesem Nachmittag fragte er mich, wie es mit meinen Übungen voran-ginge. Ich gestand ihm, dass meine Vorurteile mich davon abgehalten hätten, es ernsthaft zu versuchen, und dass ich deswegen auch keine Ergebnisse vorzuweisen habe.

»Vielleicht hattest du einfach kein Glück«, meinte er. »Mein Lehrer erklärte mir, dass jedem Menschen gewisse Neigungen angeboren sind. Nicht jeder kann ein guter Träumer werden, manche haben eher ein Talent zum Pirschen. Aber wichtig ist, dass du es weiter versuchst.«

Seine Worte trösteten mich nicht. Ich begann, zu erklären, dass meine Zweifel offensichtlich von einer mentalen Blockade herrührten, die ihren Ursprung in meiner frühen Kindheit haben musste.

Mit einer gebieterischen Geste unterbrach er mich mitten im Satz und entgegnete mir: »Du hast dich nicht genügend angestrengt. Wenn du dir selbst versprichst, dass du nichts essen oder nicht sprechen wirst, bis du träumst, dann wirst du schon sehen, was passiert! Etwas in deinem Inneren wird weich werden, der innere Dialog gibt nach und – bumm! Denke stets daran, dass Träumen nicht nur eine Option, sondern etwas Grundlegendes ist. Wenn du es nicht schaffst, kannst du auf diesem Weg nicht weitergehen.«

Alarmiert von seinen Worten fragte ich: »Was muss ich tun, um es zu schaffen?«

»Du musst es wollen!«, rief er. »So einfach ist das. Du übertreibst die Schwierigkeit dieser Übung. Das Träumen steht jedem offen und es zu erlernen erfordert nicht mehr Anstrengung als Tippen zu lernen oder ein Auto zu fahren.«

Ich brachte vor, dass es für mich schwierig zu begreifen sei, wie die Kontrolle der Träume zu innerem Erwachen führen solle.

»Du lässt dich bloß durch Worte verwirren«, konterte er. »Wenn Zauberer von Träumen und Erwachen sprechen, hat das nichts mit den körperlichen Zuständen zu tun, die du gemeinhin kennst. Ich muss aber deine Sprache sprechen, sonst würdest du überhaupt nichts verstehen. Und du musst auch deinen Teil beitragen und die alltägliche Bedeutung der Worte beiseitelassen, um zu verstehen, was ich meine. Sonst wird dir dein Misstrauen ewig im Weg stehen. Wenn du die Trägheit überwindest, die dich daran hindert, die Herausforderung anzunehmen und das Träumen direkt und ohne Zögern anzugehen, wird sich dein mentales Chaos lichten. Das garantiere ich dir.«

Ich entschuldigte mich für meine geistige Schwerfälligkeit und bat ihn, mir die Bedeutung des Träumens nochmals zu erklären, und hoffte auf eine theoretische Erklärung. Aber Carlos ließ sich nicht darauf ein und antwortete mit einer Metapher.

»Stell dir einen frommen Gläubigen vor, einen, der nichts tut, ohne vorher die Erlaubnis seines Gottes einzuholen. Was passiert mit seinen Überzeugungen, wenn er einschläft? Wo bleiben sie?« Ich wusste keine Antwort.

»Sie verlöschen wie eine Kerzenflamme im Wind«, fuhr er fort. »Wenn du träumst, bist du nicht Herr über dich selbst. Deine Visionen sind isolierte Seifenblasen ohne Verbindung zueinander und ohne Erinnerung an das Selbst. Lediglich die Macht der Gewohnheit lässt dich Träume träumen, in denen du gewissermaßen ›du selbst‹ bist. Aber du könntest mutig oder feige sein, jung oder alt, Mann oder Frau. In Wahrheit bist du nur ein Montagepunkt, der sich unwillkürlich bewegt – nichts daran ist persönlich.

Für normale Menschen liegt der Unterschied zwischen Wachen und Träumen darin, dass im ersten Zustand die Aufmerksamkeit kontinuierlich fließt, während sie sich im zweiten Zustand ungeordnet bewegt. In beiden Erfahrungen spielt der Wille nur eine untergeordnete Rolle. Ein Mensch wacht wie jeden Tag an dem Ort auf, an dem er seine Persönlichkeit wie ein Hemd überstreift, um seinen üblichen Aufgaben nachzugehen. Beim Einschlafen wird diese Verbindung getrennt, weil der Betreffende nicht weiß, dass er noch etwas anderes tun kann.

Der alltägliche Wachzustand lässt uns keinen Raum innezuhalten und zu hinterfragen, ob die Welt, die wir gerade wahrnehmen, so real ist, wie sie scheint. Dasselbe kann man über jeden gewöhnlichen Traum sagen. Während er stattfindet, akzeptieren wir ihn als unbezweifelbare Tatsache und bewerten ihn niemals. Oder praktisch ausgedrückt: Während wir träumen, beabsichtigen wir nie, uns an einen Befehl zu erinnern, den wir uns während des Wachseins gegeben haben.

Doch es gibt noch eine andere Art und Weise, die Aufmerksamkeit zu lenken. Das Ergebnis davon kann man weder als ›Traum‹ noch als ›Wachen‹ bezeichnen, weil es mit der vorsätzlichen Nutzung der Absicht beginnt. Hierbei übernehmen wir die Kontrolle über unser Be-

wusstsein und es spielt dabei keine Rolle, ob wir schlafen oder wach sind, weil dies etwas ist, das beide Zustände transzendiert. Dies ist das wahre Erwachen und es bedeutet, die Kontrolle über unsere Aufmerksamkeit zu übernehmen!
Die toltekischen Lehren legen besonderen Wert auf das Träumen. Es spielt keine Rolle, wie es umschrieben wird. Das Ergebnis ist, dass das übliche Wahrnehmungs-Chaos eines Durchschnittsmenschen in einen praktisch nutzbaren Raum verwandelt wird, in dem wir intelligent handeln können.«

»Ein praktisch nutzbarer Raum?«

»Genau das. Ein Träumer kann sich in jeder Situation an sich selbst erinnern. Er hat stets ein Passwort zur Hand, einen Pakt mit seinem Willen, der es ihm ermöglicht, sich innerhalb von Mikrosekunden mit der Absicht eines Kriegers zu verbinden. Er kann seine Traumvision aufrechterhalten, was immer sie auch sein mag, und er kann, so oft er will, zu ihr zurückkehren, um sie zu erforschen und zu analysieren. Und was noch besser ist, innerhalb dieser Vision kann er andere Krieger treffen; etwas, das die Zauberer ›im Träumen pirschen‹ nennen.

Die Technik des Träumens erlaubt es uns, Ziele zu beabsichtigen und Beschäftigungen nachzugehen, genauso, wie wir es in der Alltagswelt tun. Wir können Probleme lösen und Dinge lernen. Was wir lernen, ist kohärent und funktioniert. Vielleicht kannst du dir nicht erklären, wie du dieses Wissen erworben hast, aber du wirst es nicht vergessen.«

Ich fragte ihn, über welche Art von Wissen er sprach.

»Das Leben erlernt man, indem man es lebt«, antwortete Carlos. »Dasselbe geschieht im Träumen, nur dass man dort lernt, wie man träumt. Doch diejenigen, die diesem Weg folgen, stoßen manchmal auf andere Fähigkeiten. Don Juan etwa benutzte seinen Traumkörper dazu, um nach versteckten Schätzen zu suchen, vergrabene Dinge aus dem Krieg. Die Erlöse aus diesen Unternehmungen investierte er in verschiedenste Dinge, wie zum Beispiel in Erdöl oder in Tabakplantagen.«

Mein Gesicht muss wohl mein ungläubiges Staunen verraten haben, denn er rief: »Das ist nicht so außergewöhnlich! Wir alle können ähnliche Taten vollbringen; es ist doch nicht so schwer zu verstehen, wie es funktioniert! Stell dir vor, jemand bringt dir eine neue Sprache bei, während du schläfst; das Ergebnis ist, dass du diese Sprache lernst und dich an sie erinnerst, wenn du aufwachst. Auf die gleiche Weise kannst du etwas, was du im Träumen gesehen hast, etwa ein verlorenes Objekt oder ein Ereignis, das irgendwo anders stattfand, im Wachzustand finden oder verifizieren. Wenn es genauso ist, wie du es geträumt hast, dann war es ein echtes Träumen.

Das Lernen im Träumen ist ein Hilfsmittel, das von den Zauberern sehr intensiv genutzt wird. Ich habe auf die Weise viel über Pflanzen gelernt und kann mich an alles erinnern.

Unterschätze deine Ressourcen nicht. Alles, was der Geist in uns hineingelegt hat, hat eine transzendente Bedeutung. Das bedeutet, dass Träume dazu da sind, genutzt zu werden. Wenn dem nicht so wäre, würde es keine Träume geben. Die Methoden, die ich dir beschrieben habe, sind keine Hirngespinste. Ich habe sie selbst ausprobiert. Die Kunst des Träumens ist meine Botschaft an die Menschen, aber niemand hört zu!«

Als ich den traurigen Unterton in seinem letzten Satz bemerkte, fühlte ich mich plötzlich wie erschlagen von meiner unerträglichen und eingebildeten Furchtsamkeit. Jahrelang hatte er unbeirrt versucht, uns zu ermutigen, unseren Horizont zu erweitern. Dabei waren von seiner Seite keine egoistischen Belange im Spiel, sondern es war ihm eine reine Freude, uns seinen überlegenen Bewusstseinszustand zugänglich zu machen. Und ich schwelgte weiter in meinen Überzeugungen aus zweiter Hand und meinen üblichen Zweifeln!

Ich wollte auf seiner Seite der Welt sein. Mit der Absicht, ihm die Hand zu schütteln und meiner Dankbarkeit Ausdruck zu verleihen, erhob ich mich von der Bank. Ich stand kurz davor, ihm etwas zu versprechen, aber er stoppte mich.

»Sag lieber nichts, verschwende nicht deine Zeit! Vielleicht ist es dir nicht bestimmt, ein überragender fliegender Krieger zu werden, aber es gibt jetzt keine Ausreden mehr für dich. Wie jeder bist du hervorragend ausgerüstet für das Träumen. Wenn du es nicht schaffst, dann nur, weil du es nicht willst.«

3.4

Die Pforte der Wahrnehmung

Bei einer anderen Gelegenheit erklärte Carlos, dass jeder Bewusstseinszustand, der durch eine ungewöhnliche Position des Montagepunkts zustande kommt, technisch gesehen ein Traum sei. Träume hätten einen Vorteil gegenüber der alltäglichen Aufmerksamkeit, sagte er. Sie erlaubten uns eine viel weiter gefächerte sensorische Wahrnehmung sowie die Möglichkeit, die wahrgenommenen Informationen besser zu verarbeiten. Das Ergebnis sei eine größere Klarheit in all unseren Wahrnehmungsprozessen.

»Vor allem jedoch«, meinte er, »erhalten wir durch das Träumen Zugang zu kritischen Punkten in unserer Vergangenheit wie etwa zu unserer Geburt oder unserer frühen Kindheit. Es hilft dabei, traumatische Situationen und Zustände gesteigerter Bewusstheit in unserer Vergangenheit zu erhellen. Ein Zauberer darf solche tief greifenden Erfahrungen nicht einfach übergehen!«

Am Ende seines Vortrags lieferte er eine Definition des Träumens, die ich für sehr wichtig hielt, weil sie, wie ich fand, ein empfindliches Thema berührte. Er sagte: »Träumen ist nichts Unmögliches, es ist nur eine Art tiefer Meditation.«

Vor einigen Jahren hatte ich mich im Rahmen meiner spirituellen Übungen ebenfalls der Meditation gewidmet, doch diese Praktiken waren sehr verschieden von allem, was Carlos vorschlug – sowohl in der Form als auch im Ergebnis. Bei der nächsten Gelegenheit bat ich ihn, mir den Unterschied zwischen Träumen und Meditieren zu erklären.

»Diese Frage ist schwer zu beantworten«, meinte er, »weil man nicht meditieren kann, ohne zu träumen. Beide Begriffe umschreiben dasselbe Phänomen.«

»Warum hatten die Ergebnisse meiner Übungen dann keine Ähnlichkeit mit dem, wovon du sprichst?«

»Das musst du dich schon selbst fragen. Meiner Meinung nach war das, was du geübt hast, keine echte Meditation, sondern eher eine Art Autosuggestion. Viele Menschen verwechseln diese Methoden miteinander. Für Zauberer sind sie aber nicht dasselbe. Den Geist zu beruhigen ist nicht Meditation, sondern Schläfrigkeit. Träumen dagegen ist etwas sehr Dynamisches, es ist das Ergebnis anhaltender Konzentration. Dies bedeutet, dass wir beständig gegen unseren Mangel an Aufmerksamkeit ankämpfen. Wenn es nur darum ginge, die Sinne abzustumpfen, dann würden sich die Praktiker auf dem Weg des Wissens nicht ›Krieger‹ nennen.

Ein Träumer kann eine wahre Inkarnation von Wildheit sein, er kann aber auch überaus ruhig erscheinen. Doch dies ist nicht wirklich wichtig, weil er sich nicht mit seinen mentalen Zuständen identifiziert. Er weiß, dass jede eindeutige Empfindung lediglich eine Fixierung des Montagepunkts ist.

Träumen geschieht, wenn wir ein gewisses Gleichgewicht in unserem täglichen Leben erreicht haben und natürlich nur, wenn wir unseren inneren Dialog zum Schweigen bringen können. Der Begriff ›Träumen‹ ist nicht sonderlich passend, wenn es darum geht, eine Bewusstseinsübung zu beschreiben, die nichts mit dem Bewusstseinsinhalt zu tun hat. Ich benutze den Begriff aus Respekt vor der Traditionslinie, aus der ich stamme, doch die alten Seher hatten eine andere Bezeichnung hierfür.

Fortgeschrittene Zauberer können sowohl aus dem Wachzustand als auch aus dem Schlaf heraus träumen. Für sie hat es nichts damit zu tun, die Augen zu schließen und zu schnarchen, sondern damit, andere Welten außerhalb unserer alltäglichen Wirklichkeit zu erleben.

Vom Standpunkt des Willens aus betrachtet unterscheidet sich das Träumen vom Wachbewusstsein eines Zauberers dadurch, dass der Energiekörper anderen Gesetzen unterliegt. Im Träumen kann er unglaubliche Taten vollbringen, durch Wände gehen oder ans Ende des Universums reisen – im Bruchteil eines Augenblicks. Solche Erfahrungen sind vollständig und kumulativ, und nur jemand, der es nicht selbst erlebt hat, klammert sich an logische Kategorien, um sie zu erklären.

Aber diese Erlebnisse, so wertvoll sie auch sein mögen, sind nicht das eigentliche Ziel des Träumens. Träumen ist deshalb so wichtig für dich, weil der Zugang zum Nagual nahezu ausschließlich in diesem Zustand möglich ist.«

Ich fragte ihn, warum dies so sei.

»Der Grund ist offensichtlich«, antwortete er. »Menschen, die eine natürlich Neigung zum Träumen haben sowie über überschüssige Energie verfügen, sind fähig, fortgeschrittene Träumer zu finden, entweder zufällig oder weil sie bewusst nach ihnen suchen. Diese Reisegefährten sind manchmal bereit, den Neuling in die tieferen Aspekte der Kunst einzuweihen. Und wenn der Neuling richtig zu leuchten beginnt, dann zieht er früher oder später die Aufmerksamkeit eines Nagual auf sich.

Naguals sind wie Adler, ständig auf der Jagd. Sobald sie eine anwachsende Bewusstheit entdecken, stürzen sie sich darauf, weil jemand, der freiwillig träumt, eine echte Seltenheit ist. Für einen Lehrer ist es viel einfacher, jemanden in Bewegung zu versetzen, der schon in Bewegung ist, als bei null anzufangen.«

Carlos erzählte mir, dass er durch das Träumen mit vielen Kriegern aus verschiedenen Teilen der Welt in Kontakt sei. Er fuhr fort, andere Gründe aufzuzählen, warum das Träumen ein Tor zum Wissen sei. Man könne mit seiner Hilfe eine Menge Probleme lösen, die sich während der Lehrzeit ergäben, wie etwa den anfänglichen Mangel an Klarheit und Aufmerksamkeit, das Misstrauen gegenüber den Handlungen seines Lehrers oder die besonderen Gefahren, die einigen Techniken innewohnten.

»Diese Kunst schützt vor dem besitzergreifenden Wesen der Emanationen des Adlers, das andernfalls die seelische Ausgeglichenheit und den Willen eines Lehrlings zerstören könnte.«

»Was können diejenigen von uns, die nicht träumen, tun, um Zugang zu diesen Lehren zu erhalten?«, fragte ich ihn.

Meine Frage schien ihn zu ärgern. Er grunzte: »Das ist der falsche Ansatz. Die richtige Frage müsste lauten: ›Was kann ich tun, um zu träumen?‹

Ein Krieger darf nicht durch die Welt wandeln und überall lose Enden zurücklassen. Wenn du dir wirklich nicht vorstellen kannst, dass Träumen ein Teil deines Lebens wird, wenn du nicht erkennst, dass es der Weg zur Kraft ist, und wenn du nicht einmal verstehen kannst, welchen Zweck es erfüllt – nun, dann steht dir noch eine Menge Arbeit bevor.«

3.5

Der Doppelgänger

Innerhalb des Reiches unserer Wahrnehmung gibt es eine Kraft, die nichts mit dem zu tun hat, was wir ›Ich‹ nennen, und die wir durch das Träumen entdecken können. Diese Kraft kann sich ihrer selbst bewusst werden, die Eigenschaften unserer Persönlichkeit in sich aufnehmen und unabhängig handeln. Die damit verbundene Empfindung ist unbeschreiblich, weil es sich um ein anorganisches Wesen handelt.«
»Anorganisch?«
»Allerdings! Wir nennen unsere alltägliche Aufmerksamkeit ›organisch‹, weil sie auf einem organischen Körper beruht, richtig?«
Ich stimmte zu.
»Wie willst du dann den Körper nennen, mit dem du beim Träumen wahrnimmst und handelst?«
»Ich würde ihn als Erscheinung bezeichnen«, antwortete ich vorsichtig.
»Da stimme ich dir zu! Er ist ein anorganisches Wesen: Er hat eine Erscheinung, aber keine Masse. Für dich ist er lediglich eine mentale Projektion. Aus der Sicht dieses Wesens lebt jedoch unser physischer Körper in einer imaginären Welt. Wenn du die nötige Energie und Konzentration aufbringen könntest, um dir deines anderen Selbst bewusst zu werden, könntest du es fragen, was es von deiner Alltagswelt hält. Es würde dir antworten, dass es sie für ziemlich unwirklich hält, fast für einen Mythos. Und weißt du was? Es läge damit gar nicht mal so weit daneben!

Unser Traumkörper kann auf verschiedenste Weise eingesetzt werden. Er kann sich ohne Zeitverlust an jeden gewünschten Ort begeben, um dort Dinge zu entdecken oder einfach nur wahrzunehmen. Er kann sich sogar materialisieren und einen sichtbaren Doppelgänger erschaffen. Diesen können andere Menschen sehen, im Schlaf wie auch im Wachzustand. Er ist eine reine Erscheinung und hat keine Körperfunktionen. Für einen Menschen sieht er wie ein Mensch aus, aber Tiere sehen ihn anders.«

Ich unterbrach ihn: »Woher weißt du das alles?«

»Das ist sehr einfach. Ich verifiziere das ständig, weil mein träumender Doppelgänger über meine gesamte Aufmerksamkeit verfügt. Wenn ich etwas von ihm wissen möchte oder über die Welt, in der er sich bewegt, dann frage ich ihn und er antwortet mir. Du kannst das auch; es ist nicht sonderlich schwer. Du kannst dich mit deiner Energie verbinden, schon in dieser Nacht, sobald du eingeschlafen bist.«

»Wie?«

»Es gibt verschiedene Möglichkeiten. Du kannst zum Beispiel in deinen Träumen nach einem Spiegel suchen. Sieh in diesen Spiegel und schau in deine Augen – da erwartet dich eine echte Überraschung!«

Ich hatte in seinen Büchern einiges über den Doppelgänger gelesen. Aber meine Voreingenommenheit hinderte mich daran, offen an die Sache heranzugehen. Mein Verstand war durch die dort vorgestellten Konzepte völlig verwirrt. Leuchtende Eier, Energiefelder, die alle lebenden Wesen umgeben, der Energiekörper, der Doppelgänger – das war einfach zu viel. Ich fragte ihn, ob das alles dieselben Dinge seien oder ob es da Unterschiede gäbe.

Er war über meine Frage sichtlich überrascht.

»Du hast nichts verstanden? Wir reden über Bewusstheit, nicht über physische Objekte. All diese Wesenheiten, sogar die Wahrnehmungseinheit, die wir ›physischen Körper‹ nennen, sind alle Beschreibungen derselben Sache. Es gibt nicht zwei Ausgaben von dir. Du bist du! Du ›hast‹ keinen Energiekörper, du bist Energie. Du bist ein Montagepunkt, der Emanationen montiert, und du bist nur einer! Du kannst unterschiedliche Träume haben und in jedem Traum eine andere Erscheinungsform besitzen – menschlich, tierisch oder anorganisch. Oder du kannst im Träumen sogar mehrere Personen auf einmal sein. Aber du kannst dein eigentliches Bewusstsein nicht fragmentieren.«

Er sagte mir, dass die Beschreibung der verschiedenen Vehikel für unser Bewusstsein oft mit der Empfindung unseres Daseins verwechselt wird. Das tun besonders die Menschen, die einen starren und intellektuell ausgerichteten inneren Dialog haben.

»Ich traf einmal einen indischen Guru und unser Gespräch kam auf das Träumen. Der Mann hielt sich für einen Experten und protzte: ›Ich habe sieben Traumkörper!‹ Ich war sprachlos angesichts dieser Enthüllung und wusste nicht, was ich antworten sollte. Ich bekannte: ›Don Juan hat mich nur über einen unterrichtet.‹«

Während Carlos dies sagte, zog er den Kopf mit einer schüchternen Geste zwischen seine Schultern, aber heimlich kicherte er in sich hinein.

»Sind der Doppelgänger und der Energiekörper dasselbe?«, wollte ich wissen.

»So gut wie. Der erste wird durch das Träumen erreicht, der zweite durch das Pirschen. Oder anders ausgedrückt: Der Energiekörper ist der Doppelgänger, den der Träumer willentlich kontrolliert – aber beide sind dasselbe. Der Unterschied liegt darin, wie man sie erreicht.

Die alten Seher gestalteten ihr Träumen durch die Kraft ihres Willens und sie bildeten ihren physischen Körper bis ins kleinste Detail nach. Die Bezeichnung ›Doppelgänger‹ stammt aus jener Zeit. Die Grundidee ist praktisch und sinnvoll, denn wir sind daran gewöhnt, unseren Körper auf ganz bestimmte Weise zu sehen – und nur auf diese Weise. Am Anfang ist es für einen Träumer sehr angenehm, sich selbst als körperliches Wesen wahrzunehmen. Doch die neuen Seher sagen, dass es eine große Verschwendung ist, wenn man diese Absicht bis in die letzte Konsequenz fortführt. Und zwar deshalb, weil es Unmengen an Aufmerksamkeit für Details verlangt, die keinerlei praktischen Nutzen haben. Sie lernten, sich folglich als das zu sehen, was wir wirklich sind, als Lichtblasen.«

Ich fragte ihn, ob die Fähigkeit der Zauberer der Vorzeit, sich in Tiere zu verwandeln, darin bestand, dass sie versuchten, sich selbst mit einem Tierkörper zu sehen. Er sah mich an, als wolle er »Exakt!« sagen.

»Träumen ist die vorsätzliche und bewusste Nutzung unseres Energiekörpers. Energie ist formbar. Wenn man einen fortdauernden Druck auf sie ausübt, wird sie schließlich die gewünschte Form annehmen. Der Doppelgänger ist das Nagual, der ›Andere‹, der Kern des Nagualismus. Wenn du den Doppelgänger kontrollieren kannst, dann bist du auf dem Weg, alles zu werden, was du willst – vom freien Wesen bis hin zum wilden Tier.

Doch um so etwas Spezielles wie ein Tier zu werden, kann man nicht improvisieren, hierzu benötigt man Methoden. Den Doppelgänger erschafft man durch eine Fixierung des Montagepunkts in einer neuen Position. Eine solche Fixierung hat Zwangscharakter und sie sollte mit den Methoden der Zauberer herbeigeführt werden. Wenn du zum Beispiel ein Falke sein willst und du dieses Ziel nicht mit der nötigen Flexibilität angehst, dann wird es damit enden, dass du tatsächlich und dauerhaft zum Falken wirst! Jeder erreicht genau das, was er anstrebt. Der Trick besteht darin, mit solchen Obsessionen intelligent umzugehen.

Wenn man sich auf Ziele konzentriert, die nichts mit Freiheit und Nüchternheit zu tun haben, dann entsteht oft eine Blockade, welche die Betroffenen in den Wahnsinn führen kann oder auf noch absurdere Abwege. Tatsächlich sind wir alle bereits genau dort angekommen: Wir entscheiden uns, Menschen zu sein, und wir sind es! Jede Besessenheit, mit der nicht sorgsam umgegangen wird, bedeutet Sklaverei.

Das Problem vieler Naguals im modernen Mexiko ist, dass sie ihre abstrakten Möglichkeiten vergessen haben. Sie sind Zauberer, die sich in Truthähne verwandeln und dann keinen Ausweg mehr finden. Und es gibt einige, die nichts Besseres mit ihrer Energie anzufangen wissen, als außergewöhnliche Schauspiele aufzuführen, bloß um ihre Mitmenschen zu erschrecken.

Der Verfall der Lehren führte dazu, dass die Seher von Don Juans Linie all diese verrückten Positionen des Montagepunkts, die ihre Vorgänger ihnen hinterlassen hatten, verwarfen und Freiheit auf eine völlig unpersönliche Weise anstrebten. Das Streben nach Freiheit ist ein reines

Ziel und ersetzt alle anderen Zielsetzungen. Indem sie sich der Freiheit verpflichteten, gaben die neuen Seher dem Nagualismus seine Reinheit zurück.«

Ich fragte ihn nach dem enormen Aufwand, der zweifellos nötig war, um sich im Reich des Träumens einen Doppelgänger zu erschaffen.

»Für die meisten Zauberer ist dieser Aufwand eine Option, eine Pforte zu einem anderen Reich der Bewusstheit. Eine Art von Bewusstheit, die es ihnen im richtigen Augenblick erlaubt, den endgültigen Sprung in die dritte Aufmerksamkeit zu beabsichtigen. Indem sie ihrem Doppelgänger Autonomie und Zielstrebigkeit verleihen, bereiten sie sich darauf vor, auch über ihren Tod hinaus bewusst zu bleiben. Wenn dieser neue Körper vollständig und der Augenblick gekommen ist, verlässt ihre Bewusstheit die menschliche Hülle endgültig. Der physische Körper schwindet dahin und stirbt, aber die Bewusstheit, die Empfindung des Daseins bleibt.«

4.1

Die Kunst des Pirschens

Nach und nach begannen Carlos' Erzählungen, Wirkung in mir zu entfalten. Eines Tages setzte ich mich hin und untersuchte ernsthaft, wie viel Energie ich investierte, um das Gefühl meiner eigenen Wichtigkeit aufrechtzuerhalten. Dabei ging es mir nicht um die groben und allgemeinen Formen, in denen sich der Eigendünkel gewöhnlich zeigt, wie etwa Selbstzufriedenheit oder das Heischen nach Aufmerksamkeit. Ich untersuchte die subtileren Aspekte der eigenen Wichtigkeit, die in den grundlegenden Vorstellungen lagen, die ich von der Welt hatte.

Diese Reflexionen verschafften mir keine Sicherheit. Im Gegenteil, ich stellte fest, dass der enorme ideologische Rahmen, in dem ich lebte und den ich stets für selbstverständlich gehalten hatte, zu wanken begann. Als ich dies Carlos erzählte, fand er das ganz normal.

»Du lernst, dich selbst anzupirschen«, meinte er. »Das ist genau das, was du schon immer hättest tun sollen, seit du gelernt hast, deinen Verstand zu benutzen.«

Ich hatte schon von der Kunst des Pirschens gehört. Es ist eine Jagdstrategie, die darin besteht, dass man die Gewohnheiten und Routinen der Beutetiere nutzt, um diese zu fangen. Die Strategie kann auch im Alltag eingesetzt werden, zum Beispiel im Geschäftsleben. Doch man kann dieselbe Strategie auch gegen seine inneren Dämonen wie Zweifel, Faulheit und Sichgehenlassen verwenden.

Es war noch etwas Zeit, bevor der Vortrag beginnen sollte, und ich nutzte die Gelegenheit und bat Carlos, mir mehr über das Thema zu erzählen. Zu meiner Verwunderung sagte er mir, dass er über das Thema nicht sprechen könne, bevor ich mich nicht auf Leben und Tod seinen Lehren verschrieben hätte.

»Warum?«

»Weil du dich dann gegen mich wenden würdest. Träumen zu lernen führt nicht dazu, dass sich jemand angegriffen fühlt. Das Schlimmste, was passieren kann, ist, dass du nicht glaubst, dass Träumen möglich ist. Pirschen – in der Form, in der es die Zauberer praktizieren – ist jedoch ein Angriff auf die Vernunft. Viele Krieger vermeiden es, über das Pirschen zu sprechen, weil ihnen nicht wohl dabei ist. In der Anfangsphase ist der Lehrling einem wahren Kreuzfeuer ausgesetzt und frustriert, weil er sein Ego nicht loslassen kann.

Wie eine Medaille hat das Pirschen zwei Seiten. Einerseits ist es eine der leichtesten Übungen der Welt. Andererseits ist es eine sehr schwierige Technik, nicht weil Pirschen so kompliziert wäre, sondern weil es sich mit Aspekten von uns selbst beschäftigt, mit denen man sich gewöhnlich nicht beschäftigen will.

Pirschen erzeugt winzige, aber beständige Verschiebungen des Montagepunkts. Es ist anders als das Träumen, das den Montagepunkt sehr tief verschiebt, ihn aber wie einen Gummiball abprallen lässt und sofort wieder in die Ausgangsposition zurückbringt. Nach dem Erwachen schaust du dich um und alles sieht so aus, wie es immer aussieht, und dann gehst du die alltäglichen Dinge genauso an, wie du es immer tust. Wenn du in dieser Situation von deinem Lehrer aufgefordert wirst, eine bestimmte Veränderung vorzunehmen, wette ich, dass du beleidigt oder in deinem Stolz verletzt gehen wirst und die Lehre an den Nagel hängst.«

Ich fragte ihn, wie dann Zauberer diese Kunst überhaupt lehrten.

Er antwortete, dass Pirschen traditionell ausschließlich im Zustand gesteigerter Bewusstheit gelehrt werde.

»Pirschen ist etwas, über das nicht offen geredet wird, man muss zwischen den Zeilen lesen können. Dieser Teil des Wissens gehört zu den Lehren für die linke Seite. Es braucht viele Jahre, um sich zu erinnern, worum es dabei eigentlich geht, und noch mehr Zeit, um es auch praktizieren zu können.

Auf der Stufe, auf der du dich jetzt befindest, gibt es nur eine Möglichkeit, mit dem Pirschen umzugehen, und das ist, sich ihm durch die Methoden des Träumens anzunähern. Wenn du fühlst, dass ich ein Thema berühre, das zu persönlich ist, oder wenn du einen Anfall von Misstrauen hast, dann schau auf deine Hände oder auf jeden anderen Erinnerungspunkt, den du dir für das Träumen ausgewählt hast. Die Traum-Aufmerksamkeit wird dir helfen, deine Fixierung zu durchbrechen.«

4.2

Das Markenzeichen des Nagual

Bei einer anderen Gelegenheit war Carlos trotz seiner Zurückhaltung bereit, meine Fragen zum Thema Pirschen zu beantworten, solange sie sich auf theoretische Aspekte beschränkten. Ich nutzte die Gelegenheit und bat ihn, mir die Kunst des Pirschens zu erklären.

»Pirschen ist die Hauptbeschäftigung eines Energie-Fährtenlesers. Es kann auch im täglichen Umgang mit anderen Menschen angewandt werden und zeigt hier erstaunliche Ergebnisse, ist aber eigentlich entwickelt worden, um den Praktiker selbst in Form zu bringen. Andere zu manipulieren und zu kontrollieren ist anstrengend und beschwerlich, doch es ist unvergleichlich schwieriger, uns selbst zu kontrollieren. Aus diesem Grund ist Pirschen die Technik, die den Nagual auszeichnet und mithin zu seinem Markenzeichen wird.

Pirschen kann definiert werden als die Fähigkeit, den Montagepunkt in neuen Positionen zu fixieren. Ein Krieger, der pirscht, ist ein Jäger. Aber im Gegensatz zu einem gewöhnlichen Jäger, der auf materielle Interessen ausgerichtet ist, verfolgt ein Krieger eine größere Beute: seine eigene Wichtigkeit. Das bereitet ihn auf die große Herausforderung vor, mit seinen Mitmenschen umzugehen – etwas, das durch das Träumen unmöglich erreicht werden kann. Zauberer, die nicht lernen zu pirschen, werden zu schlecht gelaunten Menschen.«

»Warum?«

»Weil sie dann nicht die Geduld haben, die Dummheit der Leute zu ertragen. Pirschen ist etwas sehr Natürliches, etwas, das unserem tierischen Erbe entspricht: Um zu überleben, entwickeln wir Verhaltensweisen und Routinen, die unserer Energie eine bestimmte Form geben und uns helfen, uns anzupassen. Wenn ein aufmerksamer Beobachter diese Routinen untersucht, dann kann er das Verhalten eines Tieres oder eines Menschen jederzeit genau vorhersagen.

Krieger wissen, dass jede Gewohnheit wie eine Sucht ist. Sie kann dich an Drogen fesseln oder daran, jeden Sonntag in die Kirche zu gehen. Der Unterschied liegt in der Form, nicht im wesentlichen Kern. Auf dieselbe Weise funktionieren die Gewohnheiten des Denkens. Wenn wir denken, dass die Welt vernünftig sei oder dass die Dinge, die wir glauben, die einzige Realität wären, dann werden wir Opfer von Routinen, die unsere Sinne vernebeln, und nehmen nur noch das wahr, was uns bekannt ist.

Gewohnheiten sind Schablonen für Verhaltensweisen, denen wir automatisch folgen, sogar dann, wenn sie keinen Sinn mehr ergeben. Um ein Pirscher zu sein, muss man sich von den Zwängen, die uns der Überlebensinstinkt auferlegt hat, befreit haben.

Ein Pirscher ist Herr über seine Entscheidungen und hat alle Spuren von Abhängigkeit aus seinem Leben verbannt. Um frei zu sein, muss er lediglich seine energetische Integrität wiedererlangen. Sobald er in der Lage ist, sich frei zu entscheiden, kann er sich auf genau kalkulierte Weise sowohl mit Menschen als auch mit anderen bewussten Wesen einlassen. Das Ergebnis eines solchen Manövers ist Pirschen, weil es nicht auf gewohnheitsmäßigem Verhalten beruht, sondern auf der genauen Beobachtung des Verhaltens der anderen.«

»Und was ist der Sinn von all dem?«

»Aus deinem Blickwinkel ergibt es natürlich keinen Sinn«, antworte er. »Freiheit hat nichts mit Vernunft zu tun. Allerdings gerät dein gesamtes Dasein ins Wanken, wenn du deine Routinehandlungen durchbrichst, weil dieser Akt das Märchen von der Unsterblichkeit entlarvt.«

Er zeigte auf die Leute, die gerade von der Arbeit zurückkamen, und fragte: »Was glaubst du, wo alle diese Menschen hingehen? Diese Menschen gehen, um ihren letzten Tag zu leben! Das Traurige ist, dass dies wahrscheinlich nur sehr wenigen bewusst ist. Jeder Tag ist einzigartig. Die Welt ist nicht so, wie es uns immer wieder gesagt worden ist. Um die Macht der Gewohnheit zu brechen, musst du eine Entscheidung treffen, die ein für alle Mal gültig ist. Wenn du diese Entscheidung getroffen hast, dann wirst du vom Krieger zum Pirscher.«

»Kann es passieren, dass ein Krieger trotz seiner Zielstrebigkeit am Ende etwas ganz Gewöhnliches aus seinem Leben macht?«

»Nein. Und das musst du verstehen, weil sonst dein Streben nach Makellosigkeit seine Frische verliert und du deine Suche verraten wirst. Das Durchbrechen der Routinen ist nicht der Zweck des Weges, es ist lediglich eines seiner Mittel. Das Ziel ist, bewusst zu sein. Behalte das stets im Hinterkopf. Eine andere Definition von Pirschen ist, ›seine ungeteilte Aufmerksamkeit auf ein umfassendes Ergebnis zu richten‹.

Wenn diese Art der Aufmerksamkeit auf ein Tier gerichtet wird, dann wird daraus eine Jagd. Wenn sie auf einen anderen Menschen gerichtet wird, dann gewinnt man einen Kunden, einen Schüler oder eine Geliebte. Auf ein anorganisches Wesen angewandt, gewinnt man das, was Zauberer einen ›Verbündeten‹ nennen. Aber nur, wenn wir das Pirschen auf uns selbst anwenden, kann man es als toltekische Kunst betrachten, denn dann erzeugt es etwas sehr Wertvolles: Bewusstheit.«

4.3

Kleine Tyrannen anpirschen

Trotz all seiner Erklärungen war mir die praktische Seite der Kunst des Pirschens immer noch ein Rätsel. Im Laufe der Jahre führte ich einige der anderen Übungen erfolgreich aus – ich rekapitulierte, erreichte die innere Stille und machte sogar Fortschritte im Träumen. Doch wann immer ich mich im Pirschen versuchte, erzielte ich nur vage Ergebnisse oder es endete damit, dass ich mir lächerlich vorkam.

Offenbar wusste Carlos über meine Anstrengungen Bescheid. Irgendwann rief er mich an und sagte zu mir: »Mach es nicht so kompliziert. Du machst ja eine Karikatur aus den Lehren. Wenn du pirschen willst, dann beobachte dich selbst. Wir alle sind vorzügliche Jäger, Pirschen ist eine natürliche Begabung. Wenn wir Hunger haben, dann unternehmen wir etwas dagegen; Kinder weinen und erreichen so, was sie wollen; Frauen verführen Männer, und Männer rächen sich an anderen Männern und betrügen ihre Geschäftspartner. Pirschen bedeutet, das zu bekommen, was du haben willst.

Wenn du dir der Welt, die dich umgibt, bewusst wirst, dann wirst du verstehen, dass das schlichte Aufrechterhalten von Aufmerksamkeit bereits eine Form des Pirschens ist. Das haben wir gelernt, lange bevor sich unsere Unterscheidungsfähigkeit entwickelt hat. Wir halten es für etwas Natürliches und stellen es nie infrage. Aber all unsere Handlungen, selbst die altruistischsten, sind vom Geist eines Jägers durchtränkt.

Der Durchschnittsmensch hat keine Ahnung davon, dass er pirscht, weil sein Charakter durch die Sozialisation geprägt wurde. Er ist davon überzeugt, dass seine Existenz wichtig ist. Und daher dienen seine Handlungen der Aufrechterhaltung der eigenen Wichtigkeit und nicht der Erweiterung des Bewusstseins.«

Carlos betonte noch einmal, dass es eine der Grundeigenschaften der eigenen Wichtigkeit sei, dass sie uns verrate.

»Wichtige Leute sind nicht im Fluss. Sie blasen sich auf und geben mit ihren persönlichen Eigenschaften an. Sie haben weder die nötige Anmut noch die Geschwindigkeit, sich zu verstecken. Ihre Leuchtkraft ist zu starr. Nur, wenn sie nichts mehr zu verteidigen haben, können sie beweglich werden.

Die Methode der Zauberer besteht darin, sich auf neue Art und Weise auf die Realität zu konzentrieren, in der wir leben. Statt immer neue Informationen anzuhäufen, versuchen sie ihre Energie zu verdichten. Ein Krieger hat gelernt, sich selbst anzupirschen und trägt nicht länger die Bürde, seiner Umwelt ein bestimmtes Bild von sich selbst präsentieren zu müssen. Niemand bemerkt ihn, wenn er es nicht will, und zwar weil er an nichts gebunden ist. Er ist ein Jäger, der gelernt hat, über sich selbst zu lachen.«

Er erzählte mir, wie seine Lehrerin Doña Florinda Matus ihn gelehrt hatte, unauffällig zu sein.

»Gerade zu der Zeit, als ich anfing, mit meinen Büchern viel Geld zu verdienen, schickte sie mich zum Arbeiten in eine Autobahnraststätte, wo ich Hamburger braten sollte! Einige Jahre lang schuftete ich dort, mein Geld stets vor Augen, aber ohne jede Möglichkeit, es auszugeben. Sie meinte, dadurch würde ich lernen, auf dem Teppich zu bleiben und meine Aufgabe nicht aus den Augen zu verlieren. Ich habe meine Lektion gelernt!

Wenig später bekam ich eine weitere Gelegenheit, unsichtbar zu sein. Ich hatte einige Kakteen zum Haus eines Freundes gebracht und war gerade dabei, diese einzupflanzen. Plötzlich erschienen zwei Reporter der ›Times‹, die schon lange auf der Suche nach mir waren. Sie hielten mich für einen Arbeiter und fragten nach dem Herrn des Hauses. Ich zeigte auf die Tür und sagte zu ihnen: ›Dort müsst ihr klopfen.‹ Mein Freund antwortete auf ihre obligatorische Frage: ›Nein, ich habe ihn nicht gesehen.‹ Die Reporter gingen wieder und fragten sich, wo zum Teufel dieser Castaneda bloß sein könnte.«

Er fuhr fort zu erläutern, dass das Problem der eigenen Wichtigkeit eine sehr persönliche Angelegenheit sei und deshalb jeder Krieger die Lehren an seine individuellen Bedingungen anpassen müsse. Aus dem Grund seien die Techniken der Pirscher extrem flexibel. Dennoch sei das Training für jeden dasselbe. Es ginge stets darum, sich von überflüssigen Gewohnheiten zu befreien und genügend Disziplin aufzubringen, um die Zeichen der Absicht zu erkennen. Diese beiden Errungenschaften stellten in seinen Augen echte persönliche Leistungen dar.

»Die beste Art und Weise, einen solchen Grad an Disziplin zu erlangen, ist es, aktiv mit einem ›kleinen Tyrannen‹ umzugehen.«

Auf meine Nachfrage hin erklärte er mir, dass ein kleiner Tyrann jemand sei, der es uns unmöglich mache, unser eigenes Leben zu führen. In früheren Zeiten hätten uns solche Leute körperlich verletzen oder sogar töten können. Heutzutage gebe es diese Art von kleinen Tyrannen bei uns praktisch nicht mehr. Da wir uns selbst eine so unerhört hohe Wichtigkeit zuschrieben, könnte uns jeder Mensch, der uns ärgere, als kleiner Tyrann dienen. Wir sollten diesen Situationen nicht aus dem Weg gehen und uns damit konfrontieren – nicht mit dem kleinen Tyrannen, sondern mit unserer eigenen Dummheit.

»Kleine Tyrannen sind nötig, weil die meisten von uns zu faul sind, um sich aus eigenem Antrieb zu ändern. Ein kleiner Tyrann bringt Bewegung in unser starres Selbstbild und durch ihn werden unsere Schwächen sichtbar. Er bringt uns dazu, der Wahrheit ins Auge zu sehen – nämlich, dass wir nicht wichtig sind – und er wird uns dies durch seine Handlungen immer wieder demonstrieren. Lernen, damit umzugehen, ist die einzig wirklich wirkungsvolle Weise, das Pirschen zu verfeinern.

Ein kleiner Tyrann ist so wichtig für diese Aufgabe, dass es für einen Lehrling zu einer echten Obsession werden kann, einen geeigneten Kandidaten zu suchen und mit ihm in Kontakt zu treten. Für einen Krieger ist aufrichtige Dankbarkeit die einzig angemessene Antwort darauf, wenn er einen kleinen Tyrannen gefunden hat, der zu ihm passt.

Kleine Tyrannen gibt es viele. Was aber selten ist, ist der Mut, bewusst nach ihnen zu suchen und mithilfe des Pirschens eine Verbindung mit ihnen einzugehen. Man muss ihren Ärger förmlich provozieren, sich ihrem Einfluss aussetzen und gleichzeitig passende Strategien für den Umgang mit dem kleinen Tyrannen entwickeln. Normalerweise laufen wir unser Leben lang genau vor den Situationen davon, die Schmerz, Angst oder Verwirrung hervorrufen. Auf diese Weise bringen wir uns selbst um eines der wertvollsten Werkzeuge, die der Geist für uns bereitgestellt hat.«

»Mit welcher Strategie tritt man solchen Feinden entgegen?«

»Zuerst einmal dürfen wir sie nicht als Feinde betrachten. Sie sind unfreiwillige Verbündete unserer eigenen Sache. Und nie darf man aus den Augen verlieren, dass wir diese Schlacht nicht für das Ego schlagen, sondern für unsere Energie. Es geht darum, dass wir gewinnen, und nicht darum, dass der andere verliert. Ein kleiner Tyrann weiß das natürlich nicht und das ist sein Schwachpunkt.

Ich hatte das Privileg, mit mehreren solcher Leute zu tun zu haben. Aber ich hatte nie eine so außergewöhnliche Begegnung, wie sie mein Lehrer hatte.«

Carlos erzählte mir, dass ihm zu Beginn seiner Lehrzeit vor allem die eigene Ungeduld im Wege stand, wenn es um das Pirschen ging. Um ihm zu helfen, verlangte Don Juan von ihm, eine Freundschaft mit einem Mann einzugehen, der in einem Altersheim lebte.

»Als ich ihn kennenlernte, stellte sich heraus, dass er ein nervtötender alter Mann war. Er hatte die Angewohnheit, jedem immer wieder von einem Erlebnis aus seiner Jugend in den 1920er Jahren zu erzählen. Damals saß er in einem italienischen Café, als plötzlich ein Auto vorfuhr. Einige bewaffnete Leute sprangen heraus und begannen, mit Maschinengewehren in Richtung des Cafés zu schießen. Mein Freund hatte Glück. Er versteckte sich unter einem Tisch und kam unverletzt davon.

Diese Anekdote erzählte ganz offensichtlich vom einzig bedeutsamen Ereignis im Leben des alten Mannes. Das Pech für alle anderen war, dass der alte Mann unter Vergesslichkeit litt und nicht mehr wusste, wem er die Geschichte schon erzählt hatte. Ich musste viele

Jahre lang darunter leiden. Jedes Mal, wenn ich ihn besuchte, packte er mich am Arm und fragte: ›Habe ich dir schon erzählt, wie ich von ein paar Gangstern angegriffen wurde?‹

Ich empfand Mitleid für ihn, weil er mich an meine eigene ungewisse Zukunft erinnerte. Irgendwann hatte ich aber die Nase voll. Ich ging zu Don Juan und sagte: ›Ich ertrage diesen alten Mann nicht länger! Er macht mich wahnsinnig! Sag mir, warum ich ihn immer noch besuchen muss?‹

Aber Don Juan blieb unnachgiebig. Er befahl mir, dass ich den alten Mann von nun an jeden Tag besuchen oder meine Lehrzeit beenden müsse. Aufgrund seiner Drohung nahm ich all meine Geduld zusammen, um die Aufgabe zu Ende zu bringen. Manchmal stellte ich mir in meiner Fantasie vor, dass der alte Mann vielleicht gar nicht der war, der er zu sein schien. Das gab mir Mut, mit dieser Aufgabe fortzufahren. Bis ich eines Tages in das Altersheim kam und man mich darüber informierte, dass mein Freund gestorben war.«

5.1

Die Gleichschaltung der Wahrnehmung

An diesem Nachmittag sprach Carlos über besondere Eigenschaften der Wahrnehmung. Er sagte, dass die Menschen von den Dinosauriern die Gewohnheit übernommen hätten, den Himmel als blau wahrzunehmen. Dagegen erscheine für unsere Verwandten, die Primaten, der Himmel gelb.

Als Antwort auf die Frage eines Teilnehmers beschrieb er die Welt, in der wir leben, als ein »Konglomerat von Interpretationseinheiten«.

Als er merkte, dass diese Definition von seinen Zuhörern nicht verstanden wurde, begann er zu erklären: »Der Mensch gehört zu den Primaten. Sein großes Glück ist es, dass er aufgrund seiner Fähigkeit zur Aufmerksamkeit und Analyse einzigartige Ausdrucksmöglichkeiten der Bewusstheit entwickeln kann. Allerdings ist reine Wahrnehmung überaus selten und wird meist durch Interpretationen überlagert. Und dadurch passt sich die Wirklichkeit an unsere Beschreibung an.

Das Ziel der Zauberer ist es, alles wahrzunehmen, was dem Menschen wahrzunehmen möglich ist. Wenn wir schon unserem biologischen Erbe nicht entrinnen können, dann lasst uns wenigstens außergewöhnliche Affen sein!

Der Pfad der Aufmerksamkeit ist alles, was wir haben, um unsere Erkenntnisfähigkeit zu perfektionieren.«

Am Abend hatte ich Gelegenheit, allein mit Carlos zu sprechen, und ich bat ihn, seine Aussagen noch einmal in kleinere Häppchen für mich zu zerlegen, da ich nicht alles verstanden hatte.

»Aufgrund unseres biologischen Erbes funktionieren wir alle wie Wahrnehmungseinheiten«, erklärte er mir. »Und es ist uns möglich, ein Wunder der Aufmerksamkeit zu vollbringen: die Gleichschaltung der Wahrnehmung.«

»Was verstehst du unter ›Gleichschaltung‹?«, wollte ich wissen.
»Da wir autonome Wesen sind, könnte auch unsere Wahrnehmung autonom sein. Aber sie ist es nicht, weil wir durch eine Übereinkunft mit unseren Mitmenschen alle dasselbe wahrnehmen. Diese außergewöhnliche Fähigkeit, die als freiwillige Übereinkunft einmal unser Überleben sichern sollte, hat uns leider inzwischen an unsere eigene Beschreibung festgekettet.

Der Fluss der Emanationen des Adlers erneuert sich ständig, aber wir nehmen diese Veränderung gar nicht wahr, weil wir drei Schritte von der Realität entfernt leben. Unsere angeborene Sinnesleistung, unser biologischer Interpretationsmechanismus und unsere gesellschaftliche Übereinkunft trennen uns von der reinen Wahrnehmung.«

Diese Schritte fänden nicht gleichzeitig statt, erklärte er mir, aber ihre Geschwindigkeit sei so hoch, dass wir sie selbst gar nicht bewusst wahrnehmen könnten – und daher betrachteten wir die Welt, die wir wahrnähmen, eben als gegeben und selbstverständlich.

Ich bat ihn um ein Beispiel zum besseren Verständnis.

»Stell dir vor, dass du genau in diesem Augenblick ein Bündel von Emanationen des Adlers erlebst«, erklärte er. »Diese verwandelst du automatisch in sensorische Daten, welche Eigenschaften wie Helligkeit, Klang, Bewegung und so weiter besitzen. Dann mischt sich die Erinnerung ein, die verpflichtet ist, allem eine Bedeutung zu verleihen. Du erkennst dann zum Beispiel, dass du einen Menschen vor dir hast. Schließlich wird diese Person anhand deines gesellschaftlichen Inventars eingeordnet, indem du sie mit anderen Menschen, die du kennst, vergleichst. Diese Klassifikation gestattet dir sodann, die Person zu identifizieren. Inzwischen bist du dabei schon ein ganzes Stück entfernt von dem eigentlichen Phänomen, das unbeschreiblich ist, da es einzigartig ist.

Genau dasselbe passiert mit allem, was wir wahrnehmen. Unser Erkennen ist das Ergebnis eines langen Prozesses der Filterung und des ›Abschöpfens‹, wie Don Juan es genannt hat. Wir filtern und schöpfen alles ab, und indem wir dies tun, modifizieren wir die Welt, die uns umgibt, in einem solchen Ausmaß, dass von der ursprünglichen Realität nur wenig übrig bleibt. Dieses Vorgehen hilft uns dabei, unsere Lebensbedingungen zu verbessern, aber gleichzeitig versklavt es uns an unsere eigene Schöpfung und macht uns zu überaus vorhersagbaren Wesen.

Wenn wir obendrein noch unsere Montagepunktpositionen einander angleichen, um den gesellschaftlichen Konsens zu wahren, dann können wir am Ende nur noch das wahrnehmen, was nicht mit unseren vorgefassten Vorstellungen von der Welt kollidiert. Wir sind wie Pferde, die einen bestimmten Weg kennen und dann nicht mehr in der Lage sind, einen anderen Weg zu nehmen und ihre Freiheit zu genießen. Wir wiederholen immerzu dieselben Muster. Diese Art von Gleichschaltung ist furchterregend und geht viel zu weit. Fang an, selbst nachzudenken! Da fehlt etwas!«

Er bestand darauf, dass jede vorgefasste Idee, sogar etwas so Simples wie die Namen, die wir den Dingen gäben, uns an den Verstand kette, weil sie uns dazu zwinge, unentwegt neue Bewertungsmechanismen zu erschaffen.

»Wenn du zum Beispiel sagst: ›Ich glaube an Gott‹, dann bedeutet das tatsächlich: ›Man hat mich bestimmte Vorstellungen gelehrt und ich habe mich entschieden, diese anzunehmen, und bin jetzt sogar bereit, dafür einen Mord zu begehen.‹ In diesem Moment bist du nicht länger Herr über deine Entscheidungen! Dein implantiertes Bewertungsschema trifft sie für dich.

Besser wäre es, deine Entscheidungen anhand deiner eigenen Erfahrungen zu fällen. Hüte dich also davor, etwas zu glauben, was deine Möglichkeiten einschränkt! Alles, was dich nicht frei macht, versklavt dich.

Wenn wir auf bestimmte Aspekte des menschlichen Inventars festgelegt sind, dann hat das zwei Folgen: Es macht uns zu Spezialisten auf unserem Gebiet und führt gleichzeitig zu einer Art von Versteinerung unserer Energiekanäle. Diese reagieren dann nur noch auf bestimmte Stimuli und überfrachten uns mit Ideen und Meinungen.

Ein Krieger kann sich den Luxus nicht leisten, dem Weg des Durchschnittsmenschen zu folgen, noch will er zum buchstäblichen ›Reak-

tionär‹ werden. Freiheit bedeutet für ihn, andere Alternativen zu erkunden und andere Wege zu beschreiten.«
Ich fragte ihn, welche Alternativen er meinte.
Er klopfte mir auf die Schulter und sagte, dass es bereits zu spät sei.
»Wir werden ein anderes Mal darüber reden.«

5.2

Räuber der Bewusstheit

Unser Gespräch wurde erst Jahre später fortgesetzt. Es war bei einem dieser informellen Treffen, auf dem Carlos über ein völlig neues und erschreckendes Konzept sprach, was zu einer leidenschaftlichen Kontroverse führte.

»Der Mensch ist ein magisches Wesen. Er hat dieselben Fähigkeiten, ins Universum zu fliegen, wie jedes andere der Millionen von bewussten Wesen, die existieren. Aber zu einem bestimmten Zeitpunkt in seiner Geschichte hat er diese Freiheit verloren. Heute ist sein Verstand nicht mehr sein eigener Besitz, sondern ein fremdes Implantat.«

Er behauptete, dass wir Menschen Geiseln einer Gruppe von kosmischen Wesen seien, von hoch entwickelten Raubwesen, welche die Zauberer »Voladores« oder »Flieger« nannten. Er betonte, dass dies ein gut gehütetes Geheimnis der alten Seher sei. Doch ein Omen habe ihn nun dazu veranlasst, dieses Wissen öffentlich zu machen. Das Omen kam in Gestalt eines Fotos, das sein Freund Tony – ein christlicher Buddhist – gemacht hatte. Auf ihm konnte man klar und deutlich die Gestalt eines dunklen und bedrohlichen Wesens sehen, das über einer großen Masse von Gläubigen schwebte, die sich bei den Pyramiden von Teotihuacan zum Gebet versammelt hatten.

»Meine Gefährten und ich entschieden, dass es an der Zeit sei, unsere wahre Situation als soziale Wesen zu enthüllen, auch auf die Gefahr hin, dass diese Informationen zu Misstrauen uns gegenüber führen.«

Als ich ihn nach weiteren Einzelheiten über die Voladores fragte, enthüllte er mir einen der erschreckendsten Aspekte von Don Juans Welt: Wir sind Gefangene von Wesen, die aus den Grenzbereichen des Universums kamen und mit uns genauso lieblos und unbedacht umgehen wie wir mit Hühnern.

»Der Bereich des Universums, der uns zugänglich ist«, erklärte er, »ist das Spielfeld von zwei grundverschiedenen Arten von Bewusstheit. Die eine umfasst Pflanzen, Tiere und Menschen und ist eine weißliche Bewusstheit; sie ist jung und erzeugt Energie. Die andere ist unendlich viel älter und eine eher parasitär veranlagte Bewusstheit, die immens viel Wissen besitzt.

Neben den Menschen und anderen Wesen, die die Erde bevölkern, existiert im Universum eine riesige Bandbreite anorganischer Wesen. Sie sind mitten unter uns und manchmal kann man sie sogar sehen. Wir nennen sie Geister oder Erscheinungen. Eine dieser Spezies kam aus den Tiefen des Universums zur Erde und fand hier eine Oase der Bewusstheit vor. Die Seher beschreiben sie als gewaltige, schwarze, fliegende Gestalten, die darauf spezialisiert sind ›uns zu melken.‹«

»Das ist unglaublich!«, rief ich aus.

»Ich weiß, aber es ist die reine und schreckliche Wahrheit. Hast du dich noch nie darüber gewundert, wie die Energie und die Gefühle der Menschen auf und ab gehen? Dies verursachen die Raubwesen, die regelmäßig einen Teil unserer Bewusstheit von uns aufnehmen. Sie lassen nur so viel zurück, dass wir weiterleben können – und manchmal nicht einmal das.«

»Was meinst du damit?«

»Manchmal nehmen sie zu viel und die Person erkrankt ernsthaft oder stirbt sogar.«

Ich konnte nicht glauben, was ich da hörte. »Willst du damit sagen, dass wir bei lebendigem Leibe aufgefressen werden?«, fragte ich.

»Das darfst du nicht wörtlich nehmen«, sagte er lächelnd. »Sie ›essen‹ uns nicht buchstäblich, sondern nehmen eine Schwingungsübertragung vor. Bewusstheit ist Energie und sie können sich an unserer Energie ausrichten. Von Natur aus sind sie stets hungrig und wir strömen ein Licht aus, das sie magisch anzieht. Das Ergebnis einer solchen Ausrichtung kann man auch als Stehlen von Energie bezeichnen.«

»Aber warum tun sie das?«

»Weil auf der kosmischen Ebene Energie die wichtigste Währung ist, die von allen begehrt wird. Wir Menschen sind eine vitale Rasse, bis oben angefüllt mit Nahrung. Jedes lebende Wesen isst andere Lebewesen und die Stärksten sind dabei stets die Gewinner. Wer sagt, dass der Mensch wirklich an der Spitze der Nahrungskette steht? Eine so naive Vorstellung kann nur von uns Menschen stammen. Für die anorganischen Wesen sind wir nichts anderes als eine willkommene Beute.«

Ich merkte an, dass es für mich unvorstellbar sei, dass Wesen, die viel bewusster sind als wir, zu einem solch räuberischen Verhalten neigen sollten.

»Was glaubst du denn, was du tust, wenn du Salat isst oder ein Steak?«, gab er zurück. »Du isst Leben! Deine Sensibilität ist scheinheilig. Kosmische Räuber sind nicht mehr und auch nicht minder grausam als wir. Wenn eine stärkere Rasse eine unterlegene Rasse verzehrt, dann hilft das ihrer Energie, sich zu entwickeln.

Ich habe dir bereits gesagt, dass wir in einem räuberischen Universum leben, in dem überall Krieg herrscht. Die Auseinandersetzungen der Menschen sind ein Spiegelbild dessen, was dort draußen geschieht. Es ist normal, dass eine Art die andere frisst. Ein Krieger beschwert sich nicht darüber, er versucht zu überleben.«

»Und wie fressen sie uns?«, fragte ich besorgt.

»Sie begehren unsere Emotionen, die durch einen passenden inneren Dialog verfügbar gemacht werden. Die Voladores haben unsere Gesellschaftsordnung so gestaltet, dass wir ununterbrochen passende Wellen von Emotionen abstrahlen, die sie unmittelbar absorbieren. Am liebsten mögen sie egozentrische Ausbrüche, die für sie Leckerbissen darstellen. Diese Art von Emotionen gleicht sich überall im Universum und die Voladores haben gelernt, sie zu verdauen.

Andere bevorzugen Gefühle wie Lüsternheit, Ärger oder Angst, und wieder andere ziehen zartere Emotionen wie Liebe und Zärtlichkeit vor. Aber im Grunde sind sie alle hinter den gleichen Dingen her. Im Normalfall greifen sie uns im Bereich des Kopfes, des Herzens oder des Magens an, weil wir dort besonders fette Energiepakete gespeichert haben.«

»Greifen sie auch Tiere an?«, wollte ich wissen.

»Diese Kreaturen nehmen alles, was sie kriegen können, aber sie bevorzugen organisierte Bewusstheit. Sie saugen bei Tieren und Pflanzen die Aufmerksamkeitsbereiche ab, die nicht zu starr fixiert sind. Sie greifen sogar andere anorganische Wesen an. Aber da diese sie sehen können, gehen diese ihnen aus dem Weg, so wie wir Moskitos aus dem Weg gehen. Die Einzigen, die ihnen vollständig in die Falle gehen, sind wir Menschen.«

»Wie kann das alles geschehen, ohne dass wir es bemerken?«

»Weil diese Art des Energieaustausches schon so lange geschieht, dass es für uns fast wie ein genetisches Erbe ist und sich ganz natürlich anfühlt. Wenn ein Kind geboren wird, dann bietet es die Mutter als Nahrung an, ohne dass sie dies bemerkt, weil ihr Geist bereits versklavt ist. Mit der Taufe wird diese Vereinbarung besiegelt. Von da an fühlt sie sich verpflichtet, dem Kind die entsprechenden Verhaltensmuster beizubringen. Sie zähmt das Kind, unterdrückt seine kämpferischen Neigungen und verwandelt es in ein gehorsames Lamm.

Wenn ein Kind genügend Energie hat, sich diesem Zwang zu widersetzen, aber nicht genug, um den Weg des Kriegers einzuschlagen, wird es in der Regel zum Rebell oder zum sozial unangepassten Außenseiter.

Die Voladores sind uns gegenüber eindeutig im Vorteil, weil ihr Bewusstheitsgrad dem unseren weit überlegen ist. Sie sind ausgesprochen kraftvolle, überwältigende Wesen. Die Vorstellung, die wir uns von ihnen machen, gleicht bestenfalls der Vorstellung, die eine Ameise sich von uns Menschen macht.

Doch ihre Anwesenheit ist schmerzlich und kann auf verschiedene Weise festgestellt werden. Zum Beispiel, wenn sie bewirken, dass wir uns in Rationalität oder in Misstrauen gehen lassen. Oder wenn sie uns dazu verleiten, unsere eigenen Entscheidungen zu missachten. Verrückte können sie sehr leicht erkennen – zu leicht –, weil sie körperlich spüren, wie diese Wesen sich auf ihren Schultern niederlassen und eine Art von Paranoia hervorrufen. Selbstmord ist das Kennzeichen der Voladores, weil der Geist der Flieger potenziell mörderisch und gemeingefährlich ist.«

»Du sagst, dass es einen Austausch gibt. Welchen Vorteil ziehen wir denn aus dieser energetischen Ausbeutung?«

»Im Austausch für unsere Energie haben uns die Voladores mit mentalem Rüstzeug ausgestattet, mit unseren Anhaftungen sowie unserem Ego. Aus ihrer Sicht sind wir keine Sklaven, sondern eher eine Art von bezahlten Arbeitern. Sie gewährten einer primitiven Rasse gewisse Privilegien und schenkten uns die Gabe des Denkens, die dazu führte, dass wir uns entwickeln konnten. Tatsächlich haben sie uns zivilisiert. Ohne die Voladores würden wir immer noch in Höhlen hausen oder uns Nester auf Bäumen bauen.

Die Voladores kontrollieren uns durch unsere Traditionen und Bräuche. Sie sind die Meister der Religion, die Schöpfer der Geschichte. Wir hören ihre Stimme im Radio und lesen ihre Ideen in Zeitungen. Sie kontrollieren unsere Medien genauso wie unsere Glaubenssysteme. Ihre Strategie ist großartig. Da gab es zum Beispiel einmal einen ehrlichen Mann, der von Liebe und Freiheit sprach; und sie verwandelten dies in Predigten über Selbstmitleid und Unterwürfigkeit. Niemand kann sich dem entziehen, nicht einmal ein Nagual. Aus dem Grund ist die Arbeit der Zauberer eine einsame Arbeit.

Jahrtausendelang haben die Voladores Pläne geschmiedet, um uns zu Gemeinschaftswesen zu machen, die im Kollektiv leben. Es gab Zeiten, in denen die Flieger sich dreist in der Öffentlichkeit zeigten und die Menschen steinerne Abbilder von ihnen anfertigten. Das waren finstere Epochen, in denen sie überall waren. Heutzutage ist ihre Strategie so intelligent, dass wir nicht einmal wissen, dass sie existieren. In der Vergangenheit haben sie uns mit unserer Leichtgläubigkeit geködert, heute ködern sie uns über unseren Materialismus. Sie sind dafür verantwortlich, dass der moderne Mensch nicht selbstständig denken kann oder will. Schau einfach nur einmal, wie lang heute jemand echte Stille ertragen kann!«

»Warum änderten sie ihre Strategie?«

»Weil sich das Risiko für sie erhöht hat. Die Menschheit ist inzwischen in schnellem und beständigem Kontakt miteinander und Informationen erreichen jeden sofort. Also müssen sie unsere Köpfe füllen und uns Tag und Nacht mit allen möglichen Eingebungen und Suggestionen bombardieren. Andernfalls werden einige von uns erkennen, was vor sich geht, und die anderen warnen.«

»Was würde geschehen, wenn wir fähig wären, diese Wesen abzuwehren?«

»Innerhalb einer Woche würde sich unsere Lebenskraft erholen und wir würden wieder leuchten. Aber als normale Menschen können wir über diese Möglichkeit nicht einmal nachdenken, weil dies bedeuten würde, dass wir uns gegen alles stellen, was in irgendeiner Form gesellschaftlich akzeptiert ist. Zum Glück haben Zauberer eine Waffe gegen die Flieger: Disziplin.

Die Begegnung mit anorganischen Wesen geschieht allmählich. Am Anfang nehmen wir keine Notiz von ihnen. Doch nach einer Weile sieht ein Lehrling sie in seinen Träumen und später auch im Wachzustand. Das kann ihn tatsächlich in den Wahnsinn treiben, wenn er nicht lernt, sich wie ein Krieger zu verhalten. Sobald er das verstanden hat, kann er sich ihnen stellen.

Zauberer manipulieren die fremde Installation, indem sie selbst zu Energiejägern werden. Zu diesem Zweck haben meine Gefährtinnen und ich die Tensegrity-Übungen für große Menschenmengen entwickelt. Ihre Wirkung besteht darin, dass sie uns vom Geist der Voladores befreien.

In dieser Hinsicht sind Zauberer Opportunisten. Sie nutzen den Anstoß, den sie bekommen haben und sagen zu ihren Kidnappern: ›Danke für alles und tschüs! Eure Vereinbarungen habt ihr mit meinen Vorfahren getroffen und nicht mit mir.‹ Beim Rekapitulieren reißen sie buchstäblich die Nahrung aus dem Maul der Flieger. Es ist so, als ob man in ein Geschäft geht, die Ware an den Inhaber zurückgibt und sein Geld zurückverlangt. Die anorganischen Wesen mögen das nicht, aber sie können nichts dagegen unternehmen.

Unser Vorteil ist, dass sie sehr gut auf uns verzichten können, da ja mehr als genug andere Nahrung vorhanden ist! Eine Haltung ständiger Wachsamkeit, die nichts anderes ist als praktizierte Disziplin, schafft in unserer Aufmerksamkeit Bedingungen, die dazu führen, dass wir den Voladores nicht mehr schmecken. Dann wenden sie sich von uns ab und lassen uns in Frieden.«

5.3

Den Verstand verlieren

Bei einer anderen Gelegenheit sagte Carlos, dass auch unsere Vernunft ein Nebenerzeugnis der fremden Installation der Voladores sei und dass wir ihr misstrauen sollten. Für jemanden mit meiner geistigen Einstellung war das nur schwer zu akzeptieren.

Als ich ihn dazu befragte, erklärte er mir, dass die Zauberer keineswegs die Fähigkeit zu vernünftigen Schlussfolgerungen leugnen. Was sie ablehnen, ist die Art und Weise, wie sie uns aufgezwungen wird, als ob es keine Alternativen gäbe.

»Die Rationalität führt dazu, dass wir uns wie solide Klötze fühlen und Konzepten wie ›Realität‹ eine übertrieben große Wichtigkeit beimessen. Wenn wir dann mit ungewöhnlichen Situationen konfrontiert werden – und Zauberern geschieht dies andauernd –, dann sagen wir uns: ›Das kann gar nicht sein‹, und glauben, damit sei alles erledigt.

Die Welt unseres Verstandes ist eine Diktatur, aber sie ist äußerst zerbrechlich. Wenn man sich einige Jahre in diesem Umfeld bewegt hat, wird das Selbst so schwer, dass es vernünftig erscheint, ihm eine Pause zu gönnen, um auf dem Weg des Kriegers fortschreiten zu können.

Ein Krieger kämpft darum, die Beschreibung der Welt, die ihm aufgezwungen wurde, zu durchbrechen. Er muss sie abwerfen, um Platz für neue Dinge zu schaffen. Sein Krieg richtet sich dabei gegen das Selbst. Dazu gehört es, sich ständig seiner Möglichkeiten bewusst zu sein. Weil der Inhalt der Wahrnehmung durch die Position des Montagepunkts bestimmt wird, versucht ein Krieger mit all seiner Kraft, diese Fixierung zu lockern. Anstatt einen großen Zirkus um allerlei Spekulationen zu veranstalten, richtet er seine Aufmerksamkeit dabei auf bestimmte Prämissen der Zauberei.

Diese Prämissen besagen, dass uns erstens nur ein hohes Energieniveau befähigt, angemessen mit der Welt umzugehen. Zweitens sagen sie, dass Rationalität eine Folge der Fixierung des Montagepunkts auf der Position der Vernunft ist und dass sich der Montagepunkt bewegt, wenn innere Stille erreicht wird. Drittens: In unserem leuchtenden Energiefeld existieren andere Positionen, die ebenso pragmatisch sind wie die Vernunft. Viertens: Wenn wir eine Sichtweise erlangen, die sowohl die Vernunft als auch ihr Gegenstück, das stille Wissen, berücksichtigt, dann haben Konzepte wie Wahrheit und Lüge keinerlei praktischen Wert mehr. Und dann wird auch klar, dass die wirklich entscheidende Frage für uns Menschen darin besteht, ob wir genügend Energie haben oder nicht.

Zauberer sind auf andere Art vernünftig als Durchschnittsmenschen. Für sie ist es ein Zeichen geistiger Krankheit, wenn Aufmerksamkeit dauerhaft irgendwo fixiert wird. Sie frei fließen zu lassen ist für sie hingegen ein Merkmal gesunden Menschenverstandes. Für Zauberer ist es zwingend erforderlich, geistig gesund zu bleiben, aber sie haben entdeckt, dass Rationalität nicht gleichbedeutend mit geistiger Gesundheit ist. Geistig gesund zu bleiben ist ein freiwilliger und vorsätzlicher Akt, während Rationalität nichts anderes bedeutet, als seine Aufmerksamkeit im Bereich des kollektiven Konsenses zu fixieren.«

»Sind Zauberer gegen Vernunft eingestellt?«, wollte ich wissen.

»Ich habe es dir bereits gesagt: Sie sind gegen die Diktatur der Vernunft. Sie wissen, dass das Zentrum der Vernunft uns sehr weit bringen kann. Totale Vernunft ist gnadenlos, sie macht nicht auf halbem Weg Halt und ist deshalb auch so gefürchtet. Wenn wir uns strikt an die Vernunft halten, dann entsteht aus ihr eine Verpflichtung zur Makellosigkeit, weil es unvernünftig wäre, nicht makellos zu sein. Makellos zu handeln bedeutet, alles zu tun, was menschenmöglich ist und noch mehr. Deswegen bringt auch die Vernunft den Montagepunkt dazu, sich zu bewegen.

Um im Einklang mit dem Weg des Kriegers zu handeln, braucht man eine klare Zielsetzung, den Mut, die Aufgabe in Angriff zu nehmen, und eine unbeugsame Absicht. Wenn du dich umsiehst, dann wirst du feststellen, dass die meisten Menschen, die sich für ›vernünftig‹ halten, es gar nicht sind. Sie befinden sich nicht im Zentrum der Vernunft, sondern an seiner Peripherie.«

»Warum?«

»Weil sie nicht genug Energie haben. Sie können nicht objektiv sein, weil sie Löcher haben, die dies verhindern. Ihre Aufmerksamkeit fluktuiert und deshalb ist ihre Wahrnehmung nicht eindeutig; sie ist unklar und verschwommen. Wie ein führerloses Boot treiben sie in der Strömung und sind auf Gedeih und Verderb ihren Gefühlen ausgeliefert und ohne klare Aussicht auf die beiden Ufer – die reine Vernunft auf der einen Seite und das Abstrakte auf der anderen.

Was ein moderner Krieger braucht, ist ein Zustand kontinuierlichen Energiezuwachses, bis seine Aufmerksamkeit in der Lage ist, zwischen reiner Vernunft und stillem Wissen zu fließen. Wenn sie sich auf diese Weise bewegt, dann ist der Krieger auf dem Gipfel seiner geistigen Gesundheit und doch ist er kein rationales Wesen. Von welcher Position er auch ausgeht, er wird immer die andere Seite sehen und seine Sicht erhält Perspektive und Tiefe. Zauberer beschreiben diesen Zustand als ›Doppelwahrnehmung‹ oder ›den Verstand verlieren‹.

Wir können auf dieselbe Weise zum stillen Wissen gelangen, wie unsere Lehrer uns den Gebrauch der Vernunft beigebracht haben: durch Induktion. Es ist, als würde man beide Seiten einer Brücke kontrollieren. Auf der einen Seite sieht man die Vernunft als Netzwerk von Vereinbarungen, welches kollektive Interpretationen durch seine Mechanismen in das transformiert, was man ›gesunden Menschenverstand‹ nennt. Auf der anderen Seite ist das stille Wissen – eine unergründliche, schöpferische Dunkelheit, die sich jenseits der Grenzen der Mitleidslosigkeit erstreckt. Indem sie jene Grenzen überschritten, erreichten die alten Zauberer die Quelle reinen Verstehens.

Die Doppelwahrnehmung besteht nun darin, sich mit sich selbst zu verbinden und zwischen diesen beiden Punkten zu fließen. Man kann es eigentlich nicht beschreiben. Ein Lehrling erlebt es, sobald er genügend Energie gespart hat. Von da an lernt er, frei mit der Vernunft umzugehen; er betet sie weder an, noch kriecht er vor ihr auf dem

Boden. Er erreicht das, was Don Juan ›Intensität‹ genannt hat – die Fähigkeit, Information in einem Wahrnehmungsblock zu speichern.«

Mir kam das Konzept der »Intensität« völlig unklar vor und ich bat Carlos, es mir genauer zu erklären.

»Wahrnehmung setzt sich aus Inhalt und Intensität zusammen«, erklärte er. »Extreme Situationen, wie das Empfinden großer Gefahr, die Nähe des Todes oder die Wirkung von Kraftpflanzen, erschaffen eine große Intensität. Ein Zauberer lernt, wie er solche Erlebnisse in der Bewegung des Montagepunkts speichern kann.«

Er fügte hinzu, dass wir auf dem Weg des Wissens einen Wertewandel in Bezug auf unser Verständnis der sozialen Interaktionen als Spezies anstreben sollten.

»Die neuen Seher empfehlen, unsere Energie aus dem alltäglichen Leben abzuziehen und sie lieber auf Situationen zu konzentrieren, die jenen intensiven Lebensstil erfordern. Es geht um die Rückkehr des Menschen in eine Welt der Wunder und der Kraft – zu dem, wovon er schon immer geträumt hat. Es geht um die Wiederentdeckung des Staunens und der eigenen schöpferischen Fähigkeiten. Ein solcher Wandel ist das Einzige, was unsere Leuchtkraft von der Eintönigkeit alltäglicher Wahrnehmung befreien kann.«

5.4

Die Bewegung des Montagepunkts

Diesmal sprach Carlos zu einer kleinen Gruppe von Freunden über eine weitere Auswirkung der Bewegung des Montagepunkts. Die Dinge nähmen durch die Bewegung neue äußere Formen an; die Klarheit der Erscheinungen werde tiefer und essenzieller und lebende Wesen nähmen die Form großer, runder Lichtfelder an.

Er sagte, dass die leuchtende Konfiguration eines Mannes oder einer Frau ein Abbild ihres Lebens sei. Seher könnten sich alle Details anschauen und auf diese Weise feststellen, ob eine Person als Lehrling geeignet sei oder nicht.

»Die meisten Menschen misshandeln ihr Tonal und als Folge davon sehen ihre leuchtenden Fasern wie die Falten eines alten Vorhangs aus. Diese ›müden‹ Fasern wirken wie eine Art Klebstoff und blockieren den natürlichen Energiefluss. Don Juan bezeichnete solche Menschen als ›Tonal-Glocken‹, denn genau so sehen sie aus. Sie sind dunkel und vermitteln den Eindruck von großem Gewicht. Wenn sich diese Energiefelder bewegen, schleifen sie über den Boden oder machen kleine, ruckartige Sprünge, als würden sie etwas mitschleppen oder als würde die Person ein Bärenkostüm tragen, das ihr zu groß ist.

Bei Kriegern stehen diese Falten unter Spannung. Ihre Kokons sind fast kugelförmig und sie strahlen vor Vitalität. Der untere Teil ist massiv wie ein Gummiball und springt wie ein solcher auf und ab. Wenn sie sich fortbewegen, dann schleifen diese Kugeln nicht so elend über den Boden, sondern hüpfen vor Freude und gleiten oft über weite Strecken, als wären sie schwerelos. Don Juan nannte sie deshalb ›Hüpfbälle‹ und meinte, dass es ein Vergnügen sei, auf der Straße mit einem solchen zusammenzustoßen.

Doch nur Seher sind in der Lage, ihre Leuchtkraft auf eine Weise neu zu gestalten, die es ihnen erlaubt, von der Erde abzuheben und zu fliegen. Einige sind fähig, ihre Grenzen zu durchbrechen, und ihr leuchtender Kern wird sichtbar. Sie sehen aus, als würde die eingeschlossene Energie durch Risse in ihrer Haut ausströmen. Das sind sogenannte reisende Zauberer, die nicht mehr auf ihren physischen Körper angewiesen sind, um bewusst zu sein und handeln zu können.

Die Aufgabe eines Lehrlings ist die Neuausrichtung seines Energiekörpers durch Akte der Makellosigkeit und Kraft, die den Montagepunkt in Bewegung versetzen. Vor allem muss er dafür sorgen, dass seine Energie beweglich ist und auf natürliche Weise fließt. Dann werden sich seine Fasern ausdehnen und beginnen, in bernsteinfarbenem Licht zu leuchten.

Wahrnehmung findet im Montagepunkt, einem Punkt intensiven weißen Lichts statt, der starr in einem ganz bestimmten Bereich fixiert ist, den Zauberer ›das menschliche Band‹ nennen. Der Punkt bringt die äußeren Emanationen mit den Emanationen im Inneren des leuchtenden Feldes in Übereinstimmung. Dieser Akt der Ausrichtung ähnelt der Art, wie Antennen Radiowellen empfangen, die dann im Radio in Töne umgewandelt werden.«

Zu unserer Überraschung versicherte er uns, dass es ganz einfach sei, diesen Punkt zu sehen, und dass dies meist schon zu Anfang der Lehrzeit geschehe.

»Es reicht, es auf die richtige Weise zu beabsichtigen. Ein Lehrling sollte nie sagen: ›Es ist zwecklos, ich sehe nichts‹. Er sollte lieber sagen: ›Mal sehen … ja, da ist er!‹ Wenn wir diese Absicht ständig wiederholen, dann wird der Montagepunkt früher oder später in unserem Wahrnehmungsfeld auftauchen, und das ist der erste Schritt dahin, ihn vorsätzlich zu verschieben.«

Einer der Anwesenden fragte ihn, wie es überhaupt möglich sei, dass wir Zeuge unserer eigenen Wahrnehmung werden könnten.

Er erklärte, dass alles, was wir wahrnähmen, durch den Montagepunkt hindurchgehe. Die einzige Möglichkeit, dies zu verstehen, sei zu sagen, dass der Punkt sich selbst wahrnähme. Was immer wir sähen, sei das Ergebnis dieses Ablaufs. Deswegen hätten wir die Empfindung einer brennenden Flamme an der Stelle, an der die inneren Emanationen sich mit den äußeren Emanationen verbänden. Er sagte, dass wir das Phänomen ebenso gut in Begriffen des Hörens beschreiben könnten – als ein elektrisches Knacken, das die Verbindung anzeigt.

»Wichtig ist, dass wir es für uns selbst verifizieren, weil uns das über den Verstand hinaus führt und uns mit stillem Wissen anfüllt. Der bloße Akt, ihn zu sehen, bewirkt einen Schub, der den Montagepunkt aus seiner Fixierung löst und ihn in Bewegung versetzt.«

Er fuhr fort und sagte, dass ein erfahrener Zauberer in der Lage sei, seine Aufmerksamkeit sehr weit vom menschlichen Band fortzubewegen. Dadurch erweitere sich die Reichweite seiner Wahrnehmung beträchtlich.

»Es gibt einige, die das Reich der anorganischen Wesen besuchen. Diese Ausrichtung ist sehr bereichernd für ihre Energie und die Reisenden kehren erneuert zurück. Andere neigen dazu, in die tieferen Bereiche zu reisen, in das Reich der Tiere, die wohl erbärmlichste Ecke der Bewusstheit. Für Menschen ist dies ein gefährlicher Ort. Wenn man lange Zeit dort bleibt, kann es zu physischen Verletzungen kommen.«

Er wurde gefragt, wo man denn selbst sei, wenn sich der Montagepunkt in den unteren Bereich verschiebt.

»Mir scheint, dass du denkst, dass der Montagepunkt etwas ist, das in dein vernunftbetontes Inventar passt«, antwortete Carlos, »aber dem ist nicht so. Du darfst ihn nicht als massives Objekt oder als irgendeinen Teil deines Körpers betrachten. Wir haben keinen Montagepunkt, wir sind einer!

Solange ein Krieger noch innerhalb der Grenzen der menschlichen Form gefangen ist, ist der weiteste Ort, an den er seinen Montagepunkt verschieben kann, ein Bereich, in dem keine Interpretationen mehr möglich sind. Die neuen Seher nennen dieses Interpretationsvakuum den ›Limbus‹. Es ist ein realer Ort an der Grenze zur anderen Welt, ein Übergangsgebiet an der Peripherie zur zweiten Aufmerksamkeit.

Die Bewegungen des Montagepunkts sammeln sich an und führen zu einer Verdichtung unserer persönlichen Kraft, bis sich daraus am

Ende eine Art leuchtender Matrix kristallisiert, die Don Juan ›die Traum-Positionen‹ nannte. Die Erforschung dieser Positionen führt dazu, dass die individuelle Erfahrung eines Zauberers die menschliche Spur verlässt und praktisch grenzenlos wird.

Die Bewegung des Montagepunkts wird nicht nur durch das Interesse an erstaunlichen Visionen vorangetrieben, sondern mehr noch durch die Tatsache, dass jede kontrollierte Verschiebung Unmengen von Energie freisetzt. Im Idealfall nutzt der Krieger seine unbeugsame Absicht und lässt sein gesamtes Energiefeld aufleuchten, so als würde er ein einziger gigantischer Montagepunkt werden, um schließlich alles ein und für alle Mal zu bezeugen. In diesem Fall wird der Montagepunkt wie eine Kanonenkugel abgefeuert und der Reisende verwandelt sich in eine Explosion aus Licht. Danach kann er nie wieder seine ursprüngliche Form annehmen. Das ist die ultimative Herausforderung, die Vereinigung unserer Bewusstheit mit der Unendlichkeit.«

6.1

Das Überleben des Montagepunkts

Carlos sprach häufig über den Tod, aber er vermied es, darüber zu reden, was nach dem Tod geschehe. Die Gelegenheit erschien mir günstig, ihn nach seinen Ansichten zu diesem Thema zu fragen.

»Carlos«, fragte ich, »was geschieht mit uns, wenn wir sterben?«

»Das kommt ganz darauf an«, antwortete er. »Der Tod berührt uns alle, doch er ist nicht für jeden von uns gleich. Alles hängt davon ab, wie viel Energie jemand hat.«

Er versicherte mir, dass der Tod eines Durchschnittsmenschen das Ende seiner Reise sei, der Moment, in dem er die Bewusstheit, die er während seines Lebens gesammelt habe, an den Adler zurückgeben müsse.

»Wenn wir nichts anderes als unsere Lebenskraft anzubieten haben, dann ist das unser Ende. Diese Art des Sterbens löscht jede Empfindung, eine individuelle Einheit zu sein, endgültig aus.«

Ich fragte ihn, ob dies seine persönliche Meinung sei oder einen Teil des traditionellen Wissens der Seher darstelle.

»Das ist keine Meinung«, betonte er. »Ich bin auf der anderen Seite gewesen und weiß es. Ich habe Kinder und Erwachsene dort herumwandern sehen und habe beobachtet, wie sie sich abmühten, sich an sich selbst zu erinnern. Für diejenigen, die ihre Energie vergeudet haben, ist der Tod wie ein flüchtiger Traum, angefüllt mit Blasen von allmählich verblassenden Erinnerungen, bis nichts mehr da ist.«

»Heißt das, dass wir uns dem Todeszustand annähern, wenn wir träumen?«

»Wir nähern uns ihm nicht nur an, wir sind dort! Doch solange die Lebenskraft unseres Körpers unversehrt ist, kehren wir zurück. Sterben ist tatsächlich ein Traum.

Wenn ein Durchschnittsmensch träumt, kann er seine Aufmerksamkeit auf nichts fokussieren. Es bleibt ihm nichts außer ein paar bruchstückhaften Erinnerungen, die aus den gesammelten Erfahrungen seines Lebens gespeist werden. Wenn ein solcher Mensch stirbt, dann besteht der einzige Unterschied darin, dass sein Traum sich verlängert und er nicht mehr aufwacht. Dies ist der Traum des Todes. Die Reise des Todes kann ihn in eine fiktive Welt der Erscheinungen führen. Dort wird er den Verkörperungen seiner Glaubenssätze begegnen, seiner eigenen Version von Himmel und Hölle, und nichts anderem. Doch diese Visionen schwinden mit der Zeit, weil sich die Impulse aus den Erinnerungen erschöpfen.«

»Und was passiert mit den Seelen derjenigen, die sterben?«

»Es gibt keine Seele, es gibt nur Energie. Wenn der physische Körper verschwindet, dann bleibt eine energetische Einheit übrig, die von Erinnerungen gespeist wird. Manche Leute sind sich ihrer selbst so wenig bewusst, dass sie sterben, ohne es zu bemerken. Sie sind wie Menschen mit Gedächtnisverlust. Leute, deren Montagepunkt blockiert ist und die ihre Erinnerungen nicht mehr aktivieren können, besitzen keine Kontinuität und wandern ständig am Rande des Vergessens entlang. Wenn solche Menschen sterben, lösen sie sich praktisch sofort auf. Der Impuls aus ihrem Leben ist meist in ein paar Jahren verbraucht.

Bei den meisten Menschen dauert die Auflösung aber wesentlich länger, so zwischen hundert und zweihundert Jahren. Diejenigen, die ein reiches und erfülltes Leben hatten, können der vollständigen Auflösung oft ein halbes Jahrtausend widerstehen. Für Menschen, die zu ihren Lebzeiten eine Verbindung zu großen Menschenmassen etablieren konnten, dauert die Zeitspanne bis zur Auflösung meist noch länger. Sie können ihre Bewusstheit manchmal über Jahrtausende bewahren.«

»Wie schaffen sie das?«, fragte ich neugierig.

»Durch die Aufmerksamkeit ihrer Anhänger. Erinnerungen schaffen Verbindungen zwischen den Lebenden und den Toten. Auf diese Weise bleiben sie bewusst. Das ist auch der Grund, warum Kulte um historische Persönlichkeiten so schädlich sind. Das war auch die Absicht jener Herrscher, die sich prunkvolle Grabstätten bauen und sich selbst mumifizieren ließen: Ihr Name sollte nicht in Vergessenheit geraten. Es liegt eine gewisse Ironie darin, dass dies auch das Schlimmste ist, was man der eigenen Energie antun kann. Wenn du einen Menschen wirklich bestrafen willst, dann begrabe ihn in einem Bleisarg; seine Verwirrung wird niemals enden.

Es spielt keine Rolle, was jemand tut oder wie er gelebt hat. Ein Durchschnittsmensch hat nicht die geringste Chance zu überdauern. Für Zauberer, die beabsichtigen, sich der Unendlichkeit zu stellen, machen fünf Jahre oder fünf Jahrtausende keinen Unterschied. Deswegen sagen sie auch, dass die gewöhnliche Art zu sterben einer sofortigen Auflösung gleichkommt.«

Ich wollte von ihm wissen, ob Tote zurückkehren könnten, um mit den Lebenden Kontakt aufzunehmen.

»Beziehungen zwischen Bewohnern verschiedener Reiche der Bewusstheit können nur durch die übereinstimmende Ausrichtung des Montagepunkts zustande kommen«, sagte er. »Der Tod ist eine endgültige Barriere der Wahrnehmung. Lebende können den Bereich der Toten zwar im Träumen erreichen, aber ein Krieger würde dies nicht tun, weil er damit nur seine Energie vergeudet. Etwas völlig anderes ist es jedoch, mit Zauberern in Kontakt zu treten, die gegangen sind.«

»Warum?«

»Weil diesen ihr Doppelgänger zur Verfügung steht und sie ihre Individualität mithilfe der Techniken der Zauberei erhalten konnten.«

»Wie kann man mit dieser Art von Bewusstheit in Kontakt kommen?«

»Durch das Träumen. Aber es ist für einen Zauberer, der bereits gegangen ist, sehr schwer, seine Aufmerksamkeit auf unsere Welt zu richten. Es sei denn, er hätte noch besondere Aufgaben hier zu erledigen. Für einen Durchschnittsmenschen ist es allerdings noch viel schwieriger, so einen Kontakt herzustellen.

Interaktionen mit solchen Wesen sind für Krieger vorteilhaft, aber erschreckend für alle anderen. Ein anorganischer Zauberer ist kein Geist, sondern eine starke Quelle bewusster und unerbittlicher Energie. Durch ihre Rücksichtslosigkeit können sie jeden schädigen, der in ihre

Nähe kommt. Solche Begegnungen können gefährlicher sein als der Kontakt mit einem lebenden Zauberer.«

»Worin besteht diese Gefahr?«, wollte ich wissen.

»Sie liegt im Wesen ihrer Energie. Wenn du glaubst, dass Zauberer nette Menschen sind, dann irrst du dich. Sie sind Naguals! Es gibt eine morbide Eigenschaft in unserem Wesen, die uns dazu zwingt, alles zu benutzen, was wir nutzen können. Das ist eine natürliche und unvermeidliche Eigenart, die in einem Zauberer noch verstärkt wirkt. Wenn dieser einmal gegangen ist, wird diese Eigenschaft noch stärker, weil es keine Hindernisse mehr gibt, die ihn aufhalten könnten. Wenn ein Zauberer zu einem anorganischen Wesen wird, verwandelt er sich zu dem zurück, was er schon immer war: eine kosmische, räuberische Emanation.«

6.2

Zyklische Wesen

Bevor ich Carlos traf, beschäftigte ich mich mit fernöstlichen Traditionen und hatte eine Vorliebe für die Reinkarnationslehre. Sie schien mir eine logische Alternative zum christlichen Gedanken der Auferstehung des Fleisches zu sein. Carlos war jedoch der Meinung, dass sich die christlichen Glaubenssätze und die Anschauungen der fernöstlichen Religionen verdächtig ähnelten, weil sie einen gemeinsamen Nenner hatten: die Angst vor dem Tod.

Seine Bemerkung verblüffte mich. Dies war ein vollkommen neuer Blickwinkel auf etwas, was mich schon immer fasziniert hatte. Als ich ihn nach seiner Meinung fragte, versuchte er, mein Interesse auf ein anderes Thema zu lenken, als ob die Reinkarnationslehre es nicht wert sei, über sie zu sprechen. Später änderte er seine Taktik und meinte, dass alle meine Glaubenssätze in Bezug auf das Überleben der Persönlichkeit das Ergebnis gesellschaftlicher Konditionierung seien.

»Dir wurde erzählt, dass du genügend Zeit hast und dass es immer eine zweite Gelegenheit gibt. Alles Lügen!

Die Seher sagen, dass ein menschliches Wesen wie ein Wassertropfen ist, der vom Meer getrennt wurde und nun aus sich selbst heraus strahlt. Dieses Strahlen ist der Punkt, an dem die Wahrnehmung montiert wird. Doch eines Tages wird sich der leuchtende Kokon auflösen und die individuelle Bewusstheit zerfällt und vereint sich wieder mit dem Meer, mit der kosmischen Energie. Wie kann sie da wiederkehren? Für Zauberer ist jedes Leben einmalig. Und du hoffst, es wiederholen zu können?

Deine Vorstellungen stammen aus der hohen Meinung, die du von deiner eigenen Einheit hast. Aber genau wie alles andere auch, bist du kein solider Block, sondern du fließt. Das, was du ›Ich‹ nennst, ist eine Summe von Glaubenssätzen, eine Erinnerung – aber nichts Festes!«

Ich fragte ihn, warum Religionen dann das genaue Gegenteil predigten.

»Das ist doch leicht zu verstehen«, meinte er. »Religionen geben Antworten auf die menschlichen Urängste. Jede Kultur erschafft ihr eigenes Lehrgebäude. Nur Seher können hinter die Lehrgebäude sehen und bestätigen durch ihr Sehen die Aspekte der Emanationen des Adlers.«

Er erklärte, dass es im Universum energetische Gruppierungen gebe, an die wir wie die Perlen eines Rosenkranzes gebunden seien. »Wir sind zyklisch; wir sind das Ergebnis eines leuchtenden Stempels. Jedes Mal, wenn ein neues Lebewesen geboren wird, dann verkörpert es das Wesen dieses Musters. Doch die Kette, die uns verbindet, hat nichts Persönliches an sich. Sie hat nichts mit der Übertragung von Erinnerung, Persönlichkeit oder etwas Ähnlichem zu tun.

Um den Tod zu überdauern, muss man ein Zauberer sein. Zauberer stellen den Adler durch ein Duplikat ihrer Lebenserfahrung zufrieden. Dadurch sind sie fähig, die Flamme ihres individuellen Bewusstseins für Ewigkeiten am Leben zu halten. Aber das ist eine Meisterleistung. Glaubst du, dass die größte Errungenschaft eines Kriegers ein kostenloses Geschenk sein sollte?«

Ich merkte an, dass Studien gezeigt hätten, dass sich einige Menschen unter bestimmten Bedingungen an Ereignisse aus früheren Leben erinnern konnten. Doch er bestand darauf, dass dies eine fehlerhafte Interpretation von Fakten sei.

»Jeder kann sich auf bestimmte lebende Emanationen, die in anderen Zeiten stattfanden, einschwingen und das Gefühl bekommen, dass man nicht nur einmal, sondern viele Male gelebt hat. Aber das ist nur eine einzige Ausrichtung unter Millionen von anderen möglichen Ausrichtungen.«

6.3

Die Alternative der Zauberer

Ich fragte ihn erneut, ob ein Durchschnittsmensch irgendeine Chance hätte, den Tod zu überdauern. Er antwortete, dass es nur eine Möglichkeit gebe: den Weg des Kriegers.

»Um das zu verstehen, darfst du nicht in ein Schwarz-Weiß-Denken verfallen. Versuche, es im Zusammenhang mit der Bewegung des Montagepunkts zu begreifen. Die eigentliche Herausforderung für einen Krieger ist es, seine Aufmerksamkeit neu auszurichten und für den Erhalt der Bewusstheit seiner Individualität zu kämpfen, selbst noch nachdem er die Welt verlassen hat.

Wenn wir eine bestimmte Schwelle der Wahrnehmung erreichen, erkennen wir, dass der körperliche Tod eine Herausforderung darstellt. So wie es zwei Arten zu leben gibt, gibt es auch zwei Arten zu sterben. Entweder handeln wir wie makellose Krieger oder wie unbewusste Idioten. Das macht den Unterschied.«

»Meinst du, dass das, was nach dem Tod mit uns geschieht, davon abhängt, wie wir uns auf ihn vorbereiten?«

»Ja, aber nicht so, wie du es meinst. Die Vorstellung, dass gute Taten oder das Einhalten bestimmter Gebote uns helfen könnten, ist ein Trugschluss, der auf den Überlieferungen der Gesellschaftsordnung basiert. Es gibt nur eine einzige Vorbereitung, die wirklichen Wert hat, und das ist der Weg des Kriegers, der uns lehrt, bewusst mit unserer Energie umzugehen und makellos zu sein. Da es zwei Arten zu leben und zu sterben gibt, gibt es auch zwei Arten von Menschen: die, welche sich für unsterblich halten, und die, die bereits tot sind. Die einen hegen Hoffnungen, die anderen nicht. Ein Krieger weiß, dass seine Zeit abgelaufen ist. Und dennoch kämpft er weiter, weil dies seiner Natur entspricht. Wenn du in seine Augen schaust, dann blickst du in die Leere.«

»Aber worum geht es wirklich bei der Alternative der Zauberer?«

»Es gibt nur eine Möglichkeit, dem eigenen Tod einen Schritt voraus zu sein: durch den kontrollierten Umgang mit seiner Energie. Diese Arbeit besteht aus Träumen, Pirschen und Rekapitulieren. Die drei Techniken führen gemeinsam zu einem Ergebnis: der Vervollständigung des Energiekörpers.

Die Fortdauer unserer Existenz hängt gewöhnlich in hohem Maße davon ab, wie wir mit unserer Energie umgehen. Wir gehen aus diesem Leben und sind bis zur Hutkrempe mit Alltagssorgen vollgestopft, ausgehöhlt durch all die Dinge, die wir gesehen und angefasst haben, und aus dem Grund sterben wir. Doch wenn wir all unsere Lebenskraft durch die Rekapitulation zu uns zurückrufen, dann ändert sich auch der Tod, weil wir dadurch vollständig werden.

Aus der Sicht der Seher stirbt ein Krieger, der sein Leben rekapituliert hat, nicht. Seine Aufmerksamkeit ist so kompakt, dass sie wie eine durchgehende und zusammenhängende Linie ist; sie ist nicht zerstreut. Seine Rekapitulation endet nie, sie geht weiter bis in alle Ewigkeit, weil sie das Zurückverfolgen all seiner Schritte ist – und der Weg zu seiner eigenständigen Existenz und Vollständigkeit.

So wie man entsprechende Erfahrungen braucht, um als Individuum zu funktionieren, braucht ein Zauberer ausreichend Praxis in der zweiten Aufmerksamkeit, um ein wahrer Zauberer zu werden. Andernfalls ist er nicht vorbereitet, wenn seine Zeit abgelaufen ist, und er muss als unvollständiger Zauberer in die Unendlichkeit aufbrechen. Allerdings hat ein Krieger, der sein Leben lang um Makellosigkeit gekämpft hat, eine zweite Chance. Er kann die Ereignisse seines Lebens sammeln, die verstreute Energie zurückholen, um in die Welt des Nagual einzugehen.«

Ich fragte ihn, was ein Zauberer in jener Welt mache.

Carlos antwortete: »Für die meisten Menschen bedeutet der Tod, dass sie in eine fremde Welt gehen, für die sie keine Worte haben, ähnlich der Erfahrung, die man während eines normalen Traums hat. Dort gibt es keine linearen Abläufe und die Konzepte von Zeit, Raum oder Schwerkraft gelten nicht. Stell dir vor, was ein Krieger, der seinen

Traumkörper kontrollieren kann, auf einer solchen Reise für Möglichkeiten hat! Du musst zugeben, dass dies ein ganz eindeutiger Vorteil und ein großartiges Manöver der Bewustheit ist.

Ein Zauberer ist jemand, der sein Leben damit verbracht hat, sich einer strengen Disziplin zu unterziehen. Wenn seine Zeit gekommen ist, dann begegnet er dem Tod, als ob er einen neuen Wegabschnitt auf seiner langen Reise betritt. Doch anders als ein normaler Mensch versucht er nicht, seine Angst mit falschen Hoffnungen zu beruhigen.

Ein Krieger begibt sich voller Freude auf seine endgültige Reise. Sein Tod empfängt ihn und erlaubt ihm, seine Individualität wie eine Trophäe zu behalten. Sein Gespür für das Dasein ist so fein abgestimmt, dass er zu reiner Energie wird und durch das ›Feuer von innen‹ verschwindet. Auf diese Weise kann er seine Individualität für Jahrmilliarden bewahren.«

»Jahrmilliarden?«

»So ist es. Wir sind Kinder der Erde. Die Erde ist unser eigentlicher Ursprung. Zauberer haben die Möglichkeit, sich mit der Bewustheit der Erde zu vereinigen und so lange zu leben, wie es die Erde gibt.«

6.4

Die endgültige Entscheidung

An diesem Nachmittag humpelte Carlos, als er zu unserem Treffen kam. Wir fragten ihn, was passiert sei. Er erzählte uns, dass er sich im Hotel befand, als für den Bruchteil einer Sekunde ein Zeh seines linken Fußes in Brand geraten sei und sich am »Feuer von innen« entzündet habe.

»Ich musste schnell reagieren, weil mein Montagepunkt bereits mit dem Prozess der Ausrichtung begonnen hatte!«

Bewegt durch diese seltsame Erfahrung sprach er lang über die endgültige Aufgabe der Zauberer: das »Feuer von innen«, eine Übung, durch die sie mit ihrer Ganzheit in die reine Bewusstheit eingehen.

»Sie gehen mit allem, einschließlich ihrer Schuhe.«

Jemand fragte Carlos, warum er die Gelegenheit nicht genutzt hätte, in diese Bewusstheit überzuwechseln, wenn dies doch das endgültige Ziel der Zauberer sei.

Er grinste und meinte, dass diese Frage ihn an einen seiner Vorfahren erinnere. Dieser war ein Portugiese, der sich der Aufgabe widmete, Menschen nach Brasilien zu locken, indem er ihnen erzählte, Brasilien sei das Gelobte Land. Auf diese Weise verdiente er ein kleines Vermögen und propagierte auf hervorragende Weise die Vorzüge Brasiliens, ohne aber jemals selbst dort gewesen zu sein.

»Und hier bin ich, um euch eine andere Reise schmackhaft zu machen!«, sagte er.

Wir lachten herzlich über diese Anekdote, doch dann änderte sich Carlos' Gesichtsausdruck. In einem sehr formellen Ton erklärte er, dass Krieger nicht aus Eigendünkel und persönlichen Gründen handelten. Deshalb seien ihre Entscheidungen nicht wirklich ihre eigenen Entscheidungen.

»Don Juan erzählte mir von einigen Wissenden, die nach einem Leben des makellosen Kampfes entschieden hatten, hierzubleiben, während andere wie ein Lufthauch in die Unendlichkeit verschwanden.

Die Tatsache, dass einige Krieger darum kämpfen, ihre Bewusstheit zu bewahren, hat nichts mit persönlichen Beweggründen oder der Sorge um sich selbst zu tun. Wenn man zu einer Linie von Zauberern gehört, führt das zu so tiefen Bindungen, dass unsere Persönlichkeit sich auflöst. Sie wird zu einem völlig unbedeutenden Element in einer energetischen Struktur, welche die neuen Seher ›die Regel‹ nennen.

Genauer gesagt gibt es in einer solchen Situation für den Krieger keine individuelle Wahl. Alles, was ihm bleibt, ist, sein Schicksal anzunehmen und den Bestimmungen der Regel zu folgen. Alles andere würde sein Untergang sein.«

7.1

Die Seher des alten Mexiko

Anfangs hatte eine meiner Sorgen den historischen Quellen von Castanedas Schriften gegolten. In welchem Umfang waren Don Juans Lehren authentische Überlieferungen einer jahrtausendealten Tradition von Wissenden und in welchem Ausmaß waren sie durch moderne Ideen beeinflusst worden?

Verschiedentlich versuchte ich, das zu überprüfen, indem ich seine Erzählungen mit präkolumbianischen Quellen verglich. Doch es endete stets unbefriedigend. Ich wollte seine Aussagen auf ganz konventionelle ethnologische Art untersuchen. Es schien mir aber nicht angemessen, dieses heikle Thema vor anderen Leuten anzusprechen und so schob ich die Angelegenheit vor mir her.

Eines Tages erzählte ich Carlos von meinen Überlegungen. Er reagierte ausgesprochen freundlich und sagte, dass fast jeder seiner Zuhörer sich mit diesen Zweifeln herumschlage, weil wir gelernt hätten, dass die Völker des alten Mexiko primitive Gesellschaften gewesen seien. Er fügte hinzu, dass mein Misstrauen gegenüber seinen Behauptungen verständlich sei und dass das eigentliche Problem darin läge, Konzepte für Erfahrungen zu finden, die nicht in die syntaktischen Strukturen der modernen Sprache passten.

»Ich fiel in meiner Lehrzeit bei Don Juan einem ganz ähnlichen Irrtum zum Opfer. In seinen Augen war alles, was nicht dem Ziel seiner Lehren diente, reine Zeitverschwendung. Jedes Mal, wenn ich versuchte, Beziehungen zwischen seinen Worten und historischen Quellen herzustellen, hörte er auf zu reden und ging weg.

Ich fragte ihn nach dem Grund für seine Verweigerung und er antwortete: ›Hinter deinem professionellen Interesse verbirgt sich ein professioneller Zweifel. Wenn du den nicht aufgibst, wirst du die Essenz meiner Lehren nicht verstehen. Ich kenne den Ursprung der Information, die ich an dich weitergebe, und deshalb muss ich sie nicht beweisen.‹

Später erzählte er mir von den Zeiten, in denen Zauberer um die ganze Welt gereist seien, um die Ergebnisse ihrer spirituellen Suche mit Kollegen in anderen Breitengraden zu teilen. Anders als heute konnten Zauberer sich im Träumen völlig frei bewegen, und niemand wurde höher geachtet als ein Seher.

Das Verdienst für das gesammelte Wissen dieser Leute kann keinem einzelnen Land zuerkannt werden, dieses Wissen ist universell. Doch die Strukturierung des Wissens in der Form, die wir heute ›Nagualismus‹ oder ›den Weg des Kriegers‹ nennen, geschah definitiv im alten Mexiko. Ausgehend von ihren ursprünglichen Beobachtungen gelangten die alten Seher zu dem vollkommensten und umfassendsten Verständnis universeller Wahrheiten, das Menschen jemals erreicht haben. Die Kraft ihrer Aufmerksamkeit war so enorm, dass sie bis heute aktiv ist und ihre Wirkung in bestimmten Gebieten Mexikos und der südlichen USA entfaltet. Dort wurden so günstige Bedingungen für eine Energiekonzentration geschaffen, wie man sie sonst wohl nirgends in der Welt findet.

Teilweise half den alten Zauberern ein Phänomen, eine besondere Energiekonfiguration im leuchtenden Kokon der Erde, deren Zentrum im Gebiet des Tals von Mexiko* rotiert. Sie sahen, dass dies ein riesiger Trichter oder Wirbel aus Licht ist, in dem Emanationen, die aus dem Universum kommen und mit den Emanationen unseres Planeten übereinstimmen, Zustände gesteigerter Bewusstheit bewirken.

---

* Das Tal von Mexiko (spanisch: *Valle de México*) ist eine etwa 2000 Meter hohe, abflusslose Hochebene. Sie wird im Westen, Süden und Osten durch Berge begrenzt, darunter die berühmten Zwillingsvulkane Popocatépetl und Iztaccíhuatl. Westlich des Tals von Mexiko liegt das Tal von Toluca, östlich davon das Tal von Puebla, im Süden das System des Rio Balsas. Nach Norden hin wird das Klima trockener, die Vegetation steppenartig. In der Mitte des Tals lag der abflusslose Texcoco-See, der von Quellen aus

Don Juan glaubte, dass dieses Phänomen natürlichen Ursprungs ist und dass die Seher es zu ihrem maximalen Vorteil nutzten, um ihre Macht zu steigern. Aber meine eigenen Untersuchungen haben mir gezeigt, dass es anders herum war: Die alten Seher fixierten ihre Aufmerksamkeit auf dieses geografische Gebiet, und der ganze Planet antwortete auf die Absicht, indem er jenen gigantischen Katalysator für kosmische Emanationen erschuf. Aber egal, wie wir das interpretieren, Tatsache ist: Hier befindet sich das Zentrum und hier kann alles Mögliche geschehen!«

---

dem Süden gespeist wurde und daher gen Norden immer salziger wurde. Auf einer Insel inmitten des Sees lag die Stadt Tenochtitlán, an seinem Ufer viele andere wichtige Städte der präkolumbianischen Zeit wie Texcoco, Tlacopán oder Colhuacán. Der See wurde im Zuge der Erweiterung von Mexico City vollständig trockengelegt. Die Geschlossenheit des Tals nach drei Seiten hin, häufige Inversionswetterlagen und damit verbunden eine geringe Luftzirkulation in Bodennähe erklären auch, warum Mexico City ständig mit Smog zu kämpfen hat.

7.2

Eine Reise zu den Wurzeln

Während wir die Ruinen bestaunten, die einst der Haupttempel der Azteken gewesen waren, überraschte mich Carlos mit einer außergewöhnlichen Aussage. Er erzählte mir, dass genau an diesem Ort, der sich im Zentrum der Hauptstadt befand, der Beschützer von Mexiko wohne. Er beschrieb ihn als ein anorganisches Wesen von röhrenförmiger Gestalt und in der Größe eines zwanzigstöckigen Gebäudes.

Ich schaute ihn entgeistert an und versuchte zu erkennen, ob er sich einen Spaß mit mir erlaubte, doch sein Gesicht blieb ernst. Dann kam er auf ein anderes Thema zu sprechen, das mich brennend interessierte: die Rätsel der präkolumbianischen Kulturen.

Er erklärte mir, dass so, wie wir heute Bücher nutzen, um Wissen zu überliefern, die alten Zauberer ihr Wissen in Positionen des Montagepunkts speicherten. Sie benutzten Skulpturen aus Stein, Holz und Keramik, um eine bestimmte Verschiebung des Montagepunkts auszulösen. So nahm ihr Wissen die Form von großartigen künstlerischen Arbeiten an, weil Wissen für die alten Zauberer nicht nur aus Information bestand, sondern vor allem eine erhabene Vision des Lebens repräsentierte.

»Die Kraft dieser Vision dauert bis heute an. Alle Naguals, die ich kenne, waren Tolteken, das heißt, dass sie vollendete Künstler waren. Sie verbanden die makellose Kontrolle ihrer Emotionen mit einer großen ästhetischen Feinsinnigkeit, die aus ihren Experimenten mit der Bewusstheit resultierte. Das Ergebnis war eine einmalige Fähigkeit, Sinneseindrücke zu kommunizieren und extreme Erfahrungen sinnvoll zu beschreiben, die anderen Menschen schlicht die Sprache verschlagen hätten.

Einige Naguals aus meiner Linie fühlten sich zur bildenden Kunst hingezogen, andere zum Theater, zur Musik oder zum Tanz. Es gab auch einige, die cine Vorliebe für Erzählungen der Kraft hatten. Sie erzählten Geschichten, die auf alle Zuhörer dieselbe Wirkung hatten, weil sie nicht auf der geschickten Anwendung rationaler Stilmittel beruhten, sondern auf den Wundern unseres Bewusstseins. Heutzutage bezeichnen wir solche Geschichten als ›Mythen‹ und natürlich verstehen wir sie nicht.«

Carlos fuhr mit seinen Erklärungen fort: »Wenn man die Obsession, mit der die Zauberer des alten Mexiko ihr Wissen an ihr Umfeld weitergaben, an ihrem künstlerischen Ausdruck misst, dann gibt es keine vergleichbare Parallele auf der Erde. Die Pakte, die sie mit ihren Schülern schlossen, beruhten auf ganz anderen Rahmenbedingungen als unsere modernen ›rationalen‹ Vereinbarungen. Die präkolumbianische Realität beinhaltete Aspekte, die wir heute als anormal ansehen würden, weil sie mit Energiefeldern zu tun hatten, die wir heute nicht mehr nutzen.«

Als Beispiel nannte Carlos den Nachdruck, den sie auf das Träumen legten. Dieses sei für die präkolumbianischen Menschen von überragendem Interesse gewesen und Überbleibsel davon finde man heute immer noch bei isoliert lebenden Stämmen überall im Land.

Er fügte hinzu, dass es aufgrund der unterschiedlichen Interessen in der alten und neuen Welt, die zur Ausrichtung völlig verschiedener Emanationen geführt hätten, heute fast unmöglich sei, die Interpretationsbarriere zu überschreiten, die uns von jenen Kulturen trenne. Deswegen würden normale Menschen diese künstlerischen Arbeiten niemals vollständig verstehen können.

»Glücklicherweise besitzt ein Zauberer andere Mittel, weil er gelernt hat, den Montagepunkt zu verschieben. Er kann seine Aufmerksamkeit mit der Modalität des Bewusstseins anderer Zeiten verbinden und seine Anliegen mit denen der Zauberer, die vor ihm gegangen sind, abstimmen.

Don Juan war ein wahrer Experte für präkolumbianische Kulturen. Für ihn stellten die alten Steine und Statuen kein Geheimnis dar.

Manchmal ging er mit mir ins anthropologische Museum, damit ich die besonderen Vereinbarungen der alten Zauberer selbst erfahren und verifizieren konnte.«

Carlos erzählte mir von einem dieser Besuche, bei dem er Zeuge der hoch spezialisierten Methoden geworden sei, mit denen Zauberer die Vergangenheit betrachteten.

»An jenem Tag hatten wir über geschichtliche Themen diskutiert. Ich versuchte, Don Juan von der Ernsthaftigkeit meiner Theorien zu überzeugen, und er machte sich ganz offen über mich lustig. Meine Laune verschlechterte sich zusehends. Bevor wir das Museum betraten, manipulierte er meine Leuchtkraft und ich trat in einen anderen Bewusstseinszustand ein. Sein Manöver hatte zur Folge, dass die Kunstwerke mit Leben erfüllt wurden. Alles war da: das leuchtende Ei, das Träumen, der Weg des Kriegers, die Verschiebung des Montagepunkts – es war fantastisch!

Nachdem ich die Authentizität der Lehren für mich bestätigt hatte, unterzog ich meine eigene Position als Forscher und Wissenschaftler einer schnellen und gründlichen Prüfung. Ich verstand, dass ich weitgehend durch die akademische Arbeitsweise konditioniert war, Informationen nicht unvoreingenommen zu sammeln, sondern dies mit dem Ziel zu tun, eine bestimmte Beschreibung der Welt zu untermauern. Genau diese Haltung verhinderte, dass ich mich vorbehaltlos dem Wissen hingab. Im Rahmen meiner Feldforschung war ich also kein unparteiischer Sucher nach Wahrheit, sondern vielmehr Botschafter eines anderen Lebensstils. Dies führte unvermeidlich zu einer Kollision, die natürlich in gegenseitigem Misstrauen enden musste.

Als ich das Museum verließ, kehrte ich zu meiner gewohnten Sichtweise zurück. Ich verstand nicht mehr, ja ich erinnerte mich nicht einmal mehr an meinen vorherigen euphorischen Zustand. Doch zu meiner eigenen Verwunderung begann sich in der Folge, mein akademischer Standpunkt zu verändern. Ich lernte, die Dinge so zu sehen, wie sie sind, ohne Verschleierung durch Konzepte. Bis dahin war ich ein Forscher im Dienst eines Systems von Vereinbarungen – die der westlichen Kultur – gewesen. Plötzlich fühlte ich mich zunehmend zu der Idee hingezogen, dass unter der Maske eines Ethnologen ein gewöhnlicher Mensch steckt, der versucht, seine Bestimmung zu finden.«

Ich fragte ihn nach einem konkreten Beispiel, wie die Zauberer die alten Artefakte deuten. Er antwortete mit einer Gegenfrage: »Hast du die Atlanter von Tula gesehen?«

Ich bejahte und er erklärte mir, dass diese beeindruckenden toltekischen Statuen eine Beschreibung des Kriegertrupps des Nagual seien. Er behauptete, dass die sechzehn Priester des Reliefs in den vier Säulen hinter den Statuen eine vollständige Gruppe von Kriegern darstellten.

»Sie sind in vier Gruppen aufgeteilt, eine für jeden Kardinalpunkt. Es sind kosmische Reisende und ihre Aufgabe ist es, mit der Energie der Unendlichkeit zu fließen. Die Objekte, die sie tragen, symbolisieren ihre jeweilige Funktion. Diese Priester stellen eine Gruppe während des Flugs dar. Sie sind ein Bild des letztendlichen Ziels des Weges, welches darin besteht, die dritte Aufmerksamkeit zu erreichen.«

Er fuhr fort, mir ausführlich seine Sicht der verschiedensten archäologischen Objekte darzulegen. Seine Schilderungen waren überaus anschaulich und weckten in mir die Empfindung, mit ihm auf den Straßen einer präkolumbianischen Stadt durch die Jahrtausende zu wandern. Während wir uns unterhielten, konnte ich sie fast vor mir sehen: die riesigen olmekischen Köpfe am Ende des Platzes, das warme Lächeln der huaxtekischen Statuen, die uns aus den Nischen einer Pyramide anschauten, die zierlichen Stelen der Maya ...

Carlos betonte, dass es ausreiche, die archäologischen Artefakte aus der inneren Stille heraus zu betrachten, um die Aufmerksamkeit in die Position des antiken Künstlers zu projizieren. Doch ich sollte vorsichtig sein, da einige dieser Kunstwerke als echte Fallen für die Aufmerksamkeit dienten.

»Viele von ihnen wurden vorsätzlich zu diesem Zweck geschaffen. Ihr Nutzen liegt weder in der Ästhetik noch in der Symbolik. All ihre Proportionen und Muster dienen als Auslöser für seelische Zustände und Energieflüsse. Man kann sagen, dass diese Objekte echte Katapulte für den Montagepunkt sind. Wissenschaftliche Untersuchungen werden ihre Bedeutung niemals herausfinden, weil ihre Schöpfer keinerlei Interesse daran hatten, sich an rationalen Kriterien auszurichten. Um uns mit diesen Artefakten in Einklang zu bringen, müssen wir den Mumm haben, die Herausforderung anzunehmen und mit der nötigen inneren Stille wahrnehmen.«

Aufgrund ihrer Absicht seien die Schöpfungen des präkolumbianischen Altertums echte Gefäße für die zweite Aufmerksamkeit, eine Oase der Kraft inmitten der sterilen Wüste, welche die moderne Zivilisation aus unserer Welt gemacht habe.

»Don Juan ermutigte mich, das Erbe des alten Mexiko der ganzen Welt zugänglich zu machen. Er nahm mich sozusagen mit auf eine Reise zu den Wurzeln, um bestimmte Aspekte der Lehren, die bis heute verborgen geblieben sind, zu überprüfen und zu bestätigten – und um den Menschen die wahre Dimension ihres Daseins zurückzugeben. Als Suchende nach Wissen können wir auch heute großen Nutzen aus der Absicht der alten Seher ziehen und ihr Werk mit neuer Kraft fortführen.«

Etwas schüchtern fragte ich Carlos, ob wir uns in einem Museum oder an einer archäologischen Ausgrabungsstätte treffen könnten, damit er mir dort eine praktische Demonstration der Schlüssel zur Zauberei geben könne.

Er ließ sich nicht auf meinen Vorschlag ein, sondern sagte nachdrücklich: »Was immer du auch über deine Heimat wissen willst, finde es selbst heraus! Du bist Mexikaner und als solcher bestens geeignet, die Botschaft der Tolteken wiederzuentdecken. Das ist deine Aufgabe, deine Verpflichtung der Welt gegenüber. Wenn du zu faul bist, diese Aufgabe zu übernehmen, dann wird es jemand anderes für dich tun.«

7.3

Antennen der zweiten Aufmerksamkeit

Als wir eines Tages bei einem Kaffee in einem Restaurant im Zentrum der Stadt zusammensaßen, erzählte ich ihm, dass es mich verwirrt hatte, dass er einerseits mit großer Begeisterung vom alten Mexiko sprach und andererseits in einem seiner Bücher vor den Gefahren warnte, die ein Besuch der Ruinen oder das Mitnehmen alter Objekte aus jener Zeit nach sich ziehen könnten. Ich bezog mich auf die spannende Geschichte, die er über einige seiner Mitstreiter geschrieben hatte. Diese waren in ernsthafte Schwierigkeiten geraten, weil sie sich häufig in archäologischen Ausgrabungsstätten herumtrieben.

Er antwortete, dass ich da wohl etwas missverstanden hätte.

»Es ist eher so, dass man das abstrakte Wissen der neuen Seher nicht mit dem kulturellen Fokus der alten Seher verwechseln darf, weil es sich hierbei um ganz unterschiedliche Sachverhalte handelt. Die alten Seher lebten in der zweiten Aufmerksamkeit, fasziniert von deren komplexen Details. Durch ihre Skulpturen und Gebäude versuchten sie, diese in ihrem Alltag nachzubilden. Auf diese Weise gelangten auch größere Menschenmengen in den Sog ihrer dunklen Faszination.

Don Juan sagte, dass alle formalen Darstellungen des Wissens Irrwege seien, die uns den Weg zum wahren Wissen versperrten. Trotz der erstaunlichen Menge an Informationen, die sie von der anderen Seite mitbrachten, zahlten die alten Seher einen sehr hohen Preis für ihre Vorliebe: ihre Freiheit.

Deswegen gehört es zu den vorrangigen Aufgaben eines modernen Nagual, seine Lehrlinge so anzuleiten, dass sie nicht der äußeren Seite des Wissens in die Falle gehen. Und dies sollte möglichst gleich zu Beginn der Lehrzeit geschehen.

Doch es gab noch einen weiteren Grund, warum Don Juan bei einigen von uns darauf bestand, dass wir unsere Zeit nicht damit vergeuden sollten, Bedeutung in etwas zu suchen, das keine hat. Zu jener Zeit hatten die meisten seiner Lehrlinge noch nicht ihre menschliche Form verloren. Das hatte zur Folge, dass wir das Wissen immer noch zwanghaft klassifizierten und in Schubladen einordneten. Das funktioniert aber bei diesen alten Artefakten nicht, weil die Funde bruchstückhaft und unvollständig sind. Hier muss noch eine Menge Arbeit geleistet werden und die ist mit einem großen Risiko verbunden, weil sie sich gegen den Forscher richten kann.«

»Inwiefern?«, wollte ich wissen.

»Wie ich dir bereits gesagt habe, sind diese Schöpfungen alles andere als harmlos. Das Problem besteht darin, dass sie ganz bestimmte Leidenschaften entfachen. Die alten Seher waren von fixen Ideen besessen. Ihre Werke stecken voller Tricks und Fallen, die bis zum heutigen Tag mit derselben Kraft funktionieren wie in den alten Zeiten, weil die Fixierung der Aufmerksamkeit eines Zauberers sich im Laufe der Zeit nicht abnutzt.«

Er fügte hinzu, dass die mexikanische Weisheitstradition von mächtigen Männern in einem Akt von größtem Altruismus gestaltet wurde. Ihre Absicht sei es gewesen, die Freiheit zu retten, doch das funktionierte nur für eine kurze Zeit. Diese Männer waren zu sehr von Ritualen und überflüssigen Glaubenssätzen durchdrungen und so wurden ihre Schöpfungen letztlich zu Werkzeugen, die den Montagepunkt in der Position der damaligen Gesellschaft fixierten.

»In diesen Werken ist eine enorme Absicht konzentriert. Doch die Lehren, die dahinter stecken, sind nicht rein, sie sind vermischt mit dem Eigendünkel ihrer Schöpfer. Deswegen sollte man sich ihnen nur vorsichtig über das Pirschen nähern. Besonders Pyramiden sind überaus mächtige Aufmerksamkeitsfänger. Sie können uns sehr schnell zur inneren Stille führen, aber sie können sich auch gegen uns wenden. Ab einem bestimmten Punkt ist es besser, sich von ihnen fernzuhalten, als sich ohne Schutzmaßnahmen ins Reich der alten Seher zu wagen.

Da Don Juan meine morbiden Neigungen kannte, verbot er mir, auf eigene Faust in Museen oder an archäologische Ausgrabungsstätten zu gehen. Er sagte, dass man diesen Plätzen nur trauen könne, wenn man in Begleitung von erfahrenen Zauberern wäre. Als ich eines Tages in den Ruinen von Tula umherwanderte, hatte ich ein recht unerfreuliches Erlebnis und änderte meine Meinung.«

»Was passierte dir?«, fragte ich.

»Etwas, das mich vor Furcht erzittern ließ«, antwortete Carlos. »Ich sah, dass die Pyramiden riesige Energiefelder ausstrahlten. Wie ein wogendes, bodenloses Meer hüllten sie die Besucher vollständig ein. Für bestimmte Zauberer ist das ein angenehmer Zustand, aber nicht für uns.«

Ich fragte ihn, ob sich dieses Phänomen nur bei den mexikanischen Pyramiden zeige oder ob es auch in anderen Teilen der Welt verbreitet sei. Er antwortete, dass die Fixierung überall zu finden und nicht örtlich begrenzt sei. Sie trete überall dort auf, wo Bewusstheit ins Dasein strebe. Aber auf der Erde investierten nur Menschen so viel Energie in die Schöpfung von symbolischen Objekten, deren alleiniger Nutzen darin liege, bestimmte Bewusstseinszustände zu erzeugen.

»Diese Objekte haben die Eigenschaft, unglaubliche Energiemengen anzusammeln und nur zu dem Zweck wurden sie geschaffen. Sie existieren in dieser Welt, aber sie sind nicht von dieser Welt. Sie sind Agenten der anderen Seite, Antennen der zweiten Aufmerksamkeit. Ihr Entwurf und ihre Konstruktion sind stets von anorganischen Wesen gelenkt worden, egal an welchem Ort oder zu welcher Zeit.

Auf einer Reise durch Italien wollte ich mir eine berühmte Statue ansehen. Ich war gefangen von der Schönheit des Objekts und wagte kaum, näher heranzugehen. Ich konnte beobachten, dass die vorbeigehenden Leute gezwungen waren, ihre Gefühle auf das Abbild zu projizieren. Die emotionale Atmosphäre war so stark, dass ich leicht wahrnehmen konnte, wie diese Gefühle sich zu Fasern dehnten, bis hin zu einem Schatten, der hinter der Statue vibrierte. Ich war nicht der Einzige, der das bemerkte. Da war ein Tourist, der einen Stein auf die Statue warf, als er ›angegriffen‹ wurde. Ich applaudierte! Solche

Gegenstände sind Zentren der menschlichen Fixierung. Sie fesseln buchstäblich unsere Aufmerksamkeit.«

Ich sagte, dass es schade sei, wenn die größten Kunstwerke der Menschheit tatsächlich nur der Fixierung der Aufmerksamkeit dienten. Carlos antwortete, dass ich das falsch sehen würde. Er erklärte, dass das Problem weder in den Kunstwerken noch in der Absicht liege, die zu ihrer Schöpfung geführt habe. Auch seien die anorganischen Wesen, die uns damit einfingen, nicht das Problem. Das Problem läge in uns selbst.

»Diese Werke gehören zu einer anderen Form von Aufmerksamkeit. Sie haben die Fähigkeit, den Montagepunkt zu verschieben, und bieten uns daher eine Art Auszeit oder Urlaub von unserer alltäglichen Fixierung. Doch es gibt nichts Zwanghafteres als die zweite Aufmerksamkeit. Diese mit ungezähmter Begeisterung zu füttern, kann uns in einen Zustand totaler energetischer Unterwerfung führen.

Das heißt jedoch nicht, dass du dich vor solchen Dingen nicht schützen kannst. Es gibt zwei Möglichkeiten, wie wir der starken Absicht dieser Objekte entgegenwirken können: nicht hingehen oder makellos sein.

Ein Krieger kann unversehrt aus jeder nur denkbaren Situation hervorgehen. Wenn wir die Verbindung zu unserer menschlichen Form durchtrennt haben, kann uns nichts Äußeres mehr beeinflussen. Dann zeigen sich die Monumente des alten Mexiko in all ihrer Pracht und sie nehmen die Position ein, die ihnen gebührt: als Orte des stillen Verstehens.«

8.1

Die Verifizierung des Nagual

In den Monaten nach unserer ersten Begegnung beschränkte sich mein Engagement in Bezug auf Carlos darauf, seinen Vorträgen zuzuhören und seine Bücher zu lesen. Aber es dauerte nicht lange und die Magie seiner Lehren begann, mich in ihren Bann zu ziehen.

In dieser Situation musste ich eine Entscheidung treffen, die vermutlich jeder Lehrling des Nagualismus treffen muss. Entweder konnte ich die fremdartigen Ideen der Zauberer auf der Grundlage akademischen Wissens betrachten und nur das akzeptieren, was ich verstehen und verifizieren konnte, oder ich konnte ihre Lehren uneingeschränkt glauben und meine Vorurteile vorläufig zurückhalten, bis ich mir durch eigene Erfahrungen eine Grundlage geschaffen hatte.

Als ich Carlos von meinem Dilemma berichtete, freute er sich offensichtlich und meinte, dass beide Alternativen eine wichtige Gemeinsamkeit aufwiesen: Praxis. Es sei nicht wichtig, welche Option ich wählte, solange ich meiner Entscheidung folgen würde.

Ich versuchte, ihm einige Erklärungen zu entlocken, die mir vielleicht helfen konnten, seine Lehrsätze einzuordnen. Er unterbrach mich mit einer Handbewegung: »Ein Krieger besitzt kein Wissen im Voraus. Weder führt er Untersuchungen aus Gewohnheit durch, noch gibt er sich dem Gefühl des Nicht-Verstehens hin. Wenn er etwas wissen will, dann sucht er die entsprechende Erfahrung.«

Ich wies ihn darauf hin, dass er den Begriff »Erfahrung« mit einer anderen Bedeutung gebrauche als ich. Für ihn bedeutete er eine Art und Weise, dem Leben zu begegnen. Für mich bedeutete er das Bedürfnis, etwas intellektuell zu erfassen.

Carlos unterdrückte ein ironisches Lächeln und erklärte mir freundlich, dass das Wissen und die Übungen der Zauberer weder schwer zu verstehen noch schwer zu praktizieren seien. Was sie so verrückt erscheinen ließe, sei, dass sie von einer Kultur geschaffen wurden, die uns ausgesprochen fremd sei. Er führte mein anfängliches Misstrauen auf meine rationale Einstellung zurück und nicht auf eine energetische Blockade.

Er fügte hinzu, dass die moderne Wissenschaft aus dem Grund nicht in das alte toltekische Wissen eindringen könne, weil sie keine geeigneten Methoden hierfür habe, und nicht etwa, weil die Grundlagen und Lehrsätze von Zauberern und Wissenschaftlern ihrem Wesen nach unvereinbar seien.

»Trotz aller guten Vorsätze sind Wissenschaftler nicht in der Lage, ihren Montagepunkt selbstständig zu verschieben. Und da sie das nicht können, wie sollten sie verstehen, was Zauberer sagen?

Der Mangel an Energie ist eine ernst zu nehmende Barriere zwischen normalen Menschen und Zauberern. Ohne die notwendige Kraft ist es unmöglich, die Phänomene der Zauberei zu bestätigen. Es ist, als würden zwei Menschen versuchen, sich in verschiedenen Sprachen zu unterhalten. Gewöhnlich verlieren die Zauberer in einem solchen Fall. Zu anderen Zeiten lebten die Menschen in dem Glauben, dass sie ihre Seele verlieren könnten, wenn sie einem Zauberer zuhörten. Der moderne Mensch wurde dahin gehend indoktriniert, solche Sichtweisen für unwissenschaftlich zu halten.

Die Wahrheit sieht anders aus. Wenn wir den Prinzipien vom Weg des Kriegers folgen, erhalten wir dadurch nützliches Rüstzeug, um mit dem Wissen umzugehen – und zwar ohne unsere mentale Klarheit zu verlieren. Das ist deshalb so, weil diese Prinzipien, wenn sie sich auf das Ansammeln von Energie beziehen, stets zwei Postulaten gehorchen: Erfahrung und Verifizierung.

Im Gegensatz zu dem, was viele denken, ist der Grundsatz der Verifikation keine exklusive Erfindung westlicher Kultur. Auch in der toltekischen Tradition ist sie eine zwingende Notwendigkeit. Der Nagualismus gründet als ideologisches System nicht auf Dogmen, sondern auf den persönlichen Erfahrungen von Generationen von Praktikern. Es ist absurd zu denken, dass all diese Leute über Jahrtausende hinweg auf schlichte Lügen vertraut haben. Da der Ausgangspunkt das Experiment ist, kann man durchaus sagen, dass der Nagualismus kein Glaubenssystem, sondern eine Wissenschaft ist.«

Diese Behauptung war zu viel für mich. Bestimmte Lehren von Carlos hatten zweifellos ihren praktischen Wert, wie etwa sein Rat, die eigene Wichtigkeit abzulegen, oder die strategischen Prinzipien vom Weg des Kriegers. Andere Themen seiner Vorträge waren jenseits dessen, was ich verstehen konnte. Ich konnte es zum Beispiel einfach nicht akzeptieren, dass es in einer Welt, die angeblich parallel zu unserer existierte, Gesetze geben sollte, die nichts mit den unseren zu tun hätten, oder dass jene Welt von bewussten Wesen bevölkert sei, die ich mit meinen Sinnen nicht wahrnehmen könne.

Meinem Gesichtsausdruck konnte Carlos zweifellos entnehmen, dass ich nicht ganz mit ihm übereinstimmte, denn er fügte hinzu:

»Für dich ist Verifizieren gleichbedeutend mit Erklären, während es für Zauberer bedeutet, unbeschreibliche Dinge zu bezeugen – ohne rhetorische Tricks oder Ausflüchte. Du glaubst, dass die Reichweite deiner Sinne die reale Grenze des Universums darstellt, doch gleichzeitig weißt du, dass deine Sinne sehr schlecht trainiert sind.

Ich fordere dich nicht auf, zu glauben, sondern zu sehen. Und ich versichere dir, dass Sehen völlig ausreicht, um alles, was ich dir erzählt habe, zufriedenstellend zu beweisen. Ich kann die energetische Essenz der Welt nicht für dich verifizieren. Du musst es selbst beabsichtigen und mit deinen eigenen Mitteln einen Weg finden, dies zu tun.

Der Unterschied zwischen einem modernen Wissenschaftler und einem Seher liegt darin, was jeweils für sie auf dem Spiel steht. Für einen Seher ist es das eigene Leben. Wenn die Untersuchungen eines Wissenschaftlers fehlschlagen, verliert er lediglich die investierte Zeit. Die Methoden sind für beide verschieden, aber ähnlich streng.

Ein Zauberer ist nicht zufrieden, wenn er die Geschichten, die ihm erzählt wurden, nicht für sich selbst verifizieren kann. Genau wie es unterschiedliche Grade wissenschaftlicher Ausbildung gibt, entdeckt ein Lehrling der Zauberei schnell, dass es bestimmte und sehr genau definierte Stufen der Wahrnehmungserweiterung gibt. Er wird nicht rasten, bis er sie erreicht hat oder bei dem Versuch sie zu erreichen umkommt. Du siehst, der Nagualismus ist als Untersuchungsmethode absolut zuverlässig.

Mein Lehrer zeigte mir, dass der Fortschritt der neuen Seher in ihrer Fähigkeit zur Synthese liegt. Sie sind abstrakte Zauberer.« Carlos betonte diesen Ausdruck besonders, indem er jede Silbe hervorhob. »Tatsächlich ist ihr Fokus viel präziser als der Fokus der Wissenschaft, weil die Seher sich auf eine Unternehmung von gigantischer Größenordnung eingelassen haben. Wissenschaftler würden nicht einmal wagen, so etwas zu formulieren: die Verifizierung unserer Interpretation in Bezug auf die konsensuelle Realität, in der wir leben. Dieser Ausgangspunkt macht die Zauberei zu einem ganz hervorragenden Verbündeten des formalen Denkens.

Eines Tages wird es möglich sein, das Eis zu brechen, und die Wissenschaft wird entdecken, dass sie und der Nagualismus eine große Leidenschaft teilen: die Wahrheit. Dann werden sich beide Arten der Forschung die Hand reichen und sich nicht länger als antagonistische Positionen begreifen. Gemeinsam werden sie sich in der Absicht vereinen, Licht ins Dunkel zu bringen.«

Beim Abschied sagte ich zu Carlos, dass seine Erklärungen das genaue Gegenteil dessen seien, was sich die meisten Leute unter Zauberei vorstellten. Er zuckte mit den Achseln, als wollte er sagen: »Was bedeutet das schon?«

8.2

Die Rückkehr zum Wesentlichen

Nachdem ich sie eine Zeit lang praktiziert hatte, begannen die Lehren der Zauberer Wirkung zu zeigen. Was mit Misstrauen begann, verwandelte sich schon bald in eine Reihe von überraschenden Erfahrungen von Bewusstseinszuständen, die jenseits meines gewohnten geistigen Horizonts lagen. Plötzlich verspürte ich das dringende Bedürfnis, mit der Ganzheit meines Seins zu verstehen und nicht bloß mit meinem Verstand. Ich erreichte einen Punkt, an dem die Basis meiner alltäglichen Existenz zu bröckeln begann, und mir wurde klar, dass die Wahrnehmung der Zauberer ganze Universen von Erfahrungen zugänglich mache, von denen ich bis dahin nicht das Geringste gewusst hatte.

Während dieses Prozesses ging ich durch eine intensive Identitätskrise. In einem Moment fühlte ich mich wie ein wagemutiger und unvoreingenommener Forscher und im nächsten verwandelte ich mich in den Inbegriff geistigen Widerstands. Mir war klar, dass diese emotionalen Schwankungen mit den Gesprächen zusammenhingen, die ich mit Carlos führte. Nachdem ich ihn getroffen hatte, verbrachte ich Wochen in fieberhafter Aktivität. Ich nahm das Träumen in Angriff und übte all die Techniken, von denen ich gehört oder gelesen hatte. Aber nach und nach kühlte meine anfängliche Begeisterung dann ab und das unangenehme Gefühl, dass ich gar nichts verstand, kehrte zurück.

Konfrontiert mit einem Chaos von mich überfordernden neuen Eindrücken, entdeckte ich, dass ich nur eine Möglichkeit hatte, dies abzuwehren: die Vernunft. Mehr denn je versuchte ich mich selbst davon zu überzeugen, dass nur das wahr sei, was vollständig erklärt werden konnte. Unbeeindruckt von allem, was Carlos über die trügerische Natur der Vernunft gesagt hatte, war ich nur dann bereit, dies alles zu akzeptieren, wenn ich selbst einige unglaubliche Taten erleben konnte, welche die Naturgesetze infrage stellten.

An jenem Morgen hatten wir eine Verabredung in einem Restaurant vor seinem Hotel. Wir waren quasi allein im Raum, bis auf einen Schuhputzer, der in einer Ecke ein Nickerchen hielt, und den Kellner, der uns gelangweilt ansah. Der Moment schien mir geeignet und ich fragte Carlos geradeheraus: »Kannst du mir durch einen Akt der Kraft einen Beweis für deine Lehren liefern?«

Er schaute mich verblüfft an, als hätte er mit allem gerechnet, nur damit nicht. Dann dachte er ein paar Sekunden lang nach und sagte: »Unglücklicherweise kann ich deinem Verstand gar nichts beweisen. Dazu bin ich nicht in der Lage. Um das Nagual zu verifizieren, brauchst du freie Energie, und die einzige Quelle hierfür ist Makellosigkeit. In der Welt der Energie hat alles seinen Preis. Es hängt nur von dir ab. Ich kann deinen inneren Dialog nicht zum Schweigen bringen, das kannst nur du selbst. Und nur dadurch kannst du für dich verifizieren, was ich dir erzählt habe.«

Ich fragte ihn, was ich gegen die Zweifel, die unvermeidlich immer wieder in meinem Geist auftauchten, unternehmen könne.

»Unsicherheit ist eine natürliche Empfindung von Opfern«, antwortete er. »Selbstvertrauen und Kühnheit hingegen sind charakteristisch für Raubtiere. Du entscheidest, auf welcher Seite du stehen willst.

Es ist wichtig, dass du erkennst, dass es so etwas wie ›die Lehren des Carlos Castaneda‹ nicht gibt. Ich versuche stets, direkt zu sein, und handele aus meiner inneren Stille heraus – und genau diese Vorgehensweise empfehle ich auch dir, weil das deinen Wahnsinn vertreiben wird. Ich bin kein mächtiger Nagual wie Don Juan und ich bin auch nicht dein Wohltäter. Ich bin Zeuge unglaublicher Taten, die einem die Sprache verschlagen, und es ist mir eine Freude, dir davon zu berichten. Es ist nur so, dass diese Erzählungen dir nichts sagen werden, bis du deine Schutzschilde fallen lässt und es den Geschichten erlaubst, in dich einzudringen.

Wenn du die Erzählungen der Kraft verifizieren willst, musst du dich der Erfahrung öffnen. Verstecke dich nicht hinter deinen Interpretationen, denn trotz all unserer modernen Forschung und Wissenschaft wissen wir nur sehr wenig über die Welt.

Wie jedem anderen Lehrling der Zauberei steht dir ein riesiges Übungsfeld zur Verfügung. Zum Beispiel das Auf und Ab deiner Gefühle oder dein Energieverlust – stopfe diese Lecks und du wirst sehen, wie sich die Dinge verändern. Übe dich im Träumen, statt jede Nacht acht Stunden wie ein Stein zu schlafen, ohne etwas zu bemerken. Erforsche deine Träume, übernimm die Kontrolle über sie und traue dich, Zeuge all dessen zu sein. Wenn du die Geheimnisse deiner Träume lichtest, wirst du am Ende das sehen, was ich sehe, und alle deine Zweifel werden aus deinem Geist verschwinden.«

Wir verharrten schweigend, während unser Essen serviert wurde. Carlos beendete die Stille: »Vergiss nicht, Zweifel sind nichts als mentaler Lärm. Kein Grund zur Sorge.«

Ich antwortete, dass zu dem Wenigen, was ich in meinem Leben gelernt hätte, die Erkenntnis gehöre, dass Zweifel die Grundlage allen wahren Wissens seien.

Doch er hatte eine andere Theorie: »Es wird heutzutage so viel Zeit damit verbracht, alles Mögliche anzuhäufen, dass es schwer geworden ist, etwas gänzlich Neues zu akzeptieren. Wir sind bereit, viele Jahre unseres Lebens damit zu vergeuden, Formulare auszufüllen oder mit Freunden zu diskutieren. Doch wenn uns jemand erzählt, dass die Welt einzigartig und voller Magie ist, dann misstrauen wir dem und verschanzen uns hinter unseren vorgefertigten Vorstellungen und Ideen.

Auf der anderen Seite gibt es Raubwesen, die ihr ganzes Leben damit verbringen, ihre Jagdtechniken zu perfektionieren. Sie achten darauf, stets wachsam zu sein und lassen sich nicht durch die äußere Erscheinung der Dinge täuschen. Sie sind umsichtig und geduldig. Sie wissen, dass ihre Beute jederzeit hinter jedem Busch hervorspringen kann und dass das geringste Zögern über Leben oder Tod entscheiden kann. Sie kennen keine Zweifel.

Ein Krieger ist ein Jäger und kein zynischer Opportunist. Entweder er akzeptiert die Herausforderung des Wissens mit allem, was dazugehört, oder seine eigenen Erfolge werden ihn in einen schrecklicheren Zustand zurückwerfen als der eines gewöhnlichen Menschen.«

Ich spürte, dass seine Worte einen versteckten Vorwurf enthielten, und versuchte, mich zu rechtfertigen. Doch er unterbrach mich: »Es ist offensichtlich, dass du geübt hast. Deshalb bist du verwirrt und beunruhigt. Das ist unter diesen Umständen ganz normal und deine quälenden Sorgen werden ganz von selbst verschwinden, sobald du erkannt hast, dass das, was du fürchtest, nur ein implantierter Zweifel ist.

Wie alle Menschen bist du darauf trainiert worden, alle eintreffenden Informationen durch den Filter der Vernunft passieren zu lassen. Du erinnerst mich an einen Hund, der in einem Altersheim lebte. Wenn jemand ihm aus Mitleid ein paar Brocken hinwarf, regte er sich vor Freude so auf, dass er das Futter gar nicht mehr in Ruhe genießen konnte. Genauso bist du. Du empfindest eine so große Dankbarkeit gegenüber deiner Wissenschaft, dass du dich ihr verpflichtet fühlst und meinst, ihr treu bleiben zu müssen. Du traust dich nicht zu träumen und kannst die magische Seite der Welt nicht genießen.

Du hast dich in Sachen Verifikation einem viel zu trügerischen Ratgeber verschrieben: dem Verstand. Ich kann dir nur empfehlen, dir für diese Aufgabe einen anderen, zuverlässigeren und vor allem weitsichtigeren Ratgeber zu suchen: die geistige Gesundheit. Ich habe dir bereits erklärt, dass Zauberer darauf bestehen, dass zwischen diesen beiden Konzepten ein großer Unterschied besteht. Um diesen besser zu begreifen, kannst du einige Beispiele aus der Weltgeschichte heranziehen. Viele wichtige Dinge wurden von geistig gesunden Menschen erfunden oder getan, die es dennoch wagten, sich dem Zeitgeist zu widersetzen. Sie nahmen eine Position ein, die dem, was in ihrer Zeit als vernünftig galt, genau entgegengesetzt war.

Wenn du die Sphären jenseits unserer Welt bereist, dann wirst du entdecken, dass es sich dort genauso verhält. Das Universum ist nicht vernünftig, doch man kann ihm mit Energie und geistiger Gesundheit entgegentreten. Wenn du lernst, dies zu tun, wirst du alles auf eine sehr grundlegende Art und Weise, ganz ohne Worte verstehen. Wer braucht schon Worte, wenn er ein unmittelbarer Zeuge von etwas sein kann?

Ich stimme dir zu, dass die Konzepte der Zauberei vom Alltagsstandpunkt aus betrachtet vollkommen sinnlos erscheinen. Doch es gibt eine tiefere Dimension unserer Bewusstheit, in welche die Beschwerden und Klagen unseres Alltagsbewusstseins niemals vordringen, und ein Krieger wird nicht ruhen, bis er dort angelangt ist. Dort wird er entdecken, dass sein eigener Verstand ihn automatisch zur Zauberei führt, wenn dieser umfassend diszipliniert und unnachgiebig trainiert wird, weil die Essenz des Verstandes Nüchternheit, Gleichmut und Mitleidlosigkeit ist.

Wenn ein Zauberer erst einmal Herr über seinen Verstand geworden ist und sich nicht länger von ihm manipulieren lässt, kann er sogar versuchen, das unergründliche Geheimnis der Existenz in Worte zu fassen. Doch das ist eine überaus schwierige Angelegenheit, die einen großen Überschuss an Energie voraussetzt.

Ein Krieger zu sein bedeutet, dass man einen endlosen Kampf um Makellosigkeit führt. Zauberer wissen, dass die Energie, mit der wir uns versklaven, dieselbe Energie ist, die uns befreien kann. Wir müssen sie nur umlenken und dann werden sich die Erzählungen der Kraft vor unseren Augen in gelebte Wirklichkeit verwandeln.

Kämpfe nicht gegen deine Verunsicherung an, benutze sie lieber als Ansporn, die Lehren der Zauberer zu verifizieren, und stelle sie in den Dienst deiner energetischen Bedürfnisse. Verifiziere alles, lasse nicht zu, dass die Erzählungen der Kraft bloße Geschichten bleiben. Verschreibe dich mit Haut und Haaren dem Wissen, aber tue es als Krieger und nicht als Sklave der Vernunft!«

Er wies auf ein indianisches Mädchen, das mit einem ungefähr neun Monate alten Jungen die Straße entlangging. Das Gesicht des Kindes strahlte vor unstillbarer Neugier, sie sprudelte förmlich aus seinen runden schwarzen Augen, die wie kleine Obsidianspiegel aussahen und eifrig alles betrachteten.

»Die Hingabe eines Kriegers an den Geist besteht darin«, fuhr Carlos fort, »dass er zu seiner wahren Natur zurückkehrt. Diesen Pakt gehen wir alle durch die simple Tatsache ein, dass wir geboren wurden. Der Mensch kommt mit dem Impuls zur Welt, alles, was da ist, zu erleben und zu bezeugen. Doch dieser Impuls wird während unserer ersten Lebensjahre brutal verstümmelt und wir müssen ihn neu entdecken. Dazu muss man sich von allen Vorurteilen befreien und zur reinen kindlichen Neugier zurückkehren. Ein Krieger ist gezwungen, jegliches Wissen, das an seine Tür klopft, zu verifizieren. Er muss es in vollem Umfang erleben, egal woher es stammt. Und dann braucht er die notwendige Unterscheidungsfähigkeit, um auszuwählen, was davon nützlich ist.«

»Sollte ich diese Unterscheidungsfähigkeit auch auf den Weg anwenden, den du predigst?«, fragte ich frech.

»Ich habe stets betont, dass es keinen ›Castaneda-Weg‹ gibt«, gab er entschieden zurück. »Genauso wenig wie den Weg des Buddha oder den des Jesus Christus! Hast du denn immer noch nicht begriffen, dass wir keine Lehrer brauchen? Ich verkaufe dir keine Waren und mir ist es egal, ob du mir zustimmst oder nicht. Ich gebe dir lediglich einige Hinweise aus reiner unpersönlicher Zuneigung: Verifiziere es, wenn du willst. Wenn nicht, dann bleib bei deinem Zweifel.«

Als wir uns verabschiedeten, sagte Carlos zu mir: »Du solltest deinen Sorgen nicht so viel Aufmerksamkeit schenken. Sie sind lediglich ein Symptom deiner Situation. Etwas in deinem Inneren gibt nach und es ist eine ganz normale Reaktion der menschlichen Form, dass sie sich verteidigt. Schon bald wird deine Beschäftigung mit dem Nagual dazu führen, dass die Angst dich schüttelt, und dann wirst du deine geistige Gesundheit mehr brauchen als je zuvor. Vielleicht wirst du es noch bereuen, mich jemals um einen Hinweis gebeten zu haben!«

8.3

Ich glaube, weil ich glauben will

Es ist schwierig, über ein so persönliches Konzept wie »die Verifikation der Axiome der Zauberer« zu schreiben. Um mit ihnen übereinzustimmen, brauchte ich keine kohärenten Erklärungen, ich brauchte ein Mindestmaß an praktischer Erfahrung, um mit ihrer Hilfe eine neue Art von Konsens aufzubauen. Die Elemente jener neuen Sprache, der wahre Dialog der Krieger, gründen nicht im Verstand, sondern in unserer aufgesparten Energie.

Wie Carlos mir erklärt hatte, könnte man einen so irrationalen Begriff wie »die Verschiebung des Montagepunkts« nur unter der Voraussetzung verifizieren, dass Kraft vorhanden war. Jeder Versuch, etwas zu erklären, beruht auf einer Fixierung des Montagepunkts in einer bestimmten Position. Daher gibt es keine andere Möglichkeit, die Verschiebung des Montagepunkts zu verifizieren, als ihn tatsächlich zu verschieben und herauszufinden, was passiert.

Das klang logisch, ließ aber trotzdem eine Frage offen, die ich Carlos bei der nächstbesten Gelegenheit stellte: »Heißt das, dass es unmöglich ist, die Behauptungen der Zauberer von außen zu verifizieren?«

»Im Gegenteil«, antwortete er. »Die Wirkungen der Kraft können nur von außen erlebt werden. Wenn unsere Aufmerksamkeit einmal im Fluss ist, hören wir auf, ein starres und isoliertes ›Ich‹ zu sein, und vereinigen uns mit der Welt, die uns umgibt. Aus diesem Grund sagen die Seher, dass das Mysterium der Welt nicht in uns liegt, sondern außerhalb von uns. Anders ausgedrückt: Die Lösung des Problems liegt nicht auf der mentalen Ebene, sondern in der gelebten Praxis!«

Ich fragte ihn, was denn an einem so vagen Thema wie der Verschiebung des Montagepunkts praktisch sein könne.

Er meinte, dass diese Verschiebung mir lediglich vage vorkomme, weil ich keinerlei willentliche Kontrolle über meine Bewusstseinszustände habe. Als Beispiel führte er Lesen und Schreiben an – für einen Wilden sei es etwas völlig Unwichtiges, aber für einen zivilisierten Menschen eine absolute Notwendigkeit. Vielleicht gebe mir das ja eine vage Vorstellung davon, wie wichtig die Kontrolle des Montagepunkts für einen Zauberer sei.

Ich wollte wissen, wie es dann möglich sei, dass ein so bedeutendes Thema von der großen Mehrheit der Menschen nicht einmal bemerkt werde.

Er antwortete, dass die Verschiebung des Montagepunkts etwas Natürliches sei und gleichzeitig genauso anspruchsvoll wie Sprechen oder Denken. Wenn es uns niemand beibringe, dann täten wir es niemals. Er versicherte mir, dass der Schlüssel zum Erreichen der außergewöhnlichen Errungenschaften der Zauberer im Konsens versteckt liege, in den Vereinbarungen, die wir eingehen.

»Um Tatsachen zu verifizieren, müssen wir erst einmal dem entsprechenden Konsens zustimmen, der die Bedeutung dieser Tatsachen festlegt. Unglücklicherweise bedeutet Zustimmung für die meisten Menschen, sich festzulegen und nicht mehr von der offiziellen Position abzurücken. Wenn wir das Wagnis eingehen, einen anderen Konsens als den der Zauberer zu erforschen, dann muss unser Wille zum Lernen wirklich stark sein.

Die Zauberer haben herausgefunden, dass es zwei Formen der Zustimmung gibt: Die erste ist der kollektive Konsens. Er gründet auf dem Verstand und kann dich sehr weit bringen. Doch früher oder später wird er dich in eine paradoxe Situation führen. Die andere ist der Konsens, der durch die Verschiebung des Montagepunkts zustande kommt. Diese kann nur von denen bestätigt werden, die sich in derselben Situation befinden.

Ein Konsens, der auf individueller Erfahrung basiert, hat einen eindeutigen Vorteil gegenüber einem Konsens, der auf Erklärungen fußt, denn unsere sinnliche Erkenntnis ist in sich selbst vollständig. Demgegenüber arbeitet der Verstand immer mit dualistischen Vergleichen, mit positiv und negativ, richtig oder falsch und so weiter.

Das Erste, was passiert, wenn man tiefer in den Konsens der Zauberer eindringt, ist, dass diese Dualitäten, die wir seit jeher als selbstverständlich betrachtet haben, nicht mehr funktionieren, was für den Verstand am Anfang ausgesprochen verwirrend sein kann. Mit der Zeit lernen die Zauberer jedoch, dass es in einer Welt, in der keine festen Objekte, sondern nur Wesen mit unterschiedlichen Bewusstheitsgraden existieren, keinen Sinn ergibt, zwischen Wahrheit und Lüge zu unterscheiden.

Don Juan sagte, dass die Wahrheit wie der Grundpfeiler eines Gebäudes sei und dass ein vernünftiger Mensch nie versuchen sollte, diesen zu entfernen! Wenn wir unseren Kopf vor Definitionen beugen, kann unsere Energie nicht mehr frei fließen und wird blockiert. Die Neigung, gerade dies zu tun, hat uns die fremde Installation aufgezwungen und wir müssen dem ein Ende setzen. Das Ersetzen des verstandesbasierten Konsenses durch die Erfahrung ist das, was Don Juan ›glauben, ohne zu glauben‹ nannte. Für Zauberer bedeutet dies, dass das Konzept der Verifikation vollständig neu definiert wird.

Zauberer suchen nicht nach Definitionen, sondern nach Ergebnissen. Wenn eine bestimmte Praxis in der Lage ist, den Grad unserer Bewusstheit zu steigern, dann spielt es keine Rolle, wie wir ihn uns erklären! Die Mittel, durch die wir unsere Energie sparen und steigern, spielen ebenfalls keine Rolle, denn sobald wir unsere Ganzheit erreicht haben, betreten wir ein neues Feld der Aufmerksamkeit, in dem wir uns nicht mehr um irgendwelche Konzepte kümmern und die Dinge für sich selbst sprechen lassen.

Vielleicht denkst du, dass diese Behauptungen lediglich eine Art Selbstermächtigung zu unverantwortlichem Handeln seien. Aber ein Krieger versteht die tatsächliche Botschaft: ›Realität‹ ist ein ›Tun‹ und ein Tun wird stets an seinen Ergebnissen gemessen.

Jeder, der einen Zauberer aus einem alltäglichen Blickwinkel beurteilt, wird ihn für einen notorischen Lügner halten, weil sich die Universen des Durchschnittsmenschen und des Zauberers nicht überschneiden. Und wenn ein Zauberer versucht, unerklärliche Dinge mit geborgten Worten zu erklären, wird er sich unvermeidbar in Widersprüche verwickeln und man wird ihn für einen Scharlatan oder einen Geisteskranken halten. Das ist auch der Grund, weshalb ich gesagt habe, dass die Welt des Nagual aus der Sicht der alltäglichen Welt ein Schwindel ist. Tatsächlich gilt das für jeden ›Ismus‹ und der Nagualismus macht da keine Ausnahme. Doch es gibt einen Unterschied zu den Verteidigern der Vernunft, die nach Anhängern ihrer speziellen Übereinkunft suchen. Ein Zauberer wird dir nicht erzählen, dass seine Sicht der Welt die einzig wahre ist. Er sagt dir: ›Ich glaube, weil ich es will, und du kannst es auch tun.‹ Diese Art der Willensäußerung ist etwas überaus Kraftvolles und ruft lawinenartig neue Ereignisse der Kraft hervor.

Wenn du sehr aufmerksam hinsiehst, wirst du bemerken, dass Kinder nicht einfach ›arglos‹ an die Magie der Welt glauben. Sie glauben daran, weil sie vollständig sind und weil sie ›sehen‹! Zauberer tun dasselbe. Die sagenhaften Geschichten, die ich dir erzählt habe, gehören nicht zu der Realität, in der wir gerade diese Unterhaltung führen, aber sie sind trotzdem genauso geschehen!

Nagualismus ist vergleichbar mit jemandem, der eine Schatzkarte mit einer zugehörigen Geschichte geerbt hat. Da er nicht an so ein Seemannsgarn glaubt, teilt er seine Geheimnisse mit dir. Und du bist so clever oder so naiv, dass du die Geschichte für wahr hältst und dich der Aufgabe widmest, die Karte zu enträtseln. Doch die Karte ist mit verschiedenen Codes verschlüsselt, was dazu führt, dass du verschiedene Sprachen lernen, verborgene Orte aufsuchen, in der Erde graben, auf Berge steigen, in Schluchten absteigen und in tiefe Wasser tauchen musst.

Nach vielen Jahren der Suche kommst du endlich an den Ort, an dem der Schatz vergraben sein soll und – oh, wie enttäuschend! – du findest nur einen Spiegel. War alles bloß eine Lüge? Nun, immerhin bist du gesund, stark, weißt viel, hast jede Menge Abenteuer erlebt und hattest großartige Erlebnisse. In der Tat, das ist ein Schatz!

Denke immer daran, dass es im Fluss der Energie weder Wahrheit noch Lüge gibt. Ein Krieger entschließt sich zu glauben, weil es ihm so gefällt und aus reiner Abenteuerlust. Auf diese Weise lernt er die Welt aus einem anderen Blickwinkel zu betrachten – dem Blickwinkel der Stille. Und nur aus dieser Perspektive enthüllen sich die unermesslichen Schätze der Lehren der Zauberer.«

9.1

Die Verbreitung des Wissens

Nach der Präsentation seines neuen Buches verließen wir die Veranstaltung und schlenderten die Insurgentes-Allee entlang. Es war Nacht, ein wenig kühl und die Luft war klar. Während wir gingen, sagte Carlos, dass er diese Art von Aktivität nicht besonders mochte, weil sich dort so viele Schleimer einfänden und er gezwungen sei, mit ihnen auf den Erfolg des Buches anzustoßen. Er habe sich angewöhnt, während der gesamten Veranstaltung ein volles Glas Sekt in der Hand zu halten, ohne davon zu trinken.

Er fügte hinzu, dass seine Karriere als Schriftsteller mit einer Herausforderung begonnen habe. Don Juan selbst habe ihm vorgeschlagen, die Berge von Notizen, die er während seiner Lehrzeit gemacht habe, zu einem Buch zu verarbeiten. »Anfangs dachte ich, er machte einen Scherz, weil ich kein Schriftsteller war. Doch dann erläuterte er mir, dass es sich um eine Übung der Zauberei handelte.«

Nachdem Carlos erst einmal zu schreiben begonnen hatte, fand er Vergnügen an der Arbeit. Es endete damit, dass er begriff, dass die Bücher sein Weg zu seiner wahren Aufgabe als Nagual waren. Ich fragte ihn, ob er nicht befürchte, dass die Enthüllung des Wissens dieses am Ende vielleicht korrumpieren könne.

»Nein!«, sagte er. »Vielmehr ist es so, dass das Wissen durch Geheimhaltung degeneriert. Es wird erneuert, indem man es den Menschen nahebringt. Nichts ist für Energie gesünder, als wenn sie fließen kann, und das betrifft das Wissen der Zauberer mehr als alles andere. Wir sind nur temporäre Hüter der Kraft und nicht berechtigt, sie zurückzuhalten. Ohnehin macht das Wissen nur für diejenigen einen Sinn, die es in die Tat umsetzen und die nötige Energie ansammeln, um es zu verifizieren. Der Rest interessiert nicht.

Ich kam genau in dem Moment in die Welt des Nagual, als ein Umbruch nötig wurde. Dies zwang mich dazu, die dramatischste Entscheidung meines Lebens zu treffen: die Lehren zu veröffentlichen. Es war sehr schwer für mich, die Galionsfigur einer solchen Wende zu sein, und viele Jahre lang lebte ich mit der Bürde, nicht wirklich zu wissen, was ich da tat. Es gab sogar Menschen, die mir im Namen der Tradition Drohbriefe schrieben. Die alte Garde der Zauberer wollte ihre Privilegien nicht aufgeben.«

Ich erklärte ihm, wie außergewöhnlich ich es fand, dass er sich entschieden hatte, so drastisch mit einer jahrtausendealten Tradition der Geheimhaltung zu brechen.

»Ich habe mit gar nichts gebrochen!«, antwortete er. »Der Befehl des Geistes war klar und deutlich. Ich habe mich ihm lediglich gefügt.

Zu Beginn meiner Lehrzeit wurde ich darauf vorbereitet, die Führung der Zauberer-Linie von Don Juan zu übernehmen. Doch eines Tages änderte sich alles. Die Krieger seines Trupps sahen, dass meine energetische Struktur sich von der des Nagual Juan Matus unterschied, und sie interpretierten das als einen Befehl, dem man sich nicht widersetzen konnte. So wie die Regel es befahl, legten sie die schwerwiegende Verantwortung für das Abschließen der Linie in meine Hände.

Jahrhundertelang waren die Kriegertrupps wie Schwämme: Sie absorbierten Erfahrungen, um die anspruchsvollen Prinzipien vom Weg des Wissens zu verifizieren. Der einzige Ausweg, der sich mir nun bot, bestand darin, das Wissen an die Menschheit zurückzugeben.

Meine Bücher sind ein Anfang, eine bescheidene Absicht, die Fragmente eines Wissens, das für viele Generationen verborgen war, zu den Menschen der heutigen Zeit zu bringen. Die Folgen werden sich später zeigen, wenn neue Zyklen daraus hervorgehen. Sobald die Lehren der Zauberer an die Öffentlichkeit kommen, ist es unvermeidlich, dass einige Menschen sie praktisch prüfen und mit ihrer Wahrnehmung experimentieren. Und so entdecken sie das gesamte Potenzial, das in uns allen steckt.«

Ich fragte ihn, wie Don Juan und seine Gefährten reagiert hätten, als sie merkten, dass ihre Geheimnisse enthüllt worden waren.

»Ich habe schon beschrieben, wie es war, als ich Don Juan eines meiner Bücher überreichte«, antwortete er. »Er reichte es mir mit einer spöttischen Bemerkung zurück. Doch das ist nur die halbe Wahrheit. Tatsächlich ist er der Autor dieser Texte. Er hat sie nicht selbst verfasst, doch er trug die Verantwortung für das Projekt und überwachte alles, was ich schrieb. Mit der Zeit wurde mir klar, dass Don Juan eine sorgfältig entworfene Strategie verfolgte.

Der Plan des Nagual war gewagt und gleichzeitig genial einfach. Er stellte das Wissen der Seher der Öffentlichkeit vor, wobei es ihm nicht um einen weiteren Beitrag zur akademischen Forschung ging, sondern darum, den Bewusstheitsgrad der Menschen zu steigern. Und er tat dies genau durch jene Institutionen, die die Möglichkeit hatten, ihn zu widerlegen. Er wusste, dass wenn er die Lehren auf einem mystischen oder religiösen Weg verbreiten würde, die Wirkung nicht annähernd so tief greifend sein würde wie durch die Verbreitung durch einen Wissenschaftler. Aus demselben Grund verlangte er auch, dass ich mein erstes Buch als wissenschaftliche Arbeit verfasste.

Der Plan des Nagual Juan Matus führte zu einer neuen Form der Übermittlung des Wissens, die es vorher nicht gab. Die Geheimnisse der Verschiebung des Montagepunkts waren niemals zuvor der Öffentlichkeit zugänglich gemacht worden!«

9.2

Ein Rendezvous mit dem Träumen

Ich erzählte Carlos, dass ich einige traditionelle mexikanische Gruppen aufgesucht hätte, weil ich Zugang zu altem Wissen suchte. Er hielt dies für einen Witz und begann zu lachen. Als er meinen verdutzten Gesichtsausdruck sah, meinte er, ich solle sein Lachen nicht persönlich nehmen. Es erinnere ihn an ihn selbst, an seine eigenen Aktivitäten, als er nach Mexiko kam, um dort Feldforschung zu betreiben.

Carlos erklärte mir, dass es laut Don Juans Lehren und auch nach seiner eigenen Erfahrung zwei Arten von traditionellem Wissen gebe: die formelle und die energetische Tradition. Beide hätten wenig miteinander gemein.

»Die formelle Tradition beruht auf der Weitergabe von Geheimnissen und der Bewahrung von Routinen. Sie lehrt in Gleichnissen und bringt Schäfer und Schafherden hervor. Die energetische Tradition hingegen befasst sich mit greifbaren Ergebnissen, wie das ›Sehen‹ oder das Verschieben des Montagepunkts. Ihre Stärke liegt in der Erneuerung und im Experiment – und sie bringt makellose Krieger hervor.

Ein Krieger widmet sich ganz seiner Aufgabe und vergeudet seine Energie nicht damit, jemandem nachzulaufen. Er kümmert sich nicht um gesellschaftliche Gepflogenheiten, gleichgültig ob es sich dabei um moderne Bräuche handelt oder um jahrtausendealte Traditionen. Und seine Praxis der Kunst des Pirschens hat ebenfalls nichts mit Geheimniskrämerei zu tun.«

Ich antwortete, dass sich in meinen Augen der Glaube an ein uraltes Wissen, das immer noch in verschiedenen Traditionen auf dieser Erde vorhanden sei, darauf gründete, dass die Techniken zur Manipulation der Bewusstheit nicht durch Bücher erlernt werden könnten, sondern nur durch mündliche Überlieferung. Man brauche ganz eindeutig einen persönlichen Austausch mit einem Weisheitslehrer.

»Und das hast du irgendwo gelesen, richtig?«, meinte er. Wir lachten beide.

Er erzählte mir, dass wahres und nützliches Wissen stets sehr einfach sei und in wenigen Worten mitgeteilt werden könne.

»Es ist unnötig, so einen Tanz darum aufzuführen, und es spielt keine Rolle, wie das Wissen übermittelt wird. Wenn es mündlich überliefert wird, prima – aber jede andere Methode funktioniert genauso gut. Das wirklich Wichtige dabei ist, dass man selbst überzeugt ist, damit keine Zeit mit allerlei Unsinn vergeudet wird, denn der Tod ist uns auf den Fersen. Außer dieser Wahrheit braucht ein Krieger nicht viel. Sein Gefühl der Dringlichkeit führt ihn dazu, dass er seine Energie aufspart, und diese Energie erlaubt es ihm, seine Ganzheit zu entdecken.«

Ich sagte ihm, dass ich gelesen hätte, dass das Enthüllen von geheimem Wissen typisch für »schwarze« Magier sei und dass »weiße« Magier ihr Wissen nur sehr begrenzt weitergäben, da sie sich bewusst wären, dass mit dem Wissen bestimmte Gefahren verbunden seien, vor allem für Menschen, die nicht darauf vorbereitet seien.

Carlos schüttelte ungläubig den Kopf. »Was ist nur los mit dir?«, fragte er. »Was uns zerstört, ist das Nicht-Wissen und nicht das Wissen! Echtes Wissen enthält nichts, was die aufrichtigen Interessen von Menschen in Gefahr bringt!

Du sitzt dem gängigen Irrtum auf, dass es zwei Arten von Wissen gibt: ein äußeres und ein inneres Wissen. Die Seher sagen, dass es nur ein Wissen gibt, und wenn es dich nicht zur Freiheit führt, dann ist es wertlos. Aus ihrer Sicht ist das Gegenteil deiner Meinung wahr. Die dunklen Zauberer der Vorzeit horteten Geheimnisse. Transparenz ist das Markenzeichen der neuen Seher.«

»Heißt das, dass du die Existenz eines initiatorischen Wissens in der mexikanischen Tradition abstreitest?«, wollte ich wissen.

Anstatt zu antworten verlangte Carlos, dass ich den Begriff »initiatorisch« definieren solle. Das brachte mich in arge Schwierigkeiten, weil ich in Wirklichkeit keine klare Vorstellung davon hatte. Also erklärte ich ihm, dass »Initiierte« besondere Menschen seien, die aufgrund von Verdiensten ein spezielles, traditionelles Wissen empfangen hätten, das ihren Mitmenschen nicht zugänglich sei.

Während ich sprach, nickte Carlos bestätigend mit dem Kopf, um gleich hinzuzufügen: »Diese Definition ist ein perfektes Beispiel für die Wichtigkeit, die du dir selbst beimisst.«

Er behauptete, dass die Klassifikation von Menschen anhand ihres Wissens lediglich eine Übereinkunft des kollektiven Inventars sei. So, als mache man einen Unterschied zwischen Ameisen, weil einige etwas dunkler gefärbt seien als andere.

»Die Ironie dabei ist, dass wir Menschen uns tatsächlich in zwei Gruppen unterteilen: in diejenigen, die ihre Energie verschwenden, und die, die sie aufsparen. Letztere kann man nennen, wie immer man will: Tolteken oder Initiierte ... Es spielt dabei keine Rolle, ob sie einen Lehrer hatten oder nicht. Ihre Leuchtkraft verrät mir, dass sie nur einen Schritt von der Freiheit entfernt sind.

Was niemand ihnen beibringen kann, erhalten Krieger, indem sie den stillen Befehlen des Geistes lauschen. Sich der Kraft zu öffnen ist ein natürlicher Prozess. Niemand kann dir bestätigen, dass du offen bist, außer vielleicht einem Scharlatan. Es gibt auch keine Abkürzungen, die uns automatisch zur Freiheit führen. Geheimnisvolle Initiationen sind Symbole der Arroganz der Alten, sie sind wie Schlüssel ohne Tür, die dich nirgendwo hinführen. Du kannst dein ganzes Leben damit verbringen, ihnen nachzulaufen, und wenn du sie dann endlich in den Händen hältst, wirst du entdecken, dass du gar nichts hast.

Du glaubst, dass der Weg, auf dem Wissen übermittelt wird, ob durch Bücher oder durch mündliche Überlieferung, einen Unterschied macht. Dir ist noch nicht klar geworden, dass beide Methoden gleich sind, weil beide Bestandteil des Alltagskonsenses sind. Wieso soll es von Bedeutung sein, auf welche Weise man Information erhält? Was zählt, ist, dass man begreift, dass man handeln muss!

Die Methode der Zauberer besteht im systematischen Energiesparen. Was die Menschen tatsächlich voneinander unterscheidet, ist nicht das, was sie wissen, sondern das Energieniveau, das sie haben. Deshalb geschieht die echte Übermittlung von Wissen auch in Zuständen gesteigerter Bewusstheit. Zauberer haben kein Rendezvous mit einem Buch oder einer geheimnisvollen Zeremonie, sondern mit dem Träumen. Wenn ein Krieger lernt, wie er Erfahrung durch sein Träumen gewinnen kann, spielt es keine Rolle mehr, unter welchem Etikett die Lehren präsentiert werden, weil seine Wahrnehmung klar ist und er alles durch sein Sehen verifizieren kann.«

9.3

Die Lehren unter die Masse bringen

Im Verlauf eines unserer Gespräche erzählte mir Carlos, dass die alten und die neuen Seher, ungeachtet ihrer unterschiedlichen Auffassungen, in einem Punkt übereinstimmten: die Notwendigkeit, das Wissen geheim zu halten. Die toltekische Sprache wurde in einen Wald aus Metaphern verwandelt, mithilfe derer fast alles in unzähligen Wortkombinationen ausgedrückt werden konnte. Unter der Herrschaft der Tolteken versanken die präkolumbianischen Gesellschaften in einer wahren Flut von Ritualen, Techniken und geheimen Losungswörtern. Anstatt die Zauberei zu stärken, schwächten sie sie.

»Einige Gruppen von Wissenden plagen sich auch heute noch mit der Last dieses Erbes und der dazugehörigen Geheimnistuerei herum, obwohl sie sich Mühe geben, sie abzuschütteln.«

Ich fragte ihn, warum Zauberer ihr Wissen überhaupt verbergen wollten. Er antwortete, dass jeder Zyklus von Sehern seine eigenen Gründe dafür hatte.

»Die alten Seher verstanden durchaus, dass sie vergänglich waren. Doch durch die verführerische Idee des Überlebens der Bewusstheit ließen sie sich korrumpieren. Das Ergebnis war, dass sie sich wichtig vorkamen und in ein Gefühl der Exklusivität abglitten. Sie waren genau wie die Pyramiden, die sie bauten: deutlich sichtbar und überaus anziehend sowie gleichzeitig geheimnisumwittert und unerreichbar. Sie hielten normale Menschen für unwürdig und dumm und hielten sich von ihnen fern. Gleichzeitig kamen sie nicht ohne Gefolgschaft aus. Dieser Widerspruch führte zu langen Kriegen um die Kontrolle über ihre Anhängerscharen sowie zur Zerstörung von sehr viel echtem Wissen.

Die eigene Wichtigkeit und ihre unerfreulichen Begleiterscheinungen wie Geheimniskrämerei und Exklusivität wurden von der Fixierung des Montagepunkts unterstützt. Aus diesem Grund etablierten die alten Seher rigide Traditionen, um ein Maximum an Stabilität in ihren Gesellschaften zu gewährleisten. Ihr eigentliches Wissen um den Geist vermischte sich so mehr und mehr mit ihrem Streben nach vergänglicher Macht.

Die neuen Seher stellten all dies ein und gaben der Beweglichkeit des Montagepunkts höchste Priorität. Sie beobachteten, dass die Geheimniskrämerei keinerlei Sinn mehr machte, sobald sich dieser Punkt verschob, weil es im Bereich der Energie keine festen Grenzen zwischen bewussten Wesen gibt. Deshalb stand für sie im Vordergrund, sich von allen Spekulationen zu befreien und der praktischen Seite des Weges den Vorzug zu geben.

Doch sehr schnell wurden sie mit der bitteren Seite der Realität konfrontiert: Die normalen Menschen verstanden sie nicht. Sie hatten Angst vor ihnen und töteten sie, wenn sie ihrer habhaft werden konnten. Die Geheimniskrämerei der neuen Seher hatte also nichts mit dem Überlegenheitsgefühl ihrer Vorgänger zu tun – sie hatte strategische Gründe, denn sie mussten sich vor der Verfolgung durch ihre Mitmenschen schützen.

Es ist eine Ironie der Geschichte, dass die Strategie der neuen Seher trotz ihrer moralisch einwandfreien Motivation im Laufe der Zeit dennoch dieselben Auswirkungen hatte wie die Arroganz der alten Seher. Die jahrhundertelange Geheimniskrämerei führte dazu, dass ihre ganze Energie in das Verstecken des Wissens floss, und es endete damit, dass sie vergaßen, was sie eigentlich verstecken wollten.

Heutzutage ändert sich die Modalität der Zeit sehr schnell. Und etwas in der Welt der Zauberer hat sich mit ihr geändert, etwas, womit niemand gerechnet hatte: die Art und Weise, wie Lehren weitergegeben werden. Die heutigen Naguals müssen neue Wege für die Energie finden, selbst wenn das bedeutet, dass sie mit tief verwurzelten Traditionen brechen müssen.«

»Warum ändert sich alles?«, wollte ich wissen.

»Weil die Umstände nicht mehr mit der Tradition vereinbar sind. Es gibt keine Grundlage mehr für die Geheimhaltung des Wissens. Es gibt zwar Menschen, welche die Enthüllung des Wissens kritisieren, doch man wird heute deswegen nicht mehr umgebracht. Unter heutigen Umständen führt das Geheimhalten von Teilen des Wissens zu katastrophalen Folgen für die Ausrichtung der gesamten Zauberei, weil die geheim gehaltenen Teile in uns gären und als Futter für eine besonders tiefsitzende eigene Wichtigkeit dienen.

Meine erste Aufgabe als Nagual bestand darin, die Geheimnistuerei meiner Vorgänger zu beenden. Ein moderner Krieger wählt die Freiheit. Alles, was wir heute tun, ist, unseren Zuhörern die Möglichkeit zu geben, sich dafür oder dagegen zu entscheiden. Das hat zu einer außergewöhnlichen Situation geführt, die frühere Naguals nie erleben konnten: die Freude, große Menschenmengen zu lehren.

Der resultierende Masseneffekt ist unser Sicherheitsventil. Man kann den Verstand der Menschen täuschen, weil es nicht ihr eigener Verstand ist. Doch es ist unmöglich, die leuchtenden Körper von Hunderten oder Tausenden von Menschen zu täuschen, die sich gemeinschaftlich auf das Ziel der Freiheit ausrichten.

Masse ist Energie und Energie gibt uns die Möglichkeit, die Stagnation der Aufmerksamkeit zu überwinden. Durch das kollektive Üben der ›magischen Bewegungen‹ wurde ich Zeuge einer echten energetischen Manifestation auf der ganzen Welt. Etwas, das es mir leichter macht, an die Durchführbarkeit meiner Aufgabe zu glauben. Meine Gefährtinnen und ich sind so begeistert über das, was geschieht, dass wir es kaum in Worte fassen können.«

9.4

Die magischen Bewegungen

Über einige Jahre hinweg hatte Carlos in kleinen Gruppen spezielle Körperübungen gelehrt, die er »magische Bewegungen« nannte, weil sie ihm zufolge in der Lage seien, die Stagnation von Energie in unseren leuchtenden Körpern zu verhindern und diese wieder zu »Kugeln« zu formen. Die Übungen trugen Namen wie »The Play of the Drum«, »The Arrow to the Right and Left« und »The Dynamo«. Er sagte, dass Don Juan diese Bewegungen quasi zu jeder Tageszeit und an jedem Ort ausgeführt habe. Vorzugsweise habe er sie praktiziert, nachdem er etwas getragen oder wenn er für längere Zeit in derselben Position verharrt hätte. Das interessierte mich sehr, weil ich selbst fernöstliche Körperhaltungen praktizierte und generell eine Vorliebe für Körperübungen hatte.

Bei der nächstbesten Gelegenheit fragte ich ihn, wo er diese magischen Bewegungen gelernt habe. »Sie gehören zum Erbe der alten Seher«, erklärte er mir.

Zu jenem Zeitpunkt war Carlos noch kaum in der Öffentlichkeit präsent. Doch nach und nach trat er aus dem Verborgenen und kam mit größeren Menschenmengen in Kontakt. Als er die magischen Bewegungen schließlich an die Öffentlichkeit trug, veränderte er sie leicht. Er gestaltete sie komplizierter und teilte sie in Kategorien ein. Als Überbegriff gab er ihnen einen Namen, den er der Architektur entlehnte: »Tensegrity«, eine Kombination der Begriffe *tension* (Spannung) und *integrity* (Integrität).

Von Anfang an gab es Gerüchte und Gerede um Tensegrity. Es gab zum Beispiel Leute, die einerseits den praktischen Wert der Übungen lobten und gleichzeitig die Behauptung verbreiteten, dass Carlos die Bewegungen erfunden habe.

Als ich ihm meine diesbezüglichen Sorgen gestand, machte er seinen Standpunkt noch einmal ganz klar: »Tensegrity ist meine Absicht! Ein Nagual hat die Befugnis hierzu und dies ist mein Geschenk an die Welt.

Don Juan und seine Krieger brachten ihren Lehrlingen viele spezielle Bewegungen bei, die uns Energie und Wohlbefinden verliehen und uns halfen, uns vom Joch der fremden Installation zu befreien. Meine Rolle bei der Entwicklung von Tensegrity bestand darin, diese Bewegungen so zu modifizieren, dass sie zu allen Menschen passen und nicht nur zu einigen wenigen. So können sie vielen Praktikern nützen.«

Er erklärte mir, dass er die magischen Bewegungen am Anfang in einer begrenzten Form gelehrt habe, was sich aber in vielerlei Hinsicht als Fehler erwiesen habe, weil die Anzahl der Praktizierenden zu gering war, um genug »energetische Masse« anzusammeln. Daher habe er nun in einem zweiten Anlauf ein System geschaffen, das auf die Bewusstheit größerer Menschenmengen einwirken konnte.

»Meine Gefährtinnen und ich werden ein großes Tor in der Energie öffnen. Dieser Spalt wird so gewaltig sein, dass er viele Jahre bestehen bleiben wird. Diejenigen, die sich ihm nähern, um hineinzusehen, werden verschluckt und in eine andere Welt geschleudert. Mit Tensegrity möchte ich diejenigen unterstützen, die sich für diesen Übergang interessieren, damit sie auf den Sprung vorbereitet sind. Diejenigen, die nicht genügend Disziplin haben, werden bei dem Versuch untergehen.

Das Vorhaben, die Lehren an die Öffentlichkeit zu tragen, wird damit abgeschlossen. Es ist die Essenz von über dreißig Jahren praktischer Arbeit und zahlreicher Experimente. Als Mensch und als Nagual habe ich alles mir Mögliche dafür getan, dass es funktioniert, denn ich weiß, dass die kollektive Masse von zahlreichen Kriegern Bewegung in die Modalität unserer Zeit bringen kann.«

10.1

Das Ende einer Linie

Bei verschiedenen Gelegenheiten behauptete Carlos, dass die Traditionslinie von Don Juan Matus mit ihm ende. Doch jedes Mal, wenn ich mehr darüber erfahren wollte, meinte er, dass er mir jetzt nicht mehr darüber erzählen könne.

»Ich weiß nicht, welchem Plan die Kraft folgt, und wer bin ich schon, um so etwas zu entscheiden? Ich weiß, dass die traditionelle Form der Linie, zu der ich gehöre, mit mir endet. Aber ob es zukünftig neue Formen geben wird oder nicht, das entscheidet eine höhere Macht.«

Er erzählte mir, dass er viele Jahre nach Zeichen für eine kontinuierliche Fortführung der Linie Ausschau gehalten habe. Er habe nach Menschen mit den leuchtenden Eigenschaften eines neuen Nagual gesucht, aber niemand dergleichen sei erschienen. Schließlich habe er sich entschieden, makellos zu handeln, als wäre er der letzte Nagual auf Erden. Und daher rühre auch die Dringlichkeit, mit der er alles weitergebe.

»Nutze dies zu deinem Vorteil!«, sagte er zu mir. »Ich löse gerade meine gesamte Erbschaft auf und bringe alles unter die Leute.«

Traurig fragte ich ihn, ob nach ihm niemand mehr das Wissen vermitteln würde.

»Nein«, antwortete er, »so habe ich das nicht gemeint. Meine Bestimmung ist es, die Linie zu schließen, nichts weiter. Der Geist wird andere Wege finden, denn der Fluss des Wissens wird nie aufhören zu fließen. Das Ende einer Linie von Zauberern oder die Geburt einer neuen sind ständig vorkommende Ereignisse im Fluss der Energie. Ich kenne mehrere Kriegertrupps, die heute leben und sich auf ihren endgültigen Sprung vorbereiten. Ebenso kann ich den Beginn eines neuen Zyklus vorhersehen, der mit der Erneuerung kultureller Paradigmen im kommenden Jahrtausend einhergeht.«

10.2

Die Evolution des Weges

An jenem Morgen forderte mich Carlos auf, meine Fragen mit Bedacht zu wählen, weil er nicht mehr viel Zeit bis zum Abflug seines Flugzeugs hätte.

Ich sagte, dass ich in seinen Büchern über die Zyklen der alten und der neuen Seher gelesen habe und mir die Unterschiede zwischen ihnen immer noch nicht klar seien.

Er meinte, dass dies ein gutes Thema sei – man müsse den Unterschied verstehen, um die Irrtümer der alten Seher zu vermeiden. Alles in diesem Universum, erklärte er, also auch der Weg der Zauberer, habe sich evolutionär entwickelt. Deshalb müsse ein Nagual sich stets auf neue Art und Weise auf die Lehren beziehen. Das habe zur Folge, dass der Nagualismus als praktisches System in Zyklen oder Arten von Zauberern und Sehern unterteilt werde.

»Vom Anbeginn, als sich die ersten Menschen auf die Suche nach dem Geist machten, bis zur heutigen Zeit hat es mindestens drei Arten von Zauberern gegeben: die Zauberer der ersten Periode, die alten Seher und die neuen Seher. Die ersten Zauberer lebten vor sehr langer Zeit und waren ganz anders als wir. Wir können heutzutage ihre Sichtweise der Welt kaum noch verstehen, aber wir wissen, dass sie unter äußerst schwierigen Bedingungen überlebten, denen wir nicht gewachsen wären.

Die alten Seher waren eine Weiterentwicklung jener ursprünglichen Zauberer. Sie passten sich an den amerikanischen Lebensraum an und schufen die ersten echten Zivilisationen. Sie waren beeindruckende Menschen, welche die Absicht auf einem Niveau nutzen konnten, das für uns unfassbar erscheint. Buchstäblich von ihrer Kraft berauscht, konnten sie riesige Steine bewegen, fliegen oder sich selbst willentlich in Tiere oder Pflanzen verwandeln. Sie lebten in einer Art Symbiose mit anorganischen Wesen zusammen und schufen eine dementsprechende Kultur, einschließlich dazu passender Legenden und Geschichten.

Die Legenden beschreiben diese Menschen am besten. Jene alten Zauberer sind die Heroen unserer Mythologie. Sie suchten das Leben um jeden Preis und sie bekamen es!

Durch die Einnahme von Kraftpflanzen begannen sie, ihre Montagepunkte zu verschieben. Danach brachten ihre anorganischen Lehrer ihnen bei, wie sie dabei handeln konnten. Sie brauchten ihr Interesse nur auf etwas zu richten und sie verstanden, was es mit dieser oder jener Welt auf sich hatte, und dieses Interesse brachte sie dazu, ganz außergewöhnliche Techniken zur Erforschung des Bewusstseins zu entwickeln.

Glaube aber bitte nicht, dass jene alten Seher lediglich Männer der Tat waren. Sie waren auch tiefgründige Denker und loteten die Kunst des Verstehens bis an die Grenzen der Aufmerksamkeit aus. Im Vergleich zu ihnen sind wir Tiere. Heutzutage interessieren sich die Menschen nicht für den Grund ihrer Existenz, deshalb finden sie keinen Frieden und auch nicht sich selbst. Die alten Seher hatten Antworten auf all diese Fragen gefunden und wir können eine Menge von ihnen lernen, was uns aus der Sackgasse, in der wir uns befinden, herausführen kann.«

»Von welcher Sackgasse sprichst du?«

»Ich meine unsere Vorstellung von einer Welt, die aus Objekten besteht. Diese Vorstellung ist zwar nützlich, aber zugleich unser schlimmster Fluch. Die Interessen des modernen Menschen sind die eines Tieres: benutzen, besitzen, vernichten. Doch dieses Tier wurde domestiziert und ist nun dazu verdammt, im Rahmen eines materiellen Inventars zu leben. Da die Objekte, die es benutzt, eine lange Geschichte haben, hat sich der moderne Mensch im Labyrinth seiner eigenen Schöpfung verloren.

Im Gegensatz dazu interessierten sich die alten Seher für die Beziehung zwischen dem Kosmos und dem Wesen, das sterben muss. Sie waren fähig, ihre eigene Weltsicht zu entwickeln, eine Sicht, die all unseren heutigen Theorien und Erkenntnissen überlegen ist. Sie stiegen nicht unterwegs an einer Haltestelle aus und vergaßen, dass sie Reisende waren.«

Ich fragte ihn, warum die alten Seher von den neuen Sehern abgelöst wurden, wenn ihre Sicht der Welt richtig gewesen sei.

Er antwortete, dass Sehen nicht gleichzeitig Makellosigkeit mit sich bringe.

»Die alten Seher vermischten ihre Techniken mit dem Gefühl eigener Wichtigkeit. Sie genossen die Macht, die sie über ihre Mitmenschen hatten, und konnten sich nie vollständig auf das Projekt der totalen Freiheit einlassen. Obschon sie unübertroffene Seher waren, erkannten sie nicht, dass ihre Entdeckerfreude sie letztlich in eine Falle locken würde. Sie ließen sich in Verpflichtungen verwickeln, aus denen sie keinen Ausweg fanden.

Die meisten modernen Zauberer sind die Erben jener alten Seher. Sie ignorieren den Weg des Kriegers und entwerten damit das Wissen. Sie sind Geschichtenerzähler, Kräuterkundige, Heiler oder Tänzer, welche die Kontrolle über ihren Montagepunkt verloren haben. Oft erinnern sie sich nicht einmal mehr daran, dass dieser Punkt existiert.

Die neuen Seher versuchten, all dies zu beenden. Sie übernahmen von der Sichtweise der alten Seher nur das, was nützlich schien, aber sie waren klüger und bescheidener. Sie kultivierten eine unbeugsame Absicht und richteten ihre ganze Aufmerksamkeit auf den Weg des Kriegers. Auf diese Weise änderten sie die gesamte Absicht ihrer Praktiken. Nachdem sie ihre Energie wiederhergestellt hatten, entdeckten einige von ihnen ein höheres Ziel als das Abenteuer der zweiten Aufmerksamkeit: Sie dachten über die Möglichkeit der Freiheit nach.

Durch ihr Sehen entdeckten die neuen Seher jedoch etwas Furchtbares: Die Begeisterung der alten Seher hatte gewissen bewussten Wesen als Nahrung gedient – jene Wesen waren echte Energieparasiten! Am Anfang schien der Pakt zwischen jenen Wesen und den Menschen sehr nützlich zu sein. Wir gaben ihnen einen Teil unserer Energie und sie entlohnten uns mit etwas völlig Neuem: Vernunft. Doch im Laufe der

Zeit wurde offensichtlich, dass der Pakt ein Schwindel war. Die Vernunft taugt nur dazu, Inventare von Dingen zu erstellen, nicht aber dazu, diese auch zu verstehen. Außerdem gibt es eine unerfreuliche Nebenwirkung, die Seher als eine Art Membran sehen, die unsere Leuchtkraft bedeckt: die eigene Wichtigkeit.

Für die neuen Seher war dieser Zustand unhaltbar, weil sie ein Ziel hatten, das die alten Seher nicht kannten: die Möglichkeit, direkt mit dem Universum zu verschmelzen, und zwar ohne die anorganischen Wesen als Vermittler.

Die neuen Seher waren pragmatische Zauberer – leidenschaftlich an der Überprüfung ihrer Ideen interessiert. Sie bemühten sich auch, die letzte Spur des Ego aus ihren Praktiken zu entfernen und wurden dabei zu argwöhnischen Menschen. Sie merzten alles aus, was nicht unmittelbar mit ihrem Ziel der totalen Freiheit übereinstimmte. Als Folge hiervon konnten sie ihre Absicht auf die Absicht selbst ausrichten, um mit ihr eins zu werden. Bedauerlicherweise zwang sie diese Methode dazu, große Teile ihres Wissens zu opfern.

Ihre Absicht war so extrem, dass sie sich abkapselten. Sie umgaben ihre Lehren mit Geheimnissen und zogen sich aus der Gesellschaft zurück, da soziale Beziehungen für ihre Ziele nicht wichtig waren. Sie gründeten eigene kleine Gruppen, von denen fast alle isoliert in den Bergen, in den Wäldern oder in der Wüste lebten – und dort findet man sie bis zum heutigen Tag. Das führte unter anderem dazu, dass die Kunst des Pirschens nicht weiterentwickelt wurde, und, was noch viel schlimmer ist: Am Ende verkam ihre Suche nach Freiheit zur bloßen Phrase.«

10.3

Die Seher der neuen Zeit

Die alten und die neuen Seher repräsentieren zwei extreme Positionen, um sich derselben Herausforderung zu stellen«, fuhr Carlos fort. »Sie sind das Ergebnis der Anpassung an konkrete historische Gegebenheiten. Doch die Zeiten haben sich geändert.

Die Absicht des Adlers führte dazu, dass eine der Linien der neuen Seher befähigt wurde, ihre Ausrichtung zu ändern. Die letzten 27 Naguals meiner Linie hatten versucht, den furchtlosen Geist der alten Seher wiederzuerlangen und gleichzeitig dem nüchternen Ziel der neuen Seher zu folgen. Auf diese Weise konnten sie genügend Energie ansammeln, um zu einer ausgeglicheneren Praxis der Lehren zu gelangen.

Don Juan zufolge finden momentan umfassende Veränderungen in der Energie statt, die unweigerlich dazu führen werden, dass ein neuer Zyklus von Kriegern in Erscheinung tritt. Um diese von ihren Vorgängern zu unterscheiden, haben wir sie die ›modernen Seher‹ oder die ›Seher der neuen Zeit‹ getauft.«

Bevor er mit dem Erzählen fortfuhr, stellte Carlos klar, dass dieses Konzept einer neuen Zeit nichts mit der gängigen New-Age-Bewegung zu tun habe, sondern vielmehr eine Fortsetzung der alten präkolumbianischen Überlieferungen sei.

Ich fragte ihn, warum er von diesen neuen Kriegern nicht in seinen Büchern berichtete.

»Meine Bücher beschreiben eine Phase meiner Lehrzeit, die mit meinem Wohltäter und seinen Gefährten zu tun hat«, antwortete er. »Zwar hatten sie die strategische Notwendigkeit eines neuen Zyklus bereits formuliert, doch das hatte keine unmittelbare Auswirkung auf ihr Leben. Sie wussten, dass sie von der Regel der neuen Seher abwichen, als sie der Veröffentlichung des Wissens zustimmten und dies sogar förderten. Doch sie überließen es mir, auf eine angemessene Weise zu beschreiben, was gerade vorgeht.«

»Zu welchem Zeitpunkt erschienen diese Seher?«, fragte ich.

»Sie fangen gerade an aufzutauchen. Alles begann mit der Eroberung Mexikos. Für die neuen Seher war diese Veränderung ein Zeichen. Sie verstanden es als Aufforderung, ihre Tradition einer gründlichen Prüfung zu unterziehen. Dennoch wäre alles beim Alten geblieben, wenn in unserer Linie nicht ein Wesen erschienen wäre, das wir den ›Todestrotzer‹ nennen. Er brachte uns den Abenteuergeist der alten Seher und ihre Faszination für das Unbekannte zurück. Das Zusammentreffen mit diesem Wesen war ein entscheidendes Ereignis für uns.«

Neugierig bat ich ihn, mir mehr über den Todestrotzer zu erzählen, eine der wohl außergewöhnlichsten und rätselhaftesten Figuren seiner Bücher.

»Der Todestrotzer ist ein Wesen mit einer überragenden Bewusstheit«, erklärte Carlos. »Er wurde vor etwa zehntausend Jahren geboren. Im Jahr 1723 tauchte er erstmals in unserer Linie auf, als er dem Nagual Sebastian begegnete.«

»Ist der Todestrotzer ein Mensch?«, wollte ich wissen.

»Er ist ein Mann aus einer anderen Zeit – einer Zeit, in der das Verlangen nach Wissen noch lebendig war und die Menschen sich ganz ihrer Liebe zur Erde hingaben. Er ist ein typischer Vertreter dieser Mentalität. Wenn man mit ihm spricht, spürt man dasselbe Bedürfnis nach Gemeinschaft und den Drang nach Bewusstseinserweiterung. Aber man bemerkt auch sehr fremdartige Dinge. Er hat einen anderen Blickwinkel. Sein Selbstgefühl ist völlig anders als unseres; es umfasst eine viel größere Erlebnisbandbreite. Er hat kein Geschlecht, kein Alter, keine Nationalität, keine bestimmte Sprache. Er hat keine Freunde oder Verwandten. Und, was am schlimmsten ist, es gibt niemanden hier, der ihm ähnlich ist. Er bewegt sich wie ein Geist durch die Welt und verbringt die meiste Zeit in Nischen des Träumens, die er sich eingerichtet hat.

Sein Beitrag zu unserer Linie – es sind sowohl praktische Techniken als auch theoretisches Wissen – ist gewaltig. Er lehrte uns alle Künste der alten Seher und vieles mehr! Und sein Erscheinen führt nun letztlich auch dazu, dass der Zyklus der modernen Seher entstehen kann.

Das zweite Zeichen, das auf eine nahende Veränderung hindeutete, bestand darin, dass ein Ausländer in der Linie erschien: der Nagual Lujan. Wie du bereits weißt, war Lujan – oder ursprünglich Luhan – ein Chinese. Er hatte in seiner Heimat eine erstklassige Ausbildung genossen, doch aufgrund seiner abenteuerlustigen Persönlichkeit wurde er ein Seemann. Er führte ein unbeständiges Leben und reiste durch die Welt, bis sein Glück ihn eines Tages auf den Weg der Kraft führte.

Der junge Lujan war im Hafen von Veracruz von Bord gegangen und trieb sich auf der Suche nach Unterhaltung herum. In einer Bar kam es zu einem gefährlichen Zwischenfall und er taumelte nach draußen. Dort stieß er mit dem Kopf voran mit dem Nagual Santiesteban zusammen. Diesem blieb nicht einmal genug Zeit, um zu reagieren. Da ein solcher Vorfall im Leben eines Zauberers äußerst ungewöhnlich ist, wurde er als Omen angesehen.

Du kannst dir nicht vorstellen, wie verwundert die neuen Seher waren! Ganz offensichtlich hatte der Geist gesprochen und entschieden, dass die Geheimnisse, die seit Generationen ausschließlich von indianischen Kriegern gehütet wurden, nun einem Fremden anvertraut werden sollten. Auf diese Weise wurde Lujan als neuer Nagual akzeptiert und sein Wissen über Kampfkunst wurde ein wesentlicher Bestandteil des Erbes unserer Linie.

Die Bestätigung dieser Omen ereignete sich allerdings erst zwei Jahrhunderte später, als ein anderer Nagual, einer, dessen leuchtende Konstitution nicht der Konvention entsprach, auf einen seltsamen alten Mann traf, auf Don Juan Matus. Weder er noch ich wussten es am Anfang, aber das Schicksal des Wissens der neuen Seher war damit besiegelt.«

10.4

Intellektuelle Vorbereitung

In einem der letzten Gespräche, die ich mit Carlos führte, erklärte er mir, dass man die Seher und Krieger der neuen Zeit an ihrer Offenheit erkennen könne. Sie hätten die traditionelle Heimlichtuerei der Zauberer aufgegeben und verzichteten auf alle Lehren, die nicht glasklar seien oder unmittelbar verifiziert werden könnten.

»Eine weitere Besonderheit ist typisch für sie: Im Gegensatz zu ihren Vorgängern werden sie kollektiv zur Freiheit geführt. Für die alten Seher war Freiheit ein rein theoretisches Ziel, etwas, das jenseits ihrer tatsächlichen Möglichkeiten lag. Für die neuen Seher war Freiheit eine ausschließlich individuelle Angelegenheit. Für die modernen Seher hingegen ist Freiheit das gemeinsame Ziel einer »Gruppe der Kraft«, welche die Essenz ihrer Taten und den Grund ihres Daseins widerspiegelt.

Moderne Krieger sind strikt ihrer Gruppe verpflichtet. Sie haben ihre individuellen Interessen zugunsten der Gruppe aufgegeben. Ihre kraftvolle Verbindung verleiht ihnen Mut und schafft eine kontinuierliche Herausforderung, die verhindert, dass ihre Wachsamkeit nachlässt. Und der Treueeid dieser Krieger basiert auf dem Ziel, gemeinsam in die dritte Aufmerksamkeit einzutreten. Diese Krieger sind der Freiheit näher als je zuvor und sie sind unabhängiger und genügsamer als ihre Vorgänger.

Besonders bemerkenswert ist ihre Fähigkeit, Sachverhalte zu prüfen und Dinge an die Gegebenheiten anzupassen. In der heutigen Zeit sind die Sucher nach Wissen gezwungen, alles, was aus der Vergangenheit überliefert wurde, einer gründlichen Überprüfung zu unterziehen, um das überlieferte Wissen dann an die Modalität der heutigen Zeit anzupassen, damit der Weg des Kriegers auch vom modernen Menschen richtig und vollständig verstanden werden kann.

Durch ihr Sehen verhindern sie, dass diese Art von Überprüfung und Anpassung willkürlich geschieht. Das Sehen ermöglicht es ihnen auch, treffsicher angemessene Symbole zu wählen, um ihre Ideen zu übermitteln. Irrtümer sind praktisch ausgeschlossen.

Eine meiner Aufgaben als Nagual war es, die Terminologie der Zauberei an die neue Zeit anzupassen. Worte nutzen sich ab. Don Juan benutzte Begriffe, die mit der Welt des alten Mexiko verbunden waren und nicht mit der heutigen Welt. Schon auf mich wirkten diese Begriffe immer archaisch. Leider hatte ich nicht ausreichend Zeit, um dieser Sache genügend Aufmerksamkeit zu widmen. Nun übergebe ich diese Aufgabe an jene, die sie übernehmen möchten.

Der Stand des Wissens, den ich in meinen Büchern enthülle, bricht den Kurs des Nagualismus entzwei. Ich habe besonderen Wert auf die Absicht gelegt, das Streben nach geistiger Gesundheit, auf Nüchternheit und ein Gefühl für die Arbeit und den Zusammenhalt in einer ›Gruppe der Kraft‹. Und ich habe die zwanghafte Geheimniskrämerei abgeschafft sowie die magischen Bewegungen öffentlich zugänglich gemacht.

Das Ziel der modernen Seher ist mehr denn je die vollständige Freiheit. Doch um sie zu erreichen, ist es ausgesprochen wichtig, dass die Strategien kontinuierlich verfeinert werden. Eine Gesellschaft, in der Zauberer nicht länger öffentlich verfolgt werden, dient uns nicht als Übungsfeld. Es ist unsere Pflicht, nach neuen Bereichen zu suchen, in denen wir unser Potenzial und unsere Möglichkeiten schulen und trainieren können.

Don Juan zufolge bietet der Intellekt ein optimales Übungsfeld. Er gewährleistet auch, dass die Strategien der modernen Zauberer und Krieger richtig funktionieren. Unwissenheit ist nicht länger akzeptabel und die Zeiten der wilden Zauberer sind längst vorbei. Die Zauberer der alten Garde waren in ihren Traditionen verhaftet und hatten ihre Fahrkarte zur Unendlichkeit verloren. Wir wollen nicht, dass uns dasselbe passiert.

Deswegen lautet die wichtigste Regel für die modernen Seher: ›Seid vorbereitet.‹ Sie sollten in Sachen Zauberei genauso gut vorbereitet sein wie in intellektuellen Angelegenheiten. Sie sollten ihren Verstand kultivieren, um alles zu wissen und zu verstehen. Der Intellekt ist der Lichtblick der heutigen Tolteken, so wie es früher einmal ihre Vorliebe für Rituale war.

Don Juan sagte, dass jeder Krieger des neuen Zyklus eine akademische Ausbildung absolvieren sollte, um sich gegen die Art von Desinformation und Halbwissen verteidigen zu können, die durch die moderne Wissenschaft geschaffen wurde. Diese Art der Vorbereitung wird die Überlebenschancen der ganzen Gruppe erhöhen und in der Zukunft wertvoller sein als je zuvor.«

11.1

Die Aufgabe des Nagual

Kannst du mir sagen, welche Aufgabe dir der Nagual Juan Matus hinterlassen hat?«, fragte ich Carlos. Er schaute mich überrascht an. Normalerweise versteckte er seine Antworten zwischen den Worten oder gab Informationen nur nach und nach preis. Doch dieses Mal änderte er seine Taktik.

Meine Frage sei so außergewöhnlich, meinte er, dass er sie als Omen betrachten müsse. Da die Antwort ihn aber auf einer sehr persönlichen Ebene betreffe, könne er sie mir nur in einer dafür angemessenen Umgebung geben. Deswegen schlug er vor, dass wir uns am nächsten Tag im Tacuba Café treffen sollten, einem Lieblingsrestaurant von Don Juan.

Nach dem Frühstück forderte er mich in einem feierlichen Tonfall auf, meinen inneren Dialog abzustellen, weil wir einen heiligen Ort aufsuchen würden, an dem ein berühmter Krieger aus der alten Zeit beerdigt sei. Er fügte hinzu, dass dieser Tag perfekt für den Besuch geeignet sei, weil schon seit der Morgendämmerung ein schwerer Nebel über der Stadt hing.

»Und da alles bereits etwas finster geworden ist, werden unsere Omen heute von der linken Seite zu uns kommen.«

Zunächst fühlte ich mich durch seine geheimnisvollen Andeutungen privilegiert. Doch als wir uns dem Hauptplatz näherten, machte sich ein mulmiges Gefühl in mir breit.

Wir betraten die Kathedrale von Mexico City durch eine kleine Tür, die in den wunderschön gestalteten Seiteneingang eingelassen ist, und standen im riesigen Innenraum der Kirche. Carlos ging geradewegs zum Weihwasserbecken, benetzte seine Finger und bekreuzigte sich. Ich war erstaunt, wie vertraut er mit diesen Gesten war. Es schien, als würde er häufig in die Kirche gehen.

Als er meinen erstaunten Gesichtsausdruck bemerkte, erklärte er mir, dass ein Krieger allen Konventionen Respekt zollen solle, besonders denen der katholischen Kirche, weil diese jahrhundertelang ein Zufluchtsort für Zauberer gewesen sei.

Wir setzten uns auf eine Bank im Hauptschiff der Kathedrale und blieben dort eine Weile schweigend sitzen. Es waren nur wenige Leute da und die Atmosphäre war ausgesprochen ruhig. Ich bemerkte, dass er aufrecht saß, während sich seine halb offenen Augen in den lebhaften Dekorationen des Hauptaltars verloren. Der Duft von Kerzen zog an uns vorbei und in der Ferne erklangen die Stimmen von Kindern, die ein Lied übten; vielleicht war es auch eine Tonbandaufnahme.

Mehr und mehr war ich in meine eigenen Gedanken vertieft und vergaß, wo ich war. Seine Stimme schreckte mich auf:

»Die Aufgabe, die mein Lehrer mir übertrug, und meine Mission als Nagual der neuen Zeit ist, den Montagepunkt der Erde in Bewegung zu bringen.«

Ich hatte alles Mögliche erwartet, aber nicht das. Für einige Sekunden war mein Kopf völlig leer. Ich hatte keine Ahnung, wovon er da sprach. Doch dann traf die Ungeheuerlichkeit seiner Aufgabe mit voller Wucht das Zentrum meines Verstandes und ich überraschte mich bei dem Gedanken, dass Carlos entweder verrückt geworden war, oder dass er über etwas sprach, von dem ich nicht die leiseste Ahnung hatte.

Es verunsicherte mich noch mehr, dass er scheinbar in der Lage war, meine Gedanken zu lesen, denn er nickte zustimmend und murmelte:

»Genau. Man muss verrückt sein, um sich auf eine solche Aufgabe einzulassen, und man muss noch verrückter sein, zu glauben, dass es überhaupt möglich ist, so etwas zu tun.«

Ich fragte ihn, wie jemand auch nur über eine so unglaubliche Aufgabe nachdenken könne.

»Die andere Welt hat ihre mobile Einheit«, flüsterte er. »Es sind die anorganischen Wesen. Die Erde hat ebenfalls ihre mobile Einheit und das sind wir. Wir sind Kinder der Erde. Wenn sich der Montagepunkt einer ausreichend großen Anzahl von Kriegern in Bewegung setzt, kann das die Modalität der Zeit ändern, und auf dieses Ziel arbeite ich hin.«

Er erklärte, dass der Montagepunkt der Erde sich in der Vergangenheit schon oft verschoben habe und dies auch in Zukunft tun werde. In jüngster Zeit bewege er sich unaufhaltsam in Richtung der Vernunft.

»Das ist ganz ausgezeichnet«, sagte Carlos, »denn sobald er dort verankert ist, erhält die Menschheit die Gelegenheit, auf die andere Seite hinüberzugehen, und zahllose Männer und Frauen werden bewusst. Die Herausforderung der Seher der Zukunft wird es sein, diesen Fokus so lange aufrechtzuerhalten, bis der Montagepunkt fest in dieser Position verankert ist. Dann wird dies zur dauerhaften Position des Planeten, ein neues Zentrum, dem wir uns jederzeit auf eine völlig natürliche Weise zuwenden können.

Die Neuausrichtung der Aufmerksamkeit der Erde ist das Ergebnis der vereinten Taten von vielen Generationen von Naguals. Die neuen Seher entdeckten diese Möglichkeit und fanden heraus, dass sie ein Teil der Regel ist. Sie bereiteten die Verschiebung mit ihrer Absicht vor und entschieden, dass nun die Zeit gekommen sei, damit anzufangen.«

»Welchen Effekt hat eine solche Verschiebung?«, wollte ich wissen.

»Die Fixierung des Planeten zu lösen ist der einzige Weg, der aus dem dramatischen Zustand der Sklaverei, in dem wir uns jetzt befinden, hinausführt. Unsere Zivilisation hat keinen anderen Ausweg, weil wir in einer abgelegenen Ecke des Kosmos isoliert sind. Wenn wir nicht lernen, auf den Straßen der Bewusstheit zu reisen, dann werden wir in einen so tiefen Zustand der Verzweiflung und Frustration geraten, dass wir uns am Ende selbst zerstören. Wir haben die Wahl zwischen dem Weg des Kriegers und unserem Untergang.

Natürlich kenne ich nicht alle Auswirkungen meiner Aufgabe. Der Montagepunkt der Erde ist sehr groß und damit ausgesprochen träge. Meine Aufgabe ist es, das Feuer zu entzünden, und es wird Zeit brauchen, es richtig zum Lodern zu bringen. Doch das ist nicht allein meine Aufgabe, sondern die Aufgabe aller jetzigen und zukünftigen Seher.

Das Wissen um den Montagepunkt ist ein beispielloses Geschenk des Geistes an die heutige Menschheit – es ist der Katalysator, mit dessen Hilfe wir die Modalität unserer Zeit ändern können. Es ist keine Utopie; eine ganz reale Möglichkeit wartet auf uns, und das quasi gleich um die Ecke.

Ich möchte nicht über meine Erfolgsaussichten hinsichtlich dieser Aufgabe spekulieren. Ich mache einfach weiter, weil mir nichts anderes zu tun bleibt. Persönlich habe ich keinen Zweifel. In meiner Vorstellung ist die Zukunft leuchtend, weil sie der Bewusstheit gehört. Und für Zauberer bedeutet dies, dass die Zukunft dem Nagualismus gehört.«

11.2

Die Begegnung in der Krypta

Nachdem mir Carlos seine Aufgabe erläutert hatte, erhob er sich von der Bank und ging auf das Geländer am Eingang zur Krypta zu, die sich unterhalb der Kirche befand. Ich folgte ihm.

Er wies mit dem Kinn auf die Treppe und sagte zu mir: »Geh dort hinunter. Im Inneren der Krypta ist ein Kreis in den Boden eingelassen, der mit dem Mittelpunkt des Hauptschiffs der Kirche übereinstimmt. Der Überlieferung zufolge ist dort Cuauhtemoc, der letzte Herrscher der Azteken, begraben.«

Ich fragte ihn, ob diese Information historisch gesichert sei. Er meinte, er wisse es nicht, dass aber diese Katakombe dessen ungeachtet ein interessanter Ort sei.

»Alles, was ich von dir verlange, ist, dass du dich eine Zeit lang mit geschlossenen Augen in die Mitte dieses Kreises stellst und dich auf die Energie dieses Ortes einstimmst. Es ist ein Kraftplatz der alten Zauberer und er wird dir bei deiner Aufgabe helfen.«

Er drückte mir kurz die Hand und fügte hinzu, dass er mich nicht begleiten könne, weil er anderswo eine Verabredung habe, und er wünsche mir viel Glück. Ohne mir Zeit zu geben, etwas zu erwidern, drehte er sich um und ging.

Carlos' Verhalten – die Aufforderung, in die Krypta hinunterzugehen und fortzugehen – verwirrte mich. Ich wusste nicht, was ich tun sollte. Mit einem ungutem Gefühl beugte ich mich über die schmale Treppe und fühlte einen kalten, feuchten Lufthauch. Von einer dunklen Vorahnung erfüllt stieg ich die Stufen hinab bis hin zur Eingangstür.

Die Krypta war leer. Die Atmosphäre war bedrückend und düster. Es roch nach Schimmel und dem Staub der Jahrhunderte – und es war vollkommen still. Ich sah mir die Gräber genauer an, die den privilegierten Familien des alten Mexiko gehörten. Ein Schauer lief mir über den Rücken. Hätte ich nicht den Wunsch gehabt, Carlos' Aufgabe zu erfüllen, wäre ich einfach weggelaufen.

Ich versuchte, meine Aufregung und meine übererregte Fantasie in den Griff zu bekommen und stellte mich genau auf den Platz, den Carlos mir genannt hatte – ein Kreis, der sich auf dem Schnittpunkt zweier Gänge befand. Ich schloss die Augen und strengte mich an, meinen Verstand zum Schweigen zu bringen. Dann bemerkte ich, dass mein innerer Dialog von allein erloschen war.

Ich weiß nicht, wie viel Zeit vergangen war. Plötzlich wurde mir bewusst, dass mich jemand beobachtete. Ich öffnete meine Augen, gerade noch schnell genug, um einen Mann vor mir stehen zu sehen. Er trug einen Hut, wie ihn die Ureinwohner tragen, und blickte mich durchdringend an. Er war groß, stark und wirkte ziemlich alt. Sein Erscheinungsbild war bäuerlich, er trug ein weites weißes Hemd, Sandalen und einen Rucksack. Als er sah, dass ich ihn bemerkt hatte, verschwand er schnell hinter einer Einzäunung am Ende des Durchgangs, der die »Bischofs-Krypta« genannt wird. Seine Schritte waren vollkommen lautlos.

Ich hatte Angst, aber meine Neugier war größer. Ich bereitete mich darauf vor, diesem seltsamen Menschen entgegenzutreten und ging den kurzen Weg von sieben oder acht Metern, die uns trennten. Als ich die Krypta betrat, war zu meinem Erstaunen niemand dort. Es gab auch keinen anderen Ausgang oder einen Raum, in dem sich jemand hätte verstecken können.

Nun geriet ich wirklich in Panik. Ich bekam eine Gänsehaut und rannte, so schnell ich konnte, aus der Kirche hinaus.

Teil 3

Die Regel des dreizackigen Nagual

1

Einführung

Seit frühester Jugend führte mich mein nachdenklicher Charakter dazu, nach mir selbst und dem Sinn meines Lebens zu suchen. Aus diesem Grund hatte mir einst ein Studienfreund erzählt, dass Carlos Castaneda einen privaten Vortrag im Haus eines Freundes halten werde und ich kommen könne, wenn ich wollte. Ich war sehr froh über die Einladung, da ich schon seit langer Zeit auf so eine Gelegenheit gehofft hatte.

Castaneda war ein berühmter Ethnologe und Autor mehrerer Bücher über die Kultur der Zauberer des alten Mexiko. In ihnen berichtete er, wie er als Student der Universität von Kalifornien, Los Angeles, Feldforschung unter den Yaqui-Indianern im Norden Mexikos betrieb, um die Heilpflanzen der Indianer zu studieren.

Auf einer seiner Reisen traf er einen alten pflanzenkundigen Medizinmann, der als Zauberer berühmt war und der sich ihm als Juan Matus vorstellte. Im Laufe der Zeit nahm Don Juan Carlos zum Lehrling und führte ihn in eine Dimension, die für den modernen Menschen völlig unbekannt ist: die traditionelle Weisheit der alten toltekischen Seher, die auch als »Zauberei« oder »Nagualismus« bekannt ist.

In zwölf Büchern beschrieb Carlos die Lehrer-Schüler-Beziehung zu Don Juan, die dreizehn Jahre dauerte. Jene Zeit war einem harten Training gewidmet, das ihm dazu diente, die Grundlagen dieser fremden Kultur persönlich kennenzulernen. Die im Laufe des Trainings erworbenen Erfahrungen führten dazu, dass der junge Ethnologe der Faszination des Wissens erlag und buchstäblich von den Lehren aufgesogen wurde, die er studierte. Dies führte ihn weit über sein ursprünglich angestrebtes Ziel hinaus.

Die Lehren der präkolumbianischen Zauberer sind auch unter dem Namen »Nagualismus« bekannt. Der Überlieferung zufolge waren jene Zauberer so stark an ihrer Beziehung zum Kosmos interessiert, dass sie sich der Herausforderung stellten, die Grenzen der Wahrnehmung mithilfe von halluzinogenen Pflanzen zu erforschen, die es ihnen erlaubten, die Ebenen der Bewusstheit zu wechseln. Nachdem sie viele Generationen lang praktiziert hatten, erlernten einige von ihnen zu »sehen«, das heißt, die Welt nicht als eine Interpretation, sondern als einen ständigen Fluss von Energie wahrzunehmen.

Der Nagualismus besteht aus einer Reihe von Techniken, um die alltägliche Wahrnehmung zu ändern und hochinteressante psychische und körperliche Phänomene hervorzurufen. Die mexikanische Überlieferung behauptet zum Beispiel, dass ein Nagual sich in ein Tier verwandeln kann, weil er gelernt hat, wie er sich in eine nicht-menschliche Gestalt hinein »träumt«. Die Wahrheit hinter diesem volkstümlichen Glauben ist, dass die Zauberer ihr Unterbewusstsein mit der Absicht erforschen, Licht auf unbekannte Aspekte unseres Seins zu werfen.

Jahrtausendelang war der Nagualismus eine gesellschaftlich anerkannte Praxis, genauso wie heutzutage Religion oder Wissenschaft. Mit der Zeit wurden die Lehren der Zauberer immer abstrakter und vollständiger und entwickelten sich zu einer Art praktischer Philosophie, deren Praktiker »Tolteken« genannt wurden.

Jene Tolteken waren nicht das, was wir heutzutage als »Zauberer« bezeichnen, das heißt, sie waren keine böswilligen Menschen, die übernatürliche Kräfte zum Schaden anderer einsetzten, sondern vielmehr extrem disziplinierte Männer und Frauen, die sich für die komplexen Aspekte des Bewusstseins interessierten.

In seinen Büchern bemühte sich Carlos überaus erfolgreich, das Wissen der Naguals an unsere Zeit anzupassen, indem er es aus seinem ländlichen Kontext löste und es für Menschen mit westlicher Bildung zugänglich machte. Angefangen mit »Die Lehren des Don Juan« definierte Carlos die Voraussetzungen vom »Weg des Kriegers« oder vom »Weg des makellosen Handelns« als »Kontrolle«, »Disziplin« und »beständiges Bemühen«. Einmal verinnerlicht, führen diese Prinzipien den

Praktiker zu anderen, komplexeren Techniken, deren Ziel es ist, die Welt auf eine neue Art wahrnehmen zu lernen.

Nachdem der Lehrling dies erreicht hat, ist er fähig, sich auf willentliche und bewusste Art in Traumumgebungen genauso wie im Alltag zu bewegen. Diese Technik heißt die »Kunst des Träumens« und wird ergänzt durch das, was Don Juan die »Kunst des Pirschens« oder die »Kunst der Selbsterkenntnis« nannte sowie durch die tägliche Praxis der »Rekapitulation«, die darin besteht, die Ereignisse unserer persönlichen Geschichte zu überprüfen und ihre verborgenen Verwicklungen zu finden und aufzulösen.

Die Kunst des Träumens und die Praxis der Rekapitulation ermöglichen außerdem die Erschaffung eines energetischen »Doppelgängers«, eines praktisch unzerstörbaren Wesens, das selbstständig handeln kann.

Eine der außergewöhnlichsten Entdeckungen der toltekischen Seher war die Tatsache, dass wir Menschen ein leuchtendes Energiefeld um unseren Körper herum besitzen. Sie sahen auch, dass manche Menschen eine besondere, zweigeteilte Konfiguration aufweisen. Diese wurden Naguals oder »doppelte Menschen« genannt. Dank ihrer besonderen Konfiguration haben Naguals mehr Ressourcen als die meisten anderen Menschen und sind aufgrund ihrer Extra-Energie natürliche Anführer.

Ausgehend von diesen Entdeckungen war es unvermeidlich, dass die Seher im Einklang mit den Befehlen der Energie zusammenkamen und harmonische Gruppen bildeten, deren Mitglieder einander ergänzten. Die Krieger jener Gruppen verschrieben sich der Erforschung neuer Ebenen des Bewusstseins. Und mit der Zeit begannen sie zu verstehen, dass hinter ihren Praktiken und Organisationsformen eine unpersönliche Regel steckte.

Im Verständnis der Tolteken ist die »Regel« sowohl eine Art Blaupause oder Plan als auch ein Weg, auf dem die unterschiedlichen leuchtenden Konfigurationen der Spezies Mensch sich zusammenschließen können, um einen einzigen Organismus, den »Kriegertrupp des Nagual«, zu bilden. Das Ziel eines solchen Trupps ist die absolute Freiheit, die Evolution der Bewusstheit bis hin zu einem Punkt, an dem sie gemeinsam durch den kosmischen Energie-Ozean reisen und alles wahrnehmen können, was uns zugänglich ist.

Ein gesondertes Kapitel der Regel beschreibt, wie mehrere Generationen von Kriegern zu Traditionslinien verwoben werden und wie sich diese Linien zu bestimmten Zeiten erneuern. Carlos fiel es zu, in einer dieser Erneuerungszeiten zu leben. Er verstand zunächst nicht, was dies bedeutete, bis ihm von seinem Lehrer Don Juan aufgetragen wurde, die Lehren öffentlich zu verbreiten.

Als ich ihm begegnete, war Carlos immer noch ziemlich reserviert gegenüber einer breiten Öffentlichkeit und bemühte sich, Abstand zu Menschen zu halten. Unsere Verbindung bestand im Grunde aus meinem Beiwohnen einer Reihe von Vorträgen, die er vor kleineren Gruppen hielt, und aus privaten Gesprächen.

Carlos verlangte von mir, dass ich anderen Menschen gegenüber unerreichbar bleiben solle, um so eine minimale Kontrolle über meine persönliche Geschichte zu wahren. Später sagte er mir, dass sich hinter dieser Bitte noch ein tieferes Motiv verberge: Ich hätte eine Verpflichtung dem Geist gegenüber und solle meine Aufgabe vier Jahre nach seinem Fortgang ausführen.

Als ich ihn nach dem Grund für die Geheimhaltung fragte, sagte er, dass er wisse, dass sein Werk durch Verleumder, die versuchen würden, den Plan Don Juans für eine Revolution des Bewusstseins zunichtezumachen, behindert werden würde. Meine Aufgabe wäre es, die Nachricht, die ich erhalten hatte, weiterzugeben und zu bezeugen.

2

Das Omen

Nach einem Vortrag, den Carlos in einem Privatraum eines Restaurants gegeben hatte, lud er mich ein, mit ihm woanders hinzugehen. Minuten später verließen wir beide die anderen Gäste, die sich noch angeregt unterhielten.

Unterwegs mussten wir eine breite Straße überqueren. Wegen des starken Verkehrs rannte ich vor zu einer dreieckigen Verkehrsinsel in der Mitte der Straße und dachte, dass Carlos mir folgen würde. Doch als ich dort ankam, bemerkte ich, dass er immer noch auf der anderen Straßenseite wartete.

Dann geschah etwas Unvorhergesehenes: Ein gewaltiger Windstoß fegte die Straße entlang, so stark, dass ich mich am Metallpfosten eines Verkehrsschildes festhalten musste. Bevor ich mich schützen konnte, flog mir eine Staubwolke in die Augen und die Kehle. Es brachte mich zum Husten und machte mich für einen Augenblick blind.

Als ich mich davon erholt hatte, stand Carlos neben mir und blickte mich mit einem vor Freude strahlenden Gesicht an. Er klopfte mir auf den Rücken und machte eine äußerst seltsame Bemerkung: »Ich weiß jetzt, was ich mit dir mache!«

Ich blickte ihn fragend an und er meinte: »Das war derselbe Wind. Er verfolgt dich!«

Seine Worte erinnerten mich an jene Situation, als ich ihn zum ersten Mal traf: In einem Raum, wo eine Gruppe von Freunden bereits auf Carlos' Erscheinen wartete, hatte uns ein heftiger Windstoß gezwungen, schnell die Fenster zu schließen.

»Du fühltest ihn damals als einen starken Wind. Doch ich wusste, dass es der Geist war, der über deinem Kopf wirbelte. Das war ein Zeichen und jetzt weiß ich, mit welcher Absicht der Geist auf dich gezeigt hat.«

Ich bat ihn, mir diese geheimnisvolle Behauptung zu erläutern, doch seine Antwort war sogar noch rätselhafter:

»Ich bin der Erbe bestimmter Informationen. Es gibt einen Aspekt der Lehren, der mich so tief betrifft, dass ich ihn den anderen nicht selbst erklären kann. Es muss durch einen Boten geschehen. In dem Augenblick, als ich sah, wie der Geist dich auf dieser Verkehrsinsel schüttelte, wusste ich, dass du der Bote bist.«

Ich verlangte von ihm weitere Erklärungen, aber er sagte, dass dies weder die richtige Zeit noch der richtige Ort dafür sei.

3

Was ist die Regel?

Einige Zeit später, während wir durch den Alameda Park spazierten und fast am Palast der Schönen Künste angekommen waren, gab Carlos mir ein Zeichen, dass wir uns auf eine Bank setzen sollten, die an einer Seite des Karrees wunderbarerweise frei war. Die Bank aus geschmiedetem Eisen befand sich genau vor dem Haupteingang einer alten Kirche, die aus weißen und roten Lavablöcken errichtet worden war. Dieser Platz hatte den Vorzug, dass er meinen inneren Dialog leicht blockierte, was mich in eine Oase der Stille mitten im Lärm des Verkehrs und der vorbeieilenden Menschen beförderte.

Wie ich heute weiß, hatte Carlos diese Wirkung vorausgesehen und mich mit einer ganz bestimmten Absicht dorthin geführt. Er sagte mir, dass dies die Lieblingsbank von Don Juan gewesen sei, etwas, das mich zutiefst berührte. Seine Hände reibend fügte er hinzu, dass es jetzt an der Zeit sei, zum Wesentlichen zu kommen.

»Weißt du, was die Regel ist?«, fragte er mich.

Obwohl ich in seinen Büchern davon gelesen hatte, hatte ich wenig davon verstanden und schüttelte daher den Kopf.

»Das ist der Name, den die Seher dem Leitfaden für einen Trupp von Zauberern gaben«, erklärte er, »eine Art Navigationskarte oder ein Statut der Aufgaben und Pflichten eines Kriegers innerhalb einer Gruppe von Zauberern.

Nachdem sie die Natur der Regel gründlich erforscht und geprüft hatten, kamen die Zauberer des alten Mexiko zu dem Schluss, dass alle Lebewesen über ein bestimmtes biologisches Muster verfügen, das es ihnen erlaubt, sich fortzupflanzen und sich zu entwickeln. Wir verfügen ebenfalls über solche energetischen Muster, die für unsere Entwicklung als leuchtende Wesen verantwortlich sind.

Die Regel ist die Matrix, aus der die Pressform der jeweiligen Art ihre Energie bezieht. Du kannst sie als eine Art Evolutionsplan für jedes Lebewesen betrachten – sie gilt nicht nur auf der Erde, sondern auch in jeder anderen Ecke des Universums, in der Bewusstheit existiert. Niemand kann sich davon lösen. Wir können die Regel zwar ignorieren, doch in dem Fall werden wir uns nicht über das hinausentwickeln, was wir sind: eine lebendige Masse, die einem Ziel dient, das wir nicht verstehen.

Zauberer sagen, dass die Regel ein Schema der Befehle des Adlers ist, eine Gleichung, in der die Effektivität der Handlungen mit dem Energiesparen in Verbindung steht. Praktisch kann diese Gleichung nichts anderes als einen Krieger hervorbringen.

Die Regel ist in sich selbst vollständig und deckt alle Aspekte vom Weg des Kriegers ab. Sie beschreibt, wie der Kriegertrupp des Nagual gebildet, gehegt und gepflegt wird und sie erklärt auch, wie die Generationen verbunden werden, um eine Linie zu bilden. Sie ist die Landkarte, die Kriegertrupps und ganze Linien zur Freiheit führt. Doch um sie als Schlüssel zur Kraft zu nutzen, musst du sie für dich selbst verifizieren.«

»Wie kann sie verifiziert werden?«, fragte ich.

»Die Regel ist für jeden Seher selbstverständlich und selbsterklärend. Für einen Anfänger wie dich liegt der beste Weg, ihre Funktionalität zu bestätigen darin, zu entdecken, wie sie in den Lauf deines Lebens eingreift.«

4

Der Ursprung der Regel

Ich fragte ihn, wie der Mensch in Kontakt mit jener Matrix gekommen sei. »Sie hat schon immer existiert«, antwortete Carlos. »Doch die Seher haben sie entdeckt und sind zu Hütern der Regel geworden.

Die Regel ist der Ursprung der universellen Ordnung. Ihre Funktionsweise und ihr Zweck werden ignoriert und das nicht, weil sie nicht bekannt wären, sondern weil sie nicht verstanden werden. Hunderte von Generationen von Zauberern gaben ihr Leben in ihrem Eifer, sie zu erklären und praktische Anwendungsmöglichkeiten für all ihre begrifflichen Einheiten zu erarbeiten.

Am Anfang machte niemand eine Anstrengung, auch nur einen Blick auf jene Struktur zu werfen, weil niemand ahnte, dass sie existierte. Als die Seher des alten Mexiko in Kontakt mit anderen bewussten Wesen kamen, die ebenfalls auf der Erde leben und viel älter und erfahrener als wir Menschen sind, begannen sie Teile der Regel zu entdecken. Und dann erkannten sie eines Tages, dass jene Teile wie die Stücke eines Puzzles zusammenpassten. An jenem Tag entdeckten sie das, was sie die ›Landkarte‹ nannten, und die erste Linie der Seher der Vorzeit war geboren.

Durch ihr Sehen verifizierten sie sämtliche Teile der Regel, die sich auf das Träumen beziehen. Sie testeten jede nur denkbare Kombination und prüften ihre jeweilige Auswirkung auf die Bewusstheit. Sie schufen ein System von Traum-Übungen auf sieben Stufen mit zunehmendem Grad der Tiefe und sie drangen in die innersten Winkel und Verzweigungen des Universums vor. Schritt für Schritt entwickelten sie auch das Grundmuster für den Kriegertrupp des Nagual, eine Struktur in Gestalt einer äußerst stabilen Pyramide, die in der Lage war, die jeweiligen Matrizen der Kraft klar zum Ausdruck zu bringen.

Doch es gab eine Sache, welche die Seher der Vorzeit nicht verifizierten: die Regel für die Pirscher. Sie betrachteten das Pirschen lediglich als eine latente Möglichkeit, die es nicht wert sei, praktisch erkundet zu werden.«

»Warum nicht?«, wollte ich wissen.

»Weil das Pirschen in einer Zeit, in der die Zauberer an der Spitze der Gesellschaftsordnung standen, einfach keinen Sinn ergab. Es wäre eine schlechte Investition gewesen. Doch als sich die Modalität der Zeit zu ändern begann, brachte dieses kurzfristige Denken die alten Seher in arge Bedrängnis und an den Rand der Ausrottung.

Erst mit dem Auftreten der Tolteken wurde der zweite große Teil der Regel und sein außergewöhnlicher Inhalt offenbar. Nur die Linien, die in der Lage waren, die Regel des Pirschens umzusetzen, überlebten die Zeit der großen Verfolgung. Die anderen wurden vernichtet und gingen in dem großen Strudel unter, der das Ende der Herrschaft der alten Seher besiegelte. Die Aufnahme des Pirschens in die Regel bezeichnet hingegen die Geburtsstunde der neuen Seher. Damit war die Regel des Nagual endlich vollständig.«

»Wann genau war das?«, fragte ich.

»Die Ära der neuen Seher begann vor etwa 5000 Jahren und erreichte ihren Höhepunkt zu Zeiten von Tula. Der bedeutendste Beitrag jener Krieger zur Zauberei, der durch die Einbeziehung des Pirschens in die Regel zustande kam, war zweifellos die Entdeckung der ›Makellosigkeit‹.«

5

Ein unpersönlicher Organismus

Das Ziel der Regel des Nagual ist es, Kriegertrupps zu erzeugen, das heißt selbstbewusste Organismen mit der Fähigkeit, durch diese Unermesslichkeit dort draußen zu fliegen. Solche Organismen bestehen aus Kriegern, die ihre individuellen Absichten aufeinander abgestimmt haben. Der Zweck dieser Zusammenstellung ist, eine nicht-menschliche Dimension der Bewusstheit zu verewigen.«

»Nicht-menschlich?«, fragte ich.

»Richtig. Eine Dimension, in der die Individualität der Person kein Ziel mehr ist«, erklärte Carlos. »Menschen sind unfähig, in das Reich der kosmischen Bewusstheit, jenen Zustand, den Don Juan die ›dritte Aufmerksamkeit‹ nannte, einzutreten und sich dort länger aufzuhalten. Entweder wir verlassen und vergessen sie oder wir bleiben und verschmelzen mit dem unergründlichen Ozean der Bewusstheit. Doch die Kraft, die uns geschaffen hat, hat auch einen Weg gefunden, diese Grenzen aufzuheben: Sie schuf Organismen, in denen einzelne Wesen als Teile eines Ganzen funktionieren.

Im Schoße dieser Organismen entsteht eine ganz neue Art von Aufmerksamkeit, eine Absicht, ausgerichtet auf das Erforschen des Unbekannten und darauf, in Teams zu untersuchen, was man allein nicht wissen kann. Gefühle der Individualität sind nicht länger das Ausgangszentrum des Handelns, denn sie wurden ersetzt durch etwas viel Intensiveres: das Leben als Teil des Ganzen, ein energetischer Zustand, den sich ein Durchschnittsmensch nicht einmal vorstellen kann. Dort gibt es keine Routinen, kein Ego, keine Unwissenheit und keine Interpretation. Diese Art von Organismus ist nur eine Etappe auf dem unendlichen Weg der Evolution der Bewusstheit, doch für uns Menschen ist diese Stufe das Höchste, was wir erreichen können.«

Ich wollte wissen, wie das Bewusstsein in so einer Gruppe funktioniere. Und er antwortete mit einer Analogie aus der Biologie unseres physischen Körpers:

»Obschon nur sehr verschwommen, ist sich doch jede Zelle unseres Körpers bewusst und kann innerhalb bestimmter Grenzen unabhängig handeln. Dennoch ist ihre individuelle Absicht einem höheren Ziel untergeordnet – dem Ziel, ein Ganzes zu bilden, das wir ›Ich‹ nennen.

Sobald wir in der Lage sind, die unerhörte Bedeutung eines übergeordneten, globalen Zwecks zu erkennen, sind wir auch in der Lage, den weiteren Weg der Entwicklung wahrzunehmen. Wir erkennen die Möglichkeit, uns zu integrieren und uns mit unseren komplementären Gegenstücken zu einer Lebensform zusammenzuschließen, deren Zweck uns so fremd sein mag wie unsere Ganzheit dem Bewusstsein einer Zelle. Die neuen Seher nennen diese Lebensform den ›Kriegertrupp des Nagual.‹«

»Wer oder was sind diese komplementären Gegenstücke?«, wollte ich wissen.

»Menschen, die bestimmte Merkmale in ihrer Leuchtkraft besitzen, die sich gegenseitig ergänzen. Energie kehrt periodisch wieder, sie erzeugt Muster, die wir alle teilen. Allgemein kann man sagen, dass es vier leuchtende Grundmatrizen mit insgesamt zwölf Varianten gibt, die durch einen Nagual-Mann und eine Nagual-Frau zusammengefügt werden. In dem Maß, in dem sich ein Tonal dem idealen Leuchten seines Typs annähert, manifestiert sich bei ihm ein entsprechend höherer Grad der Bewusstheit.

Wenn die idealen Energieformen aufeinandertreffen, neigen sie dazu, sich zusammenzutun. Die Gefühle der Anziehung zwischen Menschen können als die Wirkung der Fusion ihrer energetischen Pressformen aufgefasst werden. Normalerweise ist es eine teilweise Fusion, doch manchmal entsteht eine plötzliche und unerklärliche Welle der Sympathie; ein Seher würde sagen, dass ein Akt der Energie-Wechselwirkung stattfindet.

Die Krieger eines Trupps sind auf eine Art miteinander verbunden und kombiniert, dass ihre Beziehung optimale Ergebnisse in Bezug auf das Erreichen und Ansammeln von Kraft erzeugt.

Es ist schwierig, typische leuchtende Körper zu finden, die für die Aufgabe des Nagual geeignet sind. Normalerweise findet man Tonals, die durch ihr alltägliches Leben deformiert wurden. Doch falls es einem Nagual gelingt, seinen Trupp zu vereinen, verschmilzt die Energie seiner Krieger. Sie opfern ihre Individualität einem höheren Zweck und eine Rückkehr zu ihrem früheren Zustand der Isolation ist nicht mehr möglich. Dies würde den Tod für sie bedeuten. Man kann sagen, dass ein solcher Kriegertrupp nicht länger aus Individuen besteht, sondern ein einziger lebender Organismus mit Möglichkeiten und Fähigkeiten ist, die nicht länger menschlich sind.«

6

Die Bildung eines Kriegertrupps

Welche Bewusstheit hat das einzelne Truppmitglied vom übergeordneten Ziel?« »Es ist sich dessen vollständig bewusst. Jedes Mitglied kennt die Erzählungen der Kraft, die für seinen speziellen Typ von Bedeutung sind. Und es weiß, dass seine Aufgabe ein Teil des Ganzen und somit Voraussetzung für das Erreichen des übergeordneten Ziels ist.

Die Aufgaben eines jeden Typs sind Ausdruck der Verbindung zwischen dem Kriegertrupp und der Regel. Wenn zum Beispiel die Pirscherinnen die Aufgabe haben, energetischen Fährten im Raum zu folgen, um nach Kandidaten für eine neue Generation von Zauberern Ausschau zu halten, dann konzentrieren sie sich auf diese Aufgabe als ihren Weg zur Freiheit. Sie interessiert nichts anderes. Wenn die Disziplin dieser Absicht Risse bekommt, kann das chaotische Folgen haben.«

Er gab mir ein Beispiel dafür, was alles schiefgehen kann, wenn persönliche Interessen auf eine Aufgabe der Zauberei einwirken.

»Bald nach dem Beginn meiner Lehrzeit schlug ich Don Juan vor, dabei zu helfen, den neuen Trupp zu bilden – obschon es niemand von mir verlangte. Jedes Mal, wenn mir ein schönes Mädchen Aufmerksamkeit schenkte, sah ich in ihr sofort mein energetisches Gegenstück und versuchte, sie Don Juan zu ›verkaufen‹, indem ich ihre Qualitäten pries.

Anfangs glaubten die Krieger aus Don Juans Trupp, dass ich mir einen Spaß erlaubte. Doch nach und nach ging ich ihnen wirklich auf den Geist, und als ich dann eines Tages meine allerneueste ›Nagual-Frau‹ anschleppte, um sie ihnen vorzustellen, war niemand zu Hause. Mich einsam zu fühlen, half mir, die nötige Nüchternheit wiederzuerlangen.

Ein Kriegertrupp ist ein selbstbewusstes Wesen, das weit über uns selbst hinausreicht. An seiner Absicht teilzuhaben ist so außergewöhnlich, dass die egoistische Haltung eines Lehrlings zu schmelzen beginnt, sobald er nur einen flüchtigen Eindruck von der Ganzheit des Trupps erhascht. Dies bedeutet nicht, dass er automatisch makellos wird. Er muss sich immer noch jahrelang bemühen, seinen Charakter zu mäßigen und seine eigene Wichtigkeit sowie sein Streben nach Macht auszulöschen.

Nur der Nagual-Mann und die Nagual-Frau haben den vollen Überblick über die Aufgabe des Trupps. In der Analogie von den Zellen und dem Körper sind sie die Nervenzellen der Gruppe. In der Welt der Zauberer sind sie auch der Teil des Ganzen, der den Prozess der Verewigung dirigiert. Die anderen Mitglieder dienen als Unterstützung und führen die konkreten Aufgaben der Duplikation der Gruppe durch.

Die Aufgabe eines Nagual ist erschöpfend. Er muss das Pirschen und das Träumen perfekt beherrschen. Er muss sehen lernen und seine Fähigkeit zur Manipulation der Bewusstheit perfektionieren. Und er muss ein wahres Beispiel an Nüchternheit sein, um den Zusammenhalt der Gruppe zu wahren. Wenn er es ihnen erlaubt, sich von ihren Emotionen leiten zu lassen, wird das Ergebnis die Auflösung des Kriegertrupps sein.«

Ich fragte ihn, wieso das so sei.

»Als Organismus unterliegt ein Kriegertrupp dem Gesetz der kritischen Masse. Falls eines seiner Mitglieder sein Ziel verfehlt, führt die daraus resultierende Fehlfunktion zu einem Systemzusammenbruch. Und dann muss man wieder ganz von vorn beginnen. Aus diesem Grund ist ein Nagual verpflichtet, seinen Kriegern ihr Bestes abzuverlangen und die Aufgaben so zu verteilen, dass alle mit Optimismus und Vertrauen daran teilnehmen. Das Ziel des Kriegertrupps ist die Makellosigkeit seiner Mitglieder und sein Treibstoff ist die Sehnsucht nach vollständiger Freiheit.«

7

Die Ordnung des Kriegertrupps

»Wie viele Krieger gehören zu einer solchen Gruppe?«, fragte ich ihn. »Die normale Struktur eines Kriegertrupps ist quaternär, das heißt, sie basiert auf der Zahl 4, weil die Regel die Form einer Pyramide aufweist. Die Bildung und sein Wachstum erfolgen entsprechend dieser Grundstruktur. Wie in den Pyramiden besteht der Aufbau der Gruppe aus einer Basis von vier Kardinalpunkten, wobei jeder Eckstein von je drei Kriegern gebildet wird: einer Träumerin, einer Pirscherin und einem männlichen Assistenten. Die Eckpunkte werden durch Kuriere miteinander verbunden und das Nagual-Paar bildet gemeinsam die Spitze und das Zentrum der Pyramide.

Die Regel offenbart sich einem doppelten Mann oder einer doppelten Frau durch eine Vision und sie müssen diese akzeptieren, um als Nagual betrachtet zu werden. Ausgehend von dieser Annahme fügen die Naguals Schritt für Schritt ihre Krieger zusammen und folgen dabei stets den Zeichen des Geistes. Ihre Fähigkeit zu führen ist ihnen angeboren und unbestritten, da sie als doppelte Wesen in der Lage sind, jeden Typ ihres Kriegertrupps widerzuspiegeln.

Man kann Naguals als Männer oder Frauen von außergewöhnlicher Energie definieren, die an einem Zeugungsakt beteiligt sind, der unendlich weit über das hinausreicht als alles, was je ein Mensch zuvor gesehen oder erlebt hat. Wenn sie als Paar zusammenbleiben, stellen sie sich gewöhnlich in der Gesellschaft als Mann und Frau vor.

Die besondere Fähigkeit des Nagual-Mannes ist es, stets die passenden Worte zu finden, um Dinge präzise, klar, flüssig und schön auszudrücken. Unter den Sehern von Don Juans Linie war das Omen, welches den neuen Nagual bezeichnete, dass dieser im Sterben lag. Alle ihre Anführer außer mir waren unter diesen Umständen gefunden worden.«

»Wieso war dein Fall anders?«, wollte ich wissen.

»Weil ich, um genau zu sein, ein überschüssiger Nagual bin«, antwortete Carlos. »Ich bin nicht gekommen, um die Linie fortzusetzen, sondern um sie zu besiegeln.«

»Und was ist die Regel für eine Nagual-Frau?«

»Die Nagual-Frau ist das Licht, das dem Trupp seine Ausrichtung gibt, die wahre Mutter. Gewöhnlich verlässt sie die Welt, bevor der Rest der Gruppe geht, und sie bleibt schwebend zwischen der ersten und zweiten Aufmerksamkeit und besucht die Lehrlinge im Traum. Sie ist wie ein Leuchtturm, und falls es nötig ist, kann sie aus der zweiten Aufmerksamkeit zurückkehren, um eine neue Generation von Sehern zu säen.

Es gibt zwei Typen von Kriegerinnen: Pirscherinnen und Träumerinnen. Sie haben zwei Arten von Aufgaben: als Pforten oder als Wachen zu dienen. Die Pforten gehören zur Himmelsrichtung des Südens. Sie sind wie ein Sieb oder Filter, durch den die Lehrlinge erst einmal hindurchmüssen. Sie bestimmen, ob ein Krieger bleibt oder geht, und sie haben den größten Einfluss auf die Aufnahme neuer Mitglieder in die Gruppe. Außerdem sind sie mit der Organisation von Treffen der Kraft betraut.

Die Wachen sind eine Art nach außen gekehrte Version der Pforten. Es gibt eine weiße und eine schwarze Wache. Sie haben die Aufgabe, die reibungslose Funktion innerhalb der Gruppe zu überwachen und sie nach außen zu schützen. Das bedeutet, sie müssen stets bereit sein, jeden Angriff von außen abzuwehren und jedes interne Problem zu lösen. Unter den neuen Sehern werden diese Aufgaben von Frauen ausgeführt.«

»Wieso?«

»Weil Frauen beweglicher sind und mehr Energie haben als Männer. Fast das ganze Universum ist weiblich und die Hexen reisen im Team dorthin, als wären sie dort zu Hause. Diese Fähigkeit, sich ohne Interferenzen seitens der dunklen Energie zu bewegen, macht sie zu den Energiespeichern der Gruppe.

Umgekehrt fallen wir Männer dort sofort auf, weil unsere Energie strahlender ist und uns dadurch verrät. Auch haben wir kein spezielles Organ zum Träumen, weil wir nicht zum Gebären neuen Lebens geschaffen wurden. Außer dem Nagual haben die männlichen Mitglieder nur einen geringen Anteil an der Leuchtkraft eines Kriegertrupps. Trotzdem besagt die Regel, dass sich vier männliche Krieger dem Organisieren, Erforschen und Verstehen widmen müssen. Dafür fixieren sie ihre Montagepunkte auf sehr spezielle Positionen. Ihre Anwesenheit stabilisiert die Gruppe, denn sie neutralisieren die häufigen Explosionen der Kraft, welche die Kriegerinnen verursachen. Ohne sie würde die Struktur explodieren, sobald die Frauen einen bestimmten Grad der Effizienz erreicht haben. Also sind die Männer wie Anker, sie festigen die Gruppe, bis ein Maximum an Energie erreicht worden ist.

Aufgrund seiner Form nannte Don Juan seinen Kriegertrupp die ›Schlangen-Organisation‹, ein Begriff, den er von den alten Sehern übernahm und der sich auf die quadratischen Flecken auf der Haut einer Klapperschlange bezieht. Er sagte, der Kopf des Tieres mit seinen fixierenden und hypnotischen Augen sei das Nagual-Paar. Die Brust entspreche den Träumerinnen, deren Aufgabe darin besteht, Visionen einzuatmen und an die Mitglieder der Gruppe weiterzuleiten. Der Magen repräsentiere die Pirscherinnen, die fähig sind, jede nur vorstellbare Situation zu verdauen. Der Schwanz seien die Assistenten, die dem Ganzen Beweglichkeit geben. Das ist eine sehr flüssige Struktur.«

»Gibt es Kriegertrupps mit anderen Formen?«

»Viele. Die verschiedenen Formen sind das Resultat der unerbittlichen Manipulation des jeweiligen Nagual. Nach Jahren konstanten Drucks wird die Form einer Gruppe und sogar der Farbton der Leuchtkraft ihrer Mitglieder sehr spezifisch. Deshalb gibt es so viele Linien von Zauberern. Doch alle haben grundsätzlich die Art der pyramidenförmigen Trupps, die ich dir beschrieben habe. Denn die Erfahrung hat gezeigt, dass dies die stabilste Form ist.«

8

Der Zweck der Regel

»Was ist der Zweck eines Kriegertrupps?«, wollte ich von Carlos wissen. »Aus der Sicht des Adlers ist er das Erforschen, Verifizieren und Ausweiten der Regel. Jede Kriegergeneration sollte ihre Spuren hinterlassen, da die Regel von Natur aus akkumulativ ist. Das Erbe jeder Linie besteht aus einer Serie von Positionen des Montagepunkts, zu der die nachfolgenden Trupps ihren eigenen Beitrag in Form neuer Positionen leisten. Gewöhnlich führt die Gruppe ein Logbuch, in denen der Nagual die neuen Entdeckungen aufzeichnet.

Das Grundinteresse eines jeden Organismus ist es, sich zu reproduzieren. Deswegen könnte man auch sagen: Die Regel ist ein Ablaufplan zur Reproduktion eines Kriegertrupps. Die treibende Kraft ist der dauernde Fortbestand der Bewusstheit, etwas, das ab einem gewissen Punkt nicht mehr individuell, das heißt, nicht mehr durch eine Weitergabe von Person zu Person gewährleistet werden kann. Die Ressourcen, die jeder Krieger persönlich durch sein Training erwirbt, sind zweitrangige Errungenschaften.

Aus der Sicht der Zauberer besteht der Zweck der Gruppenbildung darin, den Übergang zu einer anderen Ebene der Aufmerksamkeit vorzubereiten, da es ohne die nötige energetische Masse auch keinen Flug in die Freiheit gibt.«

»Meinst du, einzelne Krieger hätten keine Chance?«, fragte ich.

»Nein, ich will sagen, dass ein Kriegertrupp mehr erreichen kann. Stell dir vor, du lebst in einer Kolonie von Raupen. Irgendwann verpuppen sie sich und die Metamorphose findet statt. Plötzlich öffnet sich eine Puppe und ihr Bewohner fliegt in einer augenblicklichen Explosion des Lichts und der Farbe davon. Der Eindruck, der dir bleibt, ist, dass die Raupe verschwunden ist. Für die Raupe selbst jedoch hat ihr wirkliches Leben als Schmetterling gerade erst begonnen. Doch für eine einzelne Raupe ist die Gefahr wesentlich größer, im Bauch eines hungrigen Vogels zu enden.

Genauso verhält es sich mit dem Ziel der Krieger und dem endgültigen Sprung in die dritte Aufmerksamkeit, die Befreiung von jeder Form von Interpretation. Die Menge der dazu erforderlichen Energie kann nur mithilfe des Konsenses einer kritischen Masse erreicht werden, um die notwendige Übereinkunft zu erzeugen, welche die Energie entsprechend verdichtet.

Es sind jedoch nicht viele Trupps in der Lage, ihre Energie so weit zu vervollständigen. Aus diesem Grund haben die Naguals eine bewohnbare Oase in der zweiten Aufmerksamkeit geschaffen: ein riesiges Gebäude der Absicht in einer abgelegenen Region des Träumens, in dem sich einzelne Seher oder kleine Gruppen einfinden. Ich nenne es den ›Dom der Absicht‹, weil es wie eine gigantische Kuppel wirkt, doch Don Juan bevorzugte, es ›Nagual-Friedhof‹ zu nennen.«

»Warum nannte er es so?«

»Weil es buchstäblich den Tod eines Zauberers bedeutet, wenn er dort bleibt und lebt. Das ist keine Allegorie, es ist wirklich ein Friedhof. Obschon diejenigen, die dieses Ziel gewählt haben, die Fortdauer ihrer Bewusstheit um eine enorme Zeitspanne erweitert haben, werden sie auf ebendies verzichten müssen, wenn ihre Zeit gekommen ist.

Der ›Dom der Absicht‹ ist für viele Zauberer und Kriegertrupps das unmittelbare Ziel. Sie hoffen, dass sie ihn als eine Art Transithafen nutzen können, um ihre Vorräte für die große Reise dort noch einmal aufzustocken. Um dort hinzugelangen, ist es nicht notwendig, dass die ganze Gruppe auf einmal geht. Manchmal bevorzugen es die Krieger, einer nach dem anderen zu gehen. In dem Fall können sie teilweise zurückkehren, solange die Gesamtheit der Energiestruktur des Trupps noch nicht vollendet ist.

Wie du siehst, sind die Herausforderungen, denen sich Krieger in ihrem menschlichen Leben stellen, nur eine Art Vorspiel: Die wirklich spannenden Sachen kommen danach. Frag mich nicht, welchen Dingen sie sich widmen, während sie in jener Welt sind, denn es würde dir wie ein Märchen erscheinen. Das Wichtigste ist, dass all ihre Aktivitäten von der Regel geleitet werden.«

Ich meinte, dass man die Regel in Anbetracht der Ziele eines Kriegertrupps auch als eine Art präkolumbianisches Äquivalent der »Göttlichen Gebote« anderer Kulturen betrachten könne, als eine Sammlung von Regeln, die zur Rettung der Menschen verfasst wurden.

»Das ist nicht dasselbe«, entgegnete er, »da es nicht von einem höchsten Wesen kommt. Die Regel ist unpersönlich, in ihr stecken keine Güte und kein Mitgefühl. Sie hat keinen anderen Zweck als ihren eigenen Fortbestand.

Die alten Seher ließen sich durch solche Analogien verführen und begingen den Fehler, die Regel mit ihren eigenen Interpretationen zu identifizieren, und sie endeten damit, die Regel anzubeten und Tempel zu ihrer Ehre zu errichten. Die neuen Seher lehnten all dies ab. Durch das Erkunden des Pirschens entstaubten sie die Essenz der Zauberei und entdeckten das Ziel der vollständigen Freiheit wieder, das keine Ähnlichkeit mit irgendwelchen religiösen Zielen hat. Diese Entdeckung löschte in ihnen die Faszination für die ›menschliche Gestalt‹ und sie hatte noch einen weiteren Effekt, von dem ich dir schon berichtet habe: Der wilde Enthusiasmus der alten Seher wurde durch Heimlichtuerei und eine misstrauische Grundeinstellung ersetzt.

Am Ende verpuffte die positive Wirkung, die das Pirschen auf die Kriegertrupps hatte, in einer Art Selbstbetrug und im Verrat seiner ursprünglichen Motive. Mit der Zeit wurde das Ziel der völligen Freiheit zu einer rein rhetorischen Angelegenheit. Fast alle Zauberer aus Don Juans Linie bevorzugten den Flug in die zweite Aufmerksamkeit. Mit Ausnahme des Nagual Julian Osorio wollte keiner von ihnen auf die Abenteuer und die Ekstase eines Besuchs im Dom der Naguals verzichten, jenem Gebäude, welches die Zauberer dort draußen in der Nähe eines Stern in der Konstellation des Orion aus reiner Absicht errichtet haben.«

9

Die dreizackigen Naguals

Die Regel ist endgültig, doch ihre Ausgestaltung und ihre Konfiguration befinden sich in einer ständigen Entwicklung. Im Gegensatz zu dem, was moderne Evolutionsforscher meinen, nämlich dass die Anpassungen des Lebens das Ergebnis einer zufälligen genetischen Mutation seien, wissen Seher, dass die Regel keinen Zufall kennt. Sie sehen, wie ein Befehl des Adlers von Zeit zu Zeit die Linien der Kraft in Form einer Energiewelle erschüttert und neue Etappen auf dem Weg der Zauberei einleitet.

Genauer gesagt können wir davon ausgehen, dass alle möglichen Varianten der Regel bereits potenziell in der zugrunde liegenden Matrix enthalten sind. Und das, was sich mit der Zeit ändert, ist der Grad des Wissens, den die Zauberer von dieser Gesamtheit haben, und der Schwerpunkt, den sie auf bestimmte Teile der Regel legen. Solche Perioden des Wandels kehren immer wieder und werden durch die Zahl 3 symbolisiert.«

»Wieso drei?«, fragte ich ihn.

»Weil die alten Tolteken die Zahl 3 mit Veränderung und Erneuerung assoziierten. Sie entdeckten, dass trinäre Formationen – also solche, die auf der Zahl 3 basieren – unerwartete Änderungen ankündigen.

Die Regel bestimmt, dass von Zeit zu Zeit eine besondere Art von Nagual in den Linien erscheint, dessen Energie nicht viergeteilt, sondern dreigeteilt ist. Die Seher nennen solche ungewöhnlichen Zauberer die ›dreizackigen Naguals.‹«

Ich fragte ihn, worin sich diese von den anderen unterschieden.

»Ihre Energie ist flüchtig, sie sind ständig in Bewegung«, antwortete er. »Deshalb ist es für sie sehr schwer, Kraft anzusammeln. Aus der Sicht der Linie ist ihre Zusammensetzung fehlerhaft. Sie schaffen es einfach nicht, echte Naguals zu werden. Zum Ausgleich fehlt ihnen die Zurückhaltung und Schüchternheit der klassischen Naguals und sie besitzen ein ganz außergewöhnliches Talent zur Improvisation und Kommunikation.

Man kann sagen, die dreizackigen Naguals sind wie Kuckuckseier, die im Nest anderer Vögel ausgebrütet werden. Sie sind Opportunisten, aber sie sind notwendig. Anders als vierzackige Naguals, denen es freisteht, unauffällig zu bleiben, sind die dreizackigen Naguals Personen, die im Rampenlicht der Öffentlichkeit stehen. Sie verraten Geheimnisse und fragmentieren die Lehre, doch ohne sie wären die Linien der Kraft längst ausgestorben.

Unter den neuen Sehern gilt die Regel, dass ein Nagual einen neuen Trupp als Nachfolger hinterlässt. Manche sind durch ihren außergewöhnlichen Überfluss an Energie dazu fähig, bei der Organisation einer zweiten oder dritten Generation von Sehern zu helfen. So lebte zum Beispiel der Nagual Elias Ulloa lang genug, um den Trupp seines Nachfolgers zu bilden und den darauffolgenden Trupp ebenfalls maßgeblich zu beeinflussen. Doch das bedeutet nicht, dass die Linie sich verzweigt – alle diese Gruppen waren Teil derselben Traditionslinie.

Im Gegensatz hierzu ist der dreizackige Nagual autorisiert, sein Wissen in radialer Form zu verbreiten, was zur Verzweigung der Linie führt. Sein leuchtender Körper hat einen auflösenden Effekt, der die lineare Struktur der Übermittlung zerbricht und in den Kriegern ein Verlangen nach Veränderung und neuen Taten schürt sowie das Bedürfnis, sich aktiv auf ihre Mitmenschen einzulassen.«

»War es das, was mit dir passierte?«, fragte ich.

»Richtig. Dank meiner energetischen Veranlagung habe ich keinerlei Bedenken, überall Samen des Wissens zu hinterlassen, die vielleicht irgendwann irgendwo aufkeimen. Ich weiß, ich brauche eine enorme Energiemenge, um meine Aufgabe zu erfüllen, und ich kann diese Energie nur durch die Massen generieren. Aus diesem Grund bin ich dazu bereit, das Wissen an die breite Öffentlichkeit zu tragen und dabei seine Paradigmen zu transformieren und neu zu definieren.«

10

Die Regel des dreizackigen Nagual

Wie du weißt, wurde mein Lehrer auf die Regel des dreizackigen Nagual aufmerksam, als er versuchte, einige Anomalien in der neuen Gruppe zu analysieren. Offenbar passte ich nicht zu den anderen Lehrlingen. Daraufhin widmete er mir besondere Aufmerksamkeit, was ihm erlaubte, zu sehen, dass ich meine Energie-Konfiguration maskierte.«

»Du meinst, dass das Sehen von Don Juan falsch war?«, wunderte ich mich.

»Nein, selbstverständlich nicht. Er hat sein Sehen missverstanden. Sehen ist eine endgültige Form der Wahrnehmung. Da gibt es keine Erscheinungen mehr und deshalb ist es unmöglich, sich zu irren. Aber wegen des Drucks, den Don Juan all die Jahre auf meine Energie ausübte, kämpfte meine Energie, um sich an seine anzupassen. Das ist bei Lehrlingen ganz normal. Da er in vier Abteilungen unterteilt war, fing auch ich an, in meinen Handlungen dieselbe Energie an den Tag zu legen.

Als ich es endlich erreicht hatte, mich von seinem Einfluss zu lösen – das kostete mich zehn Jahre harter Arbeit –, entdeckten wir etwas Bestürzendes: Meine Leuchtkraft hatte nur drei Abteilungen. So etwas gab es weder bei normalen Menschen, die nur zwei Abteilungen haben, noch bei einem herkömmlichen Nagual. Diese Entdeckung löste einen gewaltigen Schock in der Gruppe der Seher um Don Juan aus, weil alle es für ein Vorzeichen einer tief greifenden Veränderung in ihrer Linie hielten.

Daraufhin befasste sich Don Juan intensiv mit der Überlieferung seiner Vorgänger und entstaubte einen vergessenen Aspekt der Regel. Er erklärte mir, die Auswahl eines Nagual könne keinesfalls als persönliche Willkür betrachtet werden, denn stets sei es der Geist, der den Nachfolger einer Linie auswähle. Deswegen müsse auch meine energetische Anomalie Teil eines Befehls des Adlers und der Regel sein. Auf all meine drängenden Fragen hin versicherte er mir, dass zu gegebener Zeit ein Bote erscheinen würde, um mir zu erklären, was der Zweck meines Hierseins und was meine Aufgabe als dreizackiger Nagual sei.

Jahre später, als ich einen der Säle des Nationalmuseums für Anthropologie und Geschichte besichtigte, sah ich einen Indianer, gekleidet wie ein traditioneller Tarahumara, der großes Interesse an einem der Stücke zeigte, die dort ausgestellt waren. Er bewegte sich um die Figur herum und betrachtete sie aus allen möglichen Blickwinkeln. Er schien so fasziniert, dass ich neugierig wurde und zu ihm hinüberging.

Als er mich bemerkte, sprach der Mann mich an und begann, mir die Bedeutung einer Gruppe von Zeichnungen zu erklären, die sorgfältig in den Stein gemeißelt waren. Während ich später darüber nachdachte, was er mir gesagt hatte, erinnerte ich mich an Don Juans Worte und begriff, dass dieser Mann der Bote des Geistes gewesen war, der mir den Teil der Regel übermitteln sollte, der sich auf den dreizackigen Nagual bezieht.«

»Und was besagt dieser Teil?«

»Er besagt, dass genau wie der Kriegertrupp auf der energetischen Matrix der Zahl 17 basiert (zwei Naguals, vier Träumerinnen, vier Pirscherinnen, vier männliche Krieger und drei Kuriere), auch jede Linie, die durch eine Folge von Trupps geformt wird, auf einer bestimmten energetischen Matrix basiert, die der Zahl 52 entspricht. Der Befehl des Adlers besagt, dass nach 52 Generationen von vierzackigen Naguals ein dreizackiger Nagual erscheinen wird, der in einem kathartischen Akt für die Ausbreitung neuer vierteiliger Linien sorgt.

Die Regel besagt auch, dass die dreizackigen Naguals Zerstörer der etablierten Ordnung sind, denn ihr Wesen ist weder kreativ noch nährend – und sie tendieren dazu, alle zu unterjochen, die sie umgeben. Hinzu kommt, dass diese Naguals allein um ihre Freiheit kämpfen müssen, da sich ihre Energie nicht dazu eignet, Gruppen von Kriegern anzuführen.

Wie alles im Bereich der Energie ist auch der Block aus 52 Generationen in zwei Teile geteilt. Die ersten 26 Generationen sind für die Ausbreitung und die Erzeugung neuer Linien bestimmt. Die übrigen 26 Generationen sind auf die Bewahrung und Isolierung der Linien ausgerichtet. Dieses Muster hat sich Jahrtausend für Jahrtausend wiederholt. Deshalb wissen die Zauberer, dass es ein Teil der Regel ist.

Als Folge des Auftretens eines dreizackigen Nagual wird das Wissen weit verbreitet und es bilden sich neue Kriegertrupps mit vierzackigen Naguals. Von hier aus nehmen die Linien die Tradition wieder auf, die Lehren in Form von Linien zu übermitteln.«

»Wie oft erscheinen die dreizackigen Naguals?«

»Etwa ein Mal pro Jahrtausend«, sagte Carlos. »Das ist das Alter der Linie, zu der ich gehöre.«

11

Die Aufgabe der jetzigen Seher

Aus der Überprüfung der Regel des dreizackigen Nagual folgerte Don Juan, dass die Ära einer neuen Art von Kriegern unausweichlich kommen werde. Diese habe ich die ›modernen Seher‹ genannt«, ergänzte Carlos.

»Gibt es irgendwelche besonderen Merkmale in den leuchtenden Körpern dieser Krieger?«, wollte ich wissen.

»Nein. In allen Epochen war das energetische Muster des Menschen sehr homogen, das heißt, die Organisation des Kriegertrupps blieb stets die gleiche, obschon die jetzigen Krieger in ihrer Leuchtkraft eine Verschiebung zur Farbe Grün erfahren. Das bedeutet, sie gewinnen Merkmale der alten Seher zurück. Das ist etwas Unvorhergesehenes, obwohl auch dies sicher in der Regel vorgesehen ist.

Der wirkliche Unterschied zwischen den bisherigen Sehern und denen von heute besteht in ihrem Verhalten. Heutzutage sind wir nicht den gleichen Repressionen ausgesetzt wie in den früheren Epochen und deshalb leiden die Zauberer an weniger Einschränkungen. Das dient natürlich einem Zweck: der Verbreitung der Lehre.

Mir ist es zugefallen, in einem Moment der Erneuerung zu leben und die Linie des Nagual Don Juan Matus mit einem goldenen Schlüssel zu schließen und neue Möglichkeiten für diejenigen zu öffnen, die nach uns kommen. Deshalb habe ich gesagt, dass ich der letzte Nagual meiner Linie bin, nicht im absoluten Sinne, sondern im Sinne einer grundlegenden Veränderung.«

Carlos unterbrach seine Erklärungen und erinnerte mich an ein Gespräch, das wir zu Beginn unserer Bekanntschaft geführt hatten. Ich wollte damals eine Geschichte der Kraft hören. Er könne mir meine Bitte nicht abschlagen, hatte er geantwortet, doch wenn ich die Erzählung nur hörte, ohne den praktischen Bezug zu verstehen, würde ich sie wohl oder übel trivialisieren.

»Ich hoffe, dass das, was du in diesen Jahren gesehen hast, deine Erwartungen erfüllt hat«, fuhr er fort. »In Anbetracht meiner und deiner Grenzen habe ich getan, was ich konnte. Ich weiß, du hast im Träumen bereits damit begonnen, deinen Doppelgänger zu trainieren, und das garantiert, dass du ganz allein auf dem Weg fortschreiten kannst. Dein Doppelgänger wird dich nicht im Stich lassen, bis du deine Vollständigkeit erreicht hast. Der theoretische Teil deiner Ausbildung ist hiermit beendet und es ist nun an der Zeit, dir ein letztes Geschenk zu machen.«

Der feierliche Ton, in dem Carlos dies sagte, bewirkte, dass sich all meine Aufmerksamkeit auf seine Worte konzentrierte.

»Die letzte Lehre besagt, dass jeder, der mithilfe der Absicht in Kontakt mit einem Nagual tritt, seinen Platz im Kontext der Regel hat. Du bist also nicht allein – die Zauberer erwarten etwas von dir.«

»Was?«, fragte ich ein wenig bestürzt.

»Jeder Krieger hat eine Aufgabe«, sagte er. »Deine ist es, das auszuführen, was der Geist dir aufgetragen hat. Dies ist dein Weg der Kraft.«

»Und was ist diese Aufgabe?«

»Nun, deine persönliche Aufgabe ist etwas, was dein Wohltäter dir eines Tages mitteilen wird. Indem ich dir jedoch die Regel des dreizackigen Nagual übergeben habe, folge ich einer langfristigen Strategie von Don Juan, und dies verbindet dich wiederum mit der Absicht meines Lehrers. Man erwartet von dir, dass du denen, die dich umgeben, folgende Botschaft übermittelst:

›Ihr seid frei, ihr könnt fliegen! Ohne jede Hilfe. Ihr habt schon alle nötigen Informationen. Worauf wartet ihr also noch? Handelt makellos und seht, wie die Energie einen Weg findet.‹

Sage es jedem. Seit dem Ende von Don Juans Linie steht das Wissen nun jedem weit offen. Jeder Krieger ist für sich selbst verantwortlich und kann sich selbst eine minimale Chance auf die Freiheit sichern, indem er seinen eigenen Kriegertrupp aufbaut.«

Teil 4

Die heutige Welt der alten Seher

Die endgültige Reise

Mit der Erlaubnis desjenigen, der keinen Namen trägt, fahre ich mit meinem Bericht fort, um meine Erlebnisse vollständig und wahrheitsgemäß wiederzugeben.

Eines Tages, sehr früh am Morgen, wurde ich durch einen Telefonanruf geweckt. Es war Carlos und er hörte sich gar nicht gut an. Er sagte, dass er sich im Hotel Camino Real in Mexico City befinde und sehr krank sei. Er fügte hinzu, dass er nicht geschlafen habe und nur auf den Morgen gewartet hätte, um mich anzurufen.

Ich fragte ihn, wie ich ihm helfen könne.

Er antwortete, dass er dringend eine ganz bestimmte Arznei brauchte, die ein Kräuterkundiger in einer benachbarten Stadt extra für ihn hergestellt habe. Er fragte mich, ob ich die Medizin abholen und ihm bringen könne. Ich bejahte und er beschrieb mir den Weg und nannte mir den Namen der Person, bei der ich den Trank abholen könne. An dieser Stelle gab er eine überaus merkwürdige Äußerung von sich, die nichts mit dem aktuellen Sachverhalt zu tun hatte:

»Als Hernando Cortez in Mexiko ankam, gab er den Befehl, alle Schiffe zu verbrennen. Das war die magische Handlung, die seinen Sieg garantierte. Für ihn bedeutete es, entweder zu gewinnen oder im Kampf umzukommen – er hatte keine andere Wahl. Wir sollten uns stets bewusst sein, dass jedes unserer Vorhaben unser letztes sein kann.«

Er fuhr fort, dass er Magenbeschwerden habe und dass nur diese Kräuter seine Schmerzen lindern könnten. Sobald ich den Hörer aufgelegt hatte, machte ich mich auf den Weg nach Tepoztlan, einer malerischen Stadt an einem Berghang, die ungefähr eine Stunde von Mexiko City entfernt lag. Ich wollte so schnell wie möglich zu Carlos zurückkehren, damit er seine Schmerzen lindern konnte.

In Tepoztlan stieg ich aus dem Bus und ging geradewegs zum Markt. Unterwegs staunte ich über die Schönheit der Landschaft. Oben auf einem Berg über der Stadt konnte ich die Pyramide von Tepozteco sehen. Es war ein sonniger Tag und ich brauchte nur wenige Minuten, um zur Stadtmitte zu gelangen. Auf dem Markt suchte ich die Kräuterstände und fragte nach Don Eladio. Niemand schien ihn zu kennen, vielleicht wollte aber auch niemand meine Fragen beantworten.

Da stand ich und wusste nicht, was ich tun sollte. Ein Mann mittleren Alters, der wie ein Eingeborener aussah, trat auf mich zu. Er trug weiße Kleidung, einen Strohhut und Sandalen und fragte mich, wie er mir helfen könne. Ich antwortete, dass ich Don Eladio, den Kräuterkundigen, suchte, und dass ich im Auftrag von Jose Cortes kam. Über sein Gesicht glitt ein Leuchten; mit einem breiten Lächeln reichte er mir die Hand und sagte, dass er Eladio Zamora sei und dass er mir zur Verfügung stehe.

Ich sagte ihm, dass ich die Arznei holen wollte, die bei ihm bestellt sei. Er schien mich nicht zu verstehen. Als ich ihm von den starken Magenschmerzen erzählte, an denen Jose Cortes litt, hatte ich den Eindruck, dass er sich erinnerte. In dramatischem Tonfall erklärte er, dass er wisse, um was es ginge, dass er aber unglücklicherweise die Kräuter nicht hatte sammeln können und deswegen den Trank auch nicht hergestellt habe.

Ich war alarmiert, denn ich wusste, was geschah, wenn man bei der Erfüllung einer Aufgabe von Carlos versagte: Man wurde schlichtweg rausgeworfen. Ich fragte Don Eladio, ob ich die Pflanze irgendwoher bekommen könnte.

Er schüttelte den Kopf: »Das ist sinnlos, niemand hier verkauft sie.«

Ich versteifte mich darauf, dass es einen Ort geben müsse, wo ich diese Pflanze finden könnte. Er sah meine Verzweiflung und meinte, dass er mir momentan nicht weiterhelfen könne, aber vielleicht könnte ich am Wochenende zurückkommen?

Ich wurde nervös und bat ihn, mir die Pflanze zu beschreiben, sowie den Ort, an dem sie wuchs. Ich wollte selbst hingehen, um sie zu suchen, damit er die Arznei zubereiten konnte. Als Don Eladio meine Entschlossenheit sah, stimmte er zu. Aber er warnte mich vor den Gefahren, die diese Suche mit sich bringen würde.

»Ich bin bereit, alles zu tun!«, rief ich aus.

Er schien mich zu verstehen und blätterte in einem alten Buch über Pflanzenkunde herum, bis er eine Zeichnung der Pflanze fand. Er erklärte mir, dass der einzige Ort, an dem sie wuchs, ein schmaler Canyon zwischen den Bergen in einiger Entfernung sei, und zeigte mir den Weg dorthin. Ich schätzte die Entfernung auf einige Stunden, verabschiedete mich und machte mich auf den Weg.

Die Schönheit der Landschaft war überwältigend. Die Vorstellung, dass Krieger vergangener Zeiten auf diesen unwirtlichen und uralten Pfaden gewandert waren, erfüllte mich mit Freude. Der Berg war weiter entfernt, als ich gedacht hatte. Ich erreichte den schmalen Canyon und arbeitete mich durch hohes Gras hindurch. Der besagte Ort lag an der Nahtstelle zweier Berge. Ich suchte sehr lange nach der Pflanze. Als ich sie schließlich fand und mich gerade vorbeugte, um sie zu pflücken, traf mich ein heftiger Schlag auf den Kopf und ich verlor das Bewusstsein.

༄ ༅

Ein durchdringender Duft weckte mich. Ich lag auf einer Matte, die wiederum auf einer Schicht von Kräutern lag. Ich sah mich um und stellte fest, dass ich mich in einer ländlichen Hütte befand. Der Boden bestand aus gestampfter Erde und das Dach wurde von verrußten Holzbalken gestützt. In einem Lehmofen brannte ein Feuer und daneben saß eine alte Frau in indianischer Kleidung. Mir fiel jedoch auf, dass ihre Haut weiß war.

Als sie sah, dass ich wach war, lächelte sie und sagte:

»Ich fass' es nicht! Willkommen zurück unter den Lebenden! Ich dachte schon, du wärst hinüber!«

Ich wusste nicht, was ich antworten sollte. Als ich mich bewegen wollte, verspürte ich einen scharfen Schmerz im Kopf; mein ganzer Körper tat weh. Die alte Frau eilte herbei und befahl mir in strengem Ton, mich nicht zu bewegen. Es sei ein Wunder, dass ich überhaupt noch lebte. Gemessen an meinen Schmerzen glaubte ich ihr aufs Wort und hielt mich an ihre Anweisung.

Ich fragte sie, was passiert sei. Sie sagte, sie wisse es nicht. Sie glaube, dass ich von Räubern überfallen worden sei. Sie hätten mich zusammengeschlagen und sterbend liegen gelassen. Sie zeigte auf die Kleidung, die ich trug, und sagte, dass ich nackt gewesen sei, als man mich gefunden habe. In dem Moment bemerkte ich, dass ich ein weißes Gewand trug, das mit Kolibris bestickt war, eines, wie es die eingeborenen Frauen tragen.

Dann stellte sich die alte Frau vor. Ihr Name sei Silvia Magdalena. Sie sagte, dass sie sich mit Kräuterheilkunde auskenne und dass sie meine Verletzungen behandelt habe. Sie bemerkte, was für ein Glück ich gehabt hätte, dass sie mich gefunden hatten. Ich habe direkt auf ihrem Weg gelegen, wie weggeworfen, blutend und fast tot. Sie fügte hinzu, dass ich drei Tage bewusstlos gewesen sei, in ein paar Tagen aber wieder aufstehen könne.

Ihre Worte erschreckten mich und ich versuchte aufzustehen. Aber ich war zu schwach und fiel auf die Matte zurück. Ich sagte ihr, dass mich ihre Worte schockierten. Mit kläglicher Stimme erzählte ich ihr, wie ich auf der Suche nach einigen Kräutern für einen Freund in diese Gegend gekommen sei, aber in meinem Vorhaben versagt hätte und meinen Freund sicher niemals wiedersehen würde.

Sie hörte sich meine Beschwerden an und begann zu lachen. Ich verstand nicht, was es da zu lachen gab. Als sie meine Verwirrung sah, sagte sie: »Mach dir nichts draus. Ich bekomme ab und zu Lachanfälle.«

Die folgenden Tage waren die merkwürdigste Zeit meines bisherigen Lebens. Jeden Tag konnte ich Doña Silvia dabei zusehen, wie sie ihre Patienten behandelte, die an unterschiedlichen Krankheiten litten. Als ich mich von meinen Verletzungen etwas erholt hatte, bat sie mich, ihr zu helfen. Auf die Weise begann ich, mich als Heiler zu betätigen, ohne es so recht zu merken.

Mit der Zeit lernte ich alles über Heilkunst. Sie brachte mir bei, wie man die Energie von Menschen reinigen und die verschiedenen Krankheiten behandeln kann. Ich erlernte viele chiropraktische Techniken und eine Unmenge von Teezubereitungen.

Schon bald begriff ich, dass Doña Silvia Magdalena eine Hexe war und dass sie mich als ihren Schüler angenommen hatte. Allein in ihrer

Nähe zu sein, war mir ein außerordentliches Vergnügen. Ihr Humor und die Dramatik in ihren Handlungen waren großartig und sie erinnerte mich an Carlos' Beschreibungen seiner Lehrer.

∽ ∾

Ich musste fast drei Monate auf der Matte liegen. Der Anfang war besonders schwer: Ich konnte mich nicht bewegen und die Helfer der Heilerin mussten mich ins Bad und zur Toilette tragen. Dass diese Örtlichkeiten sich außerhalb des Hauses befanden, machte es nicht einfacher.

Eines Tages, als es mir schon viel besser ging, teilte mir Doña Silvia mit, dass beim nächsten Vollmond eine Initiationszeremonie für mich stattfinden würde. Ich hatte schon sehr viel über ihre Welt gelernt und empfand diese Einladung als große Ehre.

»Ich kann dir nur sagen, dass alle, die an einer solchen Zeremonie teilnehmen, sich dauerhaft verändern«, fügte sie hinzu. »Sie sind nie mehr so wie zuvor. Es gibt keine Rückfahrkarte.« Wie üblich verstand ich nicht, was sie meinte. Ihre Ausdrucksweise war immer irgendwie fremdartig.

Es war gegen 9 Uhr an dem besagten Abend, als sie mich aufforderte, mit ihr mitzukommen. Wir gingen fast eine Stunde durch die Dunkelheit und erreichten einen Platz, an dem einige Menschen um ein Lagerfeuer saßen. Wir kamen näher und mit einer Geste wies sie mich an, mich auf einem bestimmten Felsen zu setzen. Der Ort der Zusammenkunft befand sich in der Nähe eines Wasserfalls. Ich hörte das Brausen des Wassers und es lag ein feuchter Geruch in der Luft.

Das Feuer spendete genügend Licht, um die anderen Teilnehmer zu erkennen. Es waren fünfzehn Leute, die meisten davon jung. Doch waren auch einige ältere wie Doña Silvia dabei. Als Außenstehender fühlte ich mich etwas unbehaglich, weil ich offensichtlich der einzige Neuling war.

Ich war etwas ängstlich, denn ich hatte noch nie an so einer Zeremonie teilgenommen und wusste nicht, was auf mich zukam. Die Teilnehmer stimmten einen feierlichen Gesang an, den ich nicht verstand. Er erfüllte mich aber mit einer unbestimmten Sehnsucht.

Wir warteten eine Weile und dann erschien ein Mann aus der Dunkelheit, der mit dem Fell eines Kojoten bekleidet war. Er näherte sich dem Feuer und tanzte auf eine seltsame Art und Weise. Er trug den Kopf des Tieres als Maske, sodass ich sein Gesicht nicht sehen konnte. Aufgrund seines Verhaltens und seiner Bewegungen wusste ich sofort, dass er ein Zauberer war.

Wortlos kam er auf mich zu. Mit einer geschickten Bewegung ergriff er meine linke Hand und drückte sie mit seinem Arm gegen seine Seite und drehte sich dabei um. Ich fühlte einen scharfen Schmerz zwischen meinen Fingern und wollte meine Hand zurückziehen, aber er hielt sie fest. Als er mich losließ, sah ich, dass er mich zwischen den Mittelfinger und den Ringfinger geschnitten hatte. Der Schnitt blutete heftig.

Ich war empört und wäre am liebsten weggelaufen, doch ich war starr vor Angst.

Der Zauberer drückte meine Hand. Das herauslaufende Blut ließ er auf die Erde und ins Feuer fließen sowie in ein Tongefäß. Dann befahl er mir, meine Kleider auszuziehen und die Augen zu schließen. In seinen Worten lag so viel Macht und Autorität, dass ich gehorchte.

Eine Zeit lang betete der Zauberer und tanzte um mich herum. Dann fühlte ich, wie er mich anblies und mir mit duftenden Kräutern den ganzen Körper abrieb. Schließlich reinigte er mich mit dem Feuer einer Fackel oder etwas Ähnlichem. Dann fühlte ich, wie eine heiße und klebrige Substanz auf meinen Kopf gegossen wurde. Ich war sehr neugierig, wagte es aber nicht, die Augen zu öffnen.

Schließlich befahl er mir, die Augen zu öffnen. Was für ein Schock: Mein ganzer Körper war mit Blut bedeckt! Auf einem Felsen vor mir lag der kopflose Körper einer kleinen schwarzen Ziege. Ich wollte protestieren, doch die Feierlichkeit der Situation ließ mich verstummen.

Dann wurde ich aufgefordert, mich zu säubern, und das tat ich auch. Ich ging unter den Blicken aller nackt zum Wasserfall. Das Wasser war kalt, aber mein Körper war brennend heiß und das kalte Wasser fühlte sich sehr gut an. Ich wusch das Blut ab, das meinen ganzen Körper bedeckte.

Als ich aus dem Wasser kam, hielt mir jemand ein Handtuch entgegen. Ich trocknete mich ab, sie gaben mir meine Kleider zurück und ich zog mich wieder an, betäubt von den überraschenden Ereignissen. Dann ging ich zurück und nahm meinen Platz am Feuer ein.

Ich hatte mich gerade hingesetzt, als ein Korb mit Peyote-Buttons herumgereicht wurde. Jeder nahm einen und gab den Korb nach links weiter. Ich überlegte, ob ich ablehnen sollte, aber es gab keinen Grund dafür. Ich hatte meine Entscheidung bereits getroffen und sagte zu mir: ›Was soll's?‹ Dann gab ich mich freudig der Zeremonie hin.

Wir aßen Peyote und sangen fast die ganze Nacht. Als die Wirkung nachließ, kam der Zauberer zu mir, blieb direkt vor mir stehen und nahm seine Maske ab. Ich fiel vor Angst fast in Ohnmacht. Ich hätte schwören können, dass er der Geist war, den ich in der Krypta der Kathedrale gesehen hatte.

Mir lief ein Schauer über den Rücken und ich wollte losschreien, doch dann sprach der Zauberer mit einer fremdartigen, sehr rauen und trockenen Stimme zu mir. Er sagte, dass er Melchor Ramos heiße und sich freue, meine Bekanntschaft zu machen. Ich sei bei ihnen willkommen.

Ich wusste nicht, was ich antworten sollte und nickte nur. Ich befand mich in einem sehr ungewöhnlichen Bewusstseinszustand. Er war von einer Klarheit, die ich im alltäglichen Leben nicht kannte.

Bei Anbruch der Dämmerung legte ein Helfer eine riesige Spirale aus der Glut des Feuers aus. Don Melchor kam zu mir und wies mich an, so lange auf die Spirale zu schauen, bis Xolostoc, der Teufel, sich mir zeigen würde.

Mit wachsender Besorgnis tat ich, was er von mir verlangte. Ich dachte, alles sei lediglich symbolisch gemeint. Doch nachdem ich einen Augenblick in die Glut gestarrt hatte, wurde mir schwindlig. Ich fühlte mich, als würde ich durch einen Tunnel fallen, hinein in eine totale Schwärze, in der ich mich selbst nicht mehr wiedererkannte.

Nach dieser Nacht bin ich nie wieder in die Welt zurückgekehrt, aus der ich kam. Ich verstehe nun alles, was mit mir passiert ist, und ich bin dankbar für das ungeheure Glück, das mich zu diesen wunderbaren Wesen gebracht hat – zu meinem Lehrer und meinem Wohltäter.

Aus der Schamanismus-Reihe im Hans-Nietsch-Verlag

Die magische Reise einer Frau auf dem Weg der toltekischen Schamanen. Taishas Buch über ihre Ausbildung als „Pirscherin" liest sich wie ein Abenteuerroman – bis zur letzten Seite spannend!

279 Seiten • Broschur • 14,90 (D) • ISBN 978-3-939570-32-5